现代公民法律实用丛书

百姓身边的法律服务 MODERN CIVIL LAW 常用法律常识速查速用

（应用版）

医疗事故应对与医疗纠纷调解实例

徐运全／主编

增强法律观念·提高维权意识

内蒙古人民出版社

图书在版编目(CIP)数据

医疗事故应对与医疗纠纷调解实例/柴雪编著. －呼和浩特:内蒙古人民出版社,2016.7
(现代公民法律实用丛书 / 徐运全主编)
ISBN 978－7－204－14207－1

Ⅰ.①医… Ⅱ.①柴… Ⅲ.①医疗事故－事故处理－基本知识－中国②医疗事故－民事纠纷－处理－基本知识－中国 Ⅳ.①D922.16

中国版本图书馆 CIP 数据核字(2016)第 184299 号

现代公民法律实用丛书·医疗事故应对与医疗纠纷调解实例

主　　编 徐运全
编　　著 柴　雪
责任编辑 段瑞昕
责任校对 李好静
责任监印 王丽燕
封面设计 宋双成
出版发行 内蒙古人民出版社
地　　址 呼和浩特市新城区中山东路 8 号波士名人国际 B 座
网　　址 http://www.nmgrmcbs.com
印　　刷 北京龙跃印务有限公司
开　　本 710mm×1000mm　1/16
印　　张 16.5
字　　数 280 千
版　　次 2016 年 9 月第 1 版
印　　次 2016 年 9 月第 1 次印刷
印　　数 1—7000 册
书　　号 ISBN 978－7－204－14207－1/D·292
定　　价 35.00 元

如发现印装质量问题,请与我社联系。联系电话:(0471)3946120

目　录
CONTENTS

医疗事故与医疗过错 …… 1

医疗事故 …… 1
医疗过错 …… 2
医疗意外 …… 2
医疗过失 …… 4
医生、护士失职行为 …… 6
误诊与误治 …… 7
医疗事故的级别 …… 8
构成医疗事故的条件 …… 8
哪些情形不属于医疗事故 …… 9
如何减轻医疗过失的损害 …… 10
误诊应承担什么责任 …… 11
如何判定医疗过失 …… 12
如何审查认定误诊 …… 12
医疗责任险 …… 13
手术中的医疗过失 …… 13
医疗事故罪 …… 14

医患关系与医疗纠纷 …… 17

医患之间的沟通 …… 17
医患双方的权利和义务 …… 18
病人的权利 …… 19
医疗纠纷 …… 22
产生医疗纠纷的原因 …… 22

医疗纠纷官司 …… 23
如何避免医疗纠纷 …… 25
如何处理医疗纠纷 …… 25
医疗纠纷的解决方式 …… 26
患者享有哪些知情权 …… 27
患者享有哪些隐私权 …… 28

医疗纠纷证据与鉴定 …… 30

医疗证据 …… 30
证据材料 …… 31
病历是最重要的证据 …… 32
病历的证据特征 …… 32
医疗服务合同 …… 33
划价付款的性质 …… 34
医疗纠纷的举证规则 …… 35
患者的证据意识 …… 36
举证责任倒置 …… 36
医疗鉴定 …… 40
医疗鉴定程序 …… 40
医疗事故争议 …… 42
医疗事故鉴定的受理 …… 42
医疗鉴定组成员的回避制度 …… 43
医疗事故的鉴定程序 …… 43
医疗事故技术鉴定文书 …… 44
医疗事故鉴定的费用 …… 44
医疗事故鉴定的中止 …… 45
当事人应提供的材料 …… 45
医院应提交的材料 …… 46
对鉴定不服如何起诉 …… 46

医疗纠纷诉讼与赔偿 …… 48

起诉前的准备工作 …… 48

医疗纠纷的起诉理由 …… 49
医疗纠纷的诉讼时效 …… 49
医疗事故处理申请 …… 50
医疗事故赔偿的行政调解 …… 51
医疗损害赔偿协议 …… 51
卫生行政部门的处理 …… 52
医疗纠纷诉讼的提起 …… 53
医疗官司诉状 …… 54
诉讼费用 …… 56
开庭审理程序 …… 57
申请回避 …… 58
回避规定 …… 59
医疗诉讼案件的证人 …… 60
法院对医疗纠纷的调解 …… 60
医疗纠纷案件的撤诉 …… 61
医疗事故纠纷赔偿数额的计算 …… 62
医疗纠纷上诉状 …… 64
对判决不服,如何上诉 …… 65
医疗案件的申请执行 …… 66
医疗纠纷案件的审理期限 …… 66
医疗诉讼案件的申诉 …… 67
医疗诉讼案件的再审 …… 67
申请再审应提交的材料 …… 68
医疗纠纷官司的败诉原因 …… 68
处理医疗纠纷的法律适用 …… 70
赔偿范围 …… 71

举案说法 …… 74

医疗机构未向患者告知术后风险之诉 …… 74
青霉素皮试导致患者过敏死亡案 …… 79
医疗过失造成卵巢切除之诉 …… 82
拒绝收治危急患者造成严重后果之诉 …… 87

未依法履行转诊义务医疗机构赔偿案 …… 94
医疗机构未采取相应措施之诉 …… 97
医疗机构未经死者家属同意擅自解剖尸体之诉 …… 103
患者知情同意权之诉 …… 106
医疗机构未尽注意义务之诉 …… 114
延误诊疗导致患者猝死案 …… 117
救护车发生交通事故致使病人死亡案 …… 124
医疗机构是否侵犯患者名誉权之诉 …… 128
医院虚假广告给患者造成损失之诉 …… 135
患者家属不积极配合医院救治导致患者死亡之诉 …… 142
医院术前常规检查未发现手术禁忌症致患者死亡案 …… 146
退休医生医疗事故案 …… 150
诊断有误赔偿案 …… 153
输血造成患者感染肝炎之诉 …… 158

附　录 …… 163

医疗事故处理条例 …… 163
中华人民共和国药品管理法实施条例 …… 176
产前诊断技术管理办法 …… 192
医疗广告管理办法 …… 197
药品不良反应报告和监测管理办法 …… 201
医疗事故技术鉴定暂行办法 …… 213
医疗美容服务管理办法 …… 222
医疗事故分级标准(试行) …… 227
医疗机构管理条例(节录) …… 238
医疗机构管理条例实施细则(节录) …… 241
医师外出会诊管理暂行规定 …… 253
医疗机构病历管理规定 …… 256

医疗事故与医疗过错

医疗事故

医疗事故分为医疗技术事故和医疗责任事故两类。医疗技术事故是指在诊疗护理中，因医务人员医疗技术水平所限或技术过失，发生诊疗护理错误导致的死亡、残废、功能障碍。但这种医疗事故不包括医务人员采用新技术、新疗法、使用新药品进行重大手术而发生的医疗意外。如对于癌症，虽经医务人员积极救治但仍不免一死，则不属技术事故。而对于一些在现有可能的技术水平条件下，能够治愈的疾病，擅自改变原有成功技术方案，造成严重后果的，则属此类。医疗责任事故则是指因医疗单位或其医务人员违反医疗规章制度，诊疗护理常规等失职行为所导致的医疗事故。至于医生或护士责任心不够，工作疏忽，盲目自信亦属此类。

医疗事故通常被认为是引发医疗纠纷的最主要原因。根据国务院 1987 年发布的《医疗事故处理办法》第二条规定："医疗事故是指医疗护理工作中，因医务人员诊疗护理过失，直接造成病员死亡、残废、组织器官损伤导致功能障碍的。"在 2002 年 4 月 14 日发布的《医疗事故处理条例》第二条规定是："医疗机构及其医务人员在医疗活动中，违反医疗卫生管理法律、行政法规、部门规章和诊疗护理规范、常规，过失造成患者人身损害的事故。"

只有被确定为医疗事故，患者才有权向医院要求赔偿。但根据民事赔偿原理，赔偿责任承担并不以损害后果的大小为限，损害后果的大小决定的是赔偿的多少。医疗事故的定义本应具有明确性，否则就使概念增加了模糊性，增大了在实践中具体操作的难度。医疗事故之所以被称为事故，是因为医疗过错达到了一定严重程度，不仅医疗单位要承担赔偿责任，而且医生也要受到相应的纪律处分，甚至要承担刑事责任。

医疗过错

医疗过错是指在诊疗护理过程中，医务人员虽有失职行为或技术过失，但未给患者造成严重人身损害。医疗过错一般可分为严重医疗过错和一般医疗过错两类。严重医疗过错，是指在诊疗护理过程中，医务人员由于诊疗护理过失，给病人造成一定痛苦，延长了有效治疗时间，对病人的健康产生一定的影响，增加了患者的经济负担，但未造成病员人身损害。

医疗过错分为两类，一类是医疗故意。医疗故意是指医院或医务人员主观上明知会发生不良后果而仍然作为，或者不作为，放任这种不良后果和危害的发生。也就是说，医院或医务人员对病人出现不良或危害后果抱着积极追求的心态，或者不反对或不设法阻止而放任不良后果或危害的发生。因此，医疗故意可分为医院故意和医务人员故意。医院故意有如医院私自生产、配制未经国家专门检验批准的药物，给患者造成药源性损害；医院故意购买不合格或废旧的医学器械给患者造成误诊及医源性损害，等等。对于医院故意行为，一般表现为医疗单位对患者的损害结果是一种间接故意，即医院明知对患者的生命健康有损害，但采取放任态度，对医院故意行为，且已造成损害后果的，应当追究其主要负责人的刑事责任。医务人员故意一般表现为医务人员故意出具虚假的医学证明，或利用医疗进行故意犯罪活动，造成他人人身伤害或名誉损害，如出具某人有精神病证明等。

医疗意外

《医疗事故处理条例》第三十三条第（二）项规定：“在医疗活动中由于患者病情异常或者患者体质特殊而发生医疗意外的……不属于医疗事故。”

所谓医疗意外，是医学专门性术语，是指医疗机构在对患者诊疗护理过程中，不是出于故意或过失，而是由于不能抗拒的原因，或不能预见的原因导致病员出现难以预料和防范的不良后果的情况。所谓不能抗拒的原因，是指医务人员遇到某种不可抗拒的力量，即医务人员自身能力、环境和条件，不能排斥和阻止损害后果的发生。所谓不能预见的原因，是指医务人员无法预见，而且根据当时的条件、情况以及医务人员的技术能力也不能预见。在学界有两种说法，一种是“特质”说。即认为，医疗意外是指在诊疗护理过程中，由于病情或病员体质特殊而发生难以预料和防范的不良后果，即在诊疗护理工作中，虽然发生了病员死亡、伤残及功能障碍的严重后果，但这些不良后果的发生，不是由于医务人员的失职行为或者技术过失直接造成，而是因为医务人员难以预料，或根据实际情况是难以避免的。另一种说法是“无法抗拒”说，或“不可抗力”说。该学说认为，医疗意外是指在诊疗护理工作中，由于无法抗拒的原因，导致病员出现难以预料和防范的不良后果的情况。

医疗意外具有以下特点：发生在接受诊疗护理过程中；发生快、出现后果严重；病员存在特殊体质或病情；难以预料和防范。而构成医疗意外有如下几个要件：患者死亡、残废或功能障碍的不良后果必须发生在诊疗护理过程中，如果后果的发生不在诊疗护理过程中，则不属于医疗意外的讨论范围。患者死亡、残废或功能障碍的不良后果的发生是由于患者病情异常或者患者体质特殊造成的，也是医务人员难以预料和防范的。客观上出现了患者死亡、残废、功能障碍等不良后果，如果没有危害结果的出现，就不属于医疗意外应该讨论的问题。

以下几种情况应属医疗意外：

1. 在进行外科手术前，医务人员对所需用的医疗设备、仪器、手术器械进行了详细的检查，而在手术过程中或外科抢救中发生了故障，造成患者出现不良后果，应属医疗意外。

2. 患者的病情复杂、疑难，病情严重，手术技术操作过于繁杂，难以控制病情的恶化而发生死亡的，属于医疗意外。

3. 对于有其他严重疾病而又必须进行外科手术治疗的疾病，如恶性肿瘤、严重的创伤等，在外科手术及外科抢救中，出现心力衰竭、脑血管意外、脑及重要器官的血栓形成及栓塞发生死亡者，均为医疗意外。

4. 医务人员按技术操作规程进行手术，因患者本身病情的变化出现心、脑、肝、肾、大血管等破裂，造成难以控制的大出血，救治无效死亡者，属于医疗意外。

5. 确系患者手术部位的组织器官有严重的组织粘连、脏器先天性畸形、解剖学上的变异、组织层次的严重不清等，手术者无法识别正常的组织及器官，而引起不良后果的，属于医疗意外。

6. 凡因胸、腹腔的损伤，手术治疗或感染引起的脏器粘连，属医疗意外。

医疗过失

医疗行为是一种以人的躯体或精神治疗为标的的特殊技术服务，医方承担侵权责任或违约责任都要以行为中有过失为前提。所以在发生了医疗事故争议后，医方是否要承担责任，承担多大的责任，其关键就是要看医方在提供诊疗服务的过程中是否有过失行为以及过失的程度。

（一）过失行为的判断标准

检验当事人的行为状态是否是过失行为，只能采用客观的标准来衡量。当事人违反了这个客观标准，就是过失行为；符合这个客观标准就不是过失行为。医疗过失行为的构成要件就是衡量一个医疗行为是否是过失行为的标准。医疗过失行为的构成在法理上必须要满足以下四个要件：

1. 行为人有法定的注意义务

医务人员之所以能成为救死扶伤的职业人，就是因为其具备了从事医务工作的必要条件，政府通过法律在允许其执业的同时也赋予其相应的执业义务，以此来保护患者的利益。法律规定医务人员的注意义务既包括了宪法和法律的普遍性规定（它是作为每一个公民都要遵守的规则），也包括医护人员执业与业务方面规章制度所确立的一般性义务，还包括诊疗行为实施过程中的每一项具体义务。一旦医患双方发生了接触，医方行为人就产生了有约束的注意义务，这种义务随着诊疗行为的进行而有着不同的内容。例如在查房问题上，卫生部《医院工作制度》中就具体规定了科主任、主任医师、主治医生和住院医师的具体查房内容。它是医务人员的法定注意义务，没有具体、合理的法定注意义务，就失去了过失赖以存在的基础，如就一个护士而言，就不能要求其有医生的法定注意义务。

2．行为人具有履行注意义务的能力

法律只能要求那些有能力履行义务的人履行义务，所以行为人违反的这种注意义务必须是在当事人已经具有了相应履行能力的情况下，也就是行为人的职务身份具有了履行相应注意义务的能力（即使事实上行为人不具有，但为了保护相对人的利益，也应视其为具有，如医生无权代理的情形下的医疗行为，如果患者认为其能代理医疗机构，则仍视该医生具有履行注意义务的能力）。行为人是否具有了相应履行能力应当根据当事医院的级别、行为人的职称和岗位等来判定。如对于每一个医护人员来说都有救死扶伤的义务，但对于妇科的危急重症就不能要求儿科的医师有相应的处理能力，同样对于主治医师也不能要求其具有主任医师的水平。但一个儿科医师到妇科去处理病症，一个主治医师行使主任医师水平的医疗行为时，则应以后者的注意义务来衡量。

3．行为人在客观上能够履行注意义务

负有注意义务的行为人除了具有履行义务的能力外，还要在客观上能够履行他负有的义务才可能成为有过失的行为人。也就是负有注意义务的行为人应当履行并且是能够履行注意义务但没有履行才是过失行为。行为人在客观上是否能够履行义务是个行业内的规则认定问题，它不能按照日常生活规则来认定，而必须要经过行业内的自律组织（如各级医学会组织的医疗事故技术鉴定专家组或法院委托有关部门）来认定，如果从客观上不能够履行注意义务，如医生已经回家休息，就不能要求其对病人行使治疗的权利，更不能要求其履行相对应的义务。还有的是出于不可抗力，如正在手术时发生地震等。

4．行为人没有履行注意义务

行为人有法定（或约定）的注意义务并不能构成法律上的过失行为，只有在违反了应尽义务的基础上才有可能构成过失（包括作为或不作为）。违反义务的原因并不是行为人不能履行该义务，而是应当履行并且能够履行但行为人没有小心谨慎、认真负责，结果导致了不良后果的发生。在司法实践中，法院并不需要证明行为人在主观上是否有疏忽大意或过于自信，只要行为人没有履行法定的注意义务，并导致了不良后果的发生，而行为人并不是希望或放任不良后果的发生，就可以确定其行为是过失行为。

上述四个要件相辅相成，行为人的行为只有符合过失行为的四个构成要件，才能认定行为人存在过失行为。

医生、护士失职行为

实践中，很多医患纠纷是由于医生、护士的失职引起的，常见的医生、护士失职有以下几种：

1. 擅自离岗，导致病人病情恶化或死亡。医生的值班制度规定：各科在非办公时间及假日，根据病床的多少和科室的大小，安排值班医生；并根据本科情况安排主治医师以上人员担任二线值班；值班医生夜里必须在值班室留宿，不得擅自离开，如有事必须离开时，应向值班护士说明去向，护理人员邀请时应立即前往诊视。护士的值班制度规定：值班人员遵照护士长的安排，严格执行本班职责，遵照医嘱对病员进行护理。药房、检验、放射、血库等科室，应根据情况设立值班人员，并努力完成在班时间所有工作，保证医疗工作的顺利进行。在医疗实践中如果不认真执行值班制度，擅离职守，一旦病人出现突发情况或危重病人病情恶化，就可能因找不到医生护士而贻误抢救时机，造成严重后果。

例如，某医院心脏外科，夜间安排一名医生、一名实习医生和一名护士值班。夜里，实习医生突然晕倒，值班医生和护士均很着急，于是一起将实习医生送去诊治。其间，一个心脏病突发的病人到医院就诊，家属急找医生护士未找到，等了20多分钟，值班医生和护士才回来，此时病人已出现危象，虽经奋力抢救，但为时已晚，病人死于心肌梗塞。在这个案例中，值班医生、护士违反了值班制度，全体离开岗位，长达20多分钟，病人家属无处找人，因失去了抢救时机而给病人造成了死亡的恶果，已构成医疗过失。

2. 当班失职，处理情况不及时。值班制度规定：值班医生要对急诊入院的病人及时检查书写病历，给予必要的医疗处理。对危重病人，应作好规程记录和医疗措施记录，并扼要记入值班日志，还要对出现的情况及时处理，对当班时来诊的病人做好接诊工作。否则就可能因处理情况不及时而造成医疗过失。

例如，某患者因心脏手术住院治疗，某天夜里，突发心律不齐，护理人员向医生报告后，当班医生经查看，没有太在意，只进行一般性用药治疗，却未能缓解症状，之后也没有采取其他手段，只告诉家属注意看护，就去休息了。第二日，发现病人心跳停止死亡。这起案例，就是当班病生在发现情况处理无效的时候，不采取积极手段进一步治疗，导致发生了严重的后果。

3. 交接班不认真，导致病人病情恶化。医生的交接班制度规定：值班医生每日在接班前到科室，接受各级医师交办的医疗工作；接班时，巡视病室，了解危重病员情况，并做好床前交接；各科室在下班前应将危重病人的病情和处理事项记入交班本，并做好交班工作；每日早晨交班时，值班医生将病人情况重点向主治医师或主任医师报告，并向主治医师交清危重病员情况及尚待处理的工作。护士的交接班制度规定：病房建立日夜交班本，交班人必须将病员总数、出入院、死亡、转科、手术和病危人数，新病员的病情、治疗、护理、主要医嘱和执行情况，危重病员的病情及护理有关事项，特殊病员的心理状态，各种检查、标本采集情况记入交班本；准时交接班，认真倾听交班意见，详细阅读交班本，了解病人动态，并要巡视重点病人，做好床前交接班。做好交接班工作，可以保证医疗护理工作连续进行，及时发现和处理特殊情况。如果违反交接班制度，可能对危重或特殊病人疏于管理，导致医疗过失。如：某妇产科，由于交接班草率，导致婴儿被暖气烘热致死的案例，就是典型的交接班不认真导致的事故。

4. 护理工作失职。比如说，只管治疗，对患者的反常思想情绪不细心观察，不采取防范措施，容易使患者产生悲观失望的情绪，严重的导致患者自杀。还有的失职如遗忘医嘱，遗忘危重患者的特殊处理，护士错抄医嘱，不认真执行医嘱，遇到疑难问题不请示、不报告、不懂装懂等，这些都可能发生不良后果。

误诊与误治

诊断是治疗的前提和基础，只有诊断正确，对疾病做出了正确和准确的判断，找对了疾病以及发病的原因，才能制定有针对性的行之有效的治疗措施。所谓误诊，是指由于医务人员不负责任或者专业技术没有达到应该达到的标准而导致的诊断错误。由此可见，误诊应存在两种情形，即责任性误诊和技术性误诊：一种是医生在诊断过程中工作不认真，不负责，对病人的病情叙述不认真听，没有把症状搞清楚，就匆忙下结论。还有的不是按照有关程序诊断，该化验的没有化验，该用医疗仪器做检查的没有使用仪器检查，使判断失去科学标准的基础，这种情形显然属于医疗过失，也是属于责任性质的；第二种是医生技术水平较低，临床经验较少，见的病例不多，或者遇到极为少见的疾病，对应该诊断出的疾病，没能做出应有的诊断，从而误诊。这种情形应看其有无违反诊疗护理规范、常规和管理制度的行为，如有，则属医疗过失，如没有，则不属于。

医疗事故的级别

医疗事故是指医疗机构及其医务人员在医疗活动中，违反医疗卫生管理法律、行政法规、部门规章和诊疗护理规范、常规，过失造成患者人身损害的事故。

2002 年出台的《医疗事故处理条例》（以下简称《条例》）对医疗事故的分级做了详细规定。根据对患者人身造成的损害程度，《条例》将医疗事故分为四级：一级医疗事故：造成患者死亡、重度残疾的；二级医疗事故：造成患者中度残疾、器官组织损伤导致严重功能障碍的；三级医疗事故：造成患者轻度残疾、器官组织损伤导致一般功能障碍的；四级医疗事故：造成患者明显人身损害的其他后果的。

构成医疗事故的条件

构成医疗事故需要四个条件：

1. 主体条件。构成医疗事故的主体是医疗机构及其医务人员。这里说的“医疗机构”是指取得《医疗机构执业许可证》的机构。“医务人员”是指依法取得执业资格的医疗专业技术人员，如医师和护士等，这些人员必须在医疗机构执业。

2. 要求医疗行为违反相关规定。这里的相关规定，指法律、法规、规章、规范等。既包括医疗卫生管理法律、行政法规、部门规章和诊疗护理规范、常规，也包括医疗机构和医务人员在自己的有关业务活动中应当掌握的相应规定。

3. 主观上由于过失，客观上造成了患者人身损害的后果。这里的“过失”，是指医务人员的过失行为，意思是医务人员在主观上没有伤害患者的主观故意；此外，还要有给患者造成人身损害的后果。这是判断是否是医疗事故非常重要的一点。

4. 过失行为和损害后果之间存在因果关系。第四个条件与前三个条件一样，也是判定是否是医疗事故的一个重要方面。如果存在过失行为，但是并没有给患者造成损害后果，则不应该被视为医疗事故；同样，如果只存在损害后果，但是医疗机构和医务人员并没有过失行为，也不能判定为医疗事故。这两种情况都属于没有因果关系，不能认定为医疗事故。

哪些情形不属于医疗事故

《医疗事故处理条例》规定了几种不属于医疗事故的情况。对这种情况，患者应当有所了解。对于属于医疗事故的，要充分利用法律武器保护自己；对于不属于医疗事故的，除法律规定应给予赔偿的外，患方就不要再做无理的纠缠。下面是几种不属于医疗事故的情况：第一，在紧急情况下，为抢救垂危患者生命而采取的紧急措施造成不良后果的。即在紧急情况下为抢救病人的生命，医护人员可按照医疗操作规范采取紧急救治措施。第二，在医疗活动中由于患者病情异常或者患者体质特殊而发生的医疗意外的。这里所称的医疗意外，是指由于病情或病员体质特殊而发生难以预料和防范的不良后果的。医疗意外的发生是难以预料的，因此，对医疗意外而言，医护人员主观上不存在过失，是医护人员本身和现代医学科学技术所不能预见、防范和避免的，医护人员根据当时的情况，无法预见可能会产生病员死亡、残疾或功能障碍的不良后果。因此，这种情况不属于医疗事故。第三，在现有的医学科学技术条件下，发生无法预料或者不能防范的不良后果的。这种情况比较容易理解，因为技术条件和科学认识的局限性而导致的问题不在医疗事故之列。第四，无过错输血感染造成不良后果的。医护人员在给病人提供血源时，应当按照供血的有关规定进行查验和操作。如果按规定查验和操作但病人仍然出现不良后果的，不属于医疗事故。第五，因患方原因延误诊疗导致不良后果的。实践中，许多病人因为对医疗行为不理解，不按医嘱服药或私自服药。还有的个别患者出于某种动机和目的，不真实反映病状，不接受医护人员的合理治疗措施，过早地增加活动，术后过早进餐，私自外出等。这些都是患者自身的原因。由于这些原因而导致不良后果的，医护人员不承担责任，因而也不能认定为医疗事故。第六，因不可抗力造成不良后果的。不可抗力，是指发生了为人力所不能预料和阻止的意外情况。这种情况下出现的不良后果，不能按医疗事故处理。比如说，在治疗的过程中突然地震，导致手术没有成功，这种情况不能算是医疗事故。此外，在医疗实践中，还有这样一种情况不认为是医疗事故。经患者同意，对患者实行试验性诊疗发生不良后果的也不属于医疗事故。在许多科研、教学医院，经常有经过国家有关部门批准用于临床试验的药物、试剂、治疗仪器等在病人身上试用，但试用必须按试验性的有关规定进行，必须说明使用的目的及可能会产生的不良后果或副作用，必须征得患者本人同意，并签订协议书。患者签字同意进行试验诊疗，发生不良后果的，医护人员不承担医疗事故责任。

如何减轻医疗过失的损害

《医疗事故处理条例》规定，当发生或者发现医疗过失行为时，医疗机构及其医务人员应当立即采取紧急处置措施，减轻对患者身体健康的损害或者防止损害后果进一步扩大。那么，在这种情况下，医疗机构及其医务人员应当采取哪些具体的紧急处置措施呢？

首先，医疗机构应该立即启动医疗事故处理预案，这是有针对性地、有效率地采取措施的基础。第二，医务人员及有关人员要立即施行报告制度，以便医疗机构迅速组织最强有力的力量进行抢救。第三，医疗机构要立即采取及时有效的检查治疗等医疗措施，包括为查明原因、确认损害程度而进行的必要辅助检查，为减轻损害后果而采取必要的药物治疗、手术治疗等方法。第四，立即采取有效措施，避免医疗事故争议的发生。总之，在发生医疗过失行为后，医疗机构一定要立即采取上述措施，防止损害进一步扩大。而作为患者，则要配合医疗机构，把损害降到最低。

误诊应承担什么责任

误诊即错误的诊断，可表现为诊断错误、延误诊断、漏诊、病因判断错误、疾病性质判断错误等。如何评价临床误诊是一个应慎重对待的问题，误诊与错误不同，一般误诊均有其出现的客观原因，尽管如此，医院仍应尽量避免发生误诊。误诊是一种医疗过失，后果可轻可重，轻者延误治疗，重者导致病人残疾或死亡。值得注意的是，诊断错误并不一定都是误诊，由于各种疾病均具有复杂的发展过程，在典型的病状和体征还没有表现出来的时候，再高明的医生也难以确诊，只有疾病充分发展后，各种支持诊断的依据才逐渐明朗化，此时确立的正确诊断，并不能说明先前的诊断不明或诊断错误是误诊。

判断误诊应从两个角度考虑：一是医生在诊断过程中不负责任，如不认真采集病史，不全面进行查体等。二是医生不钻研业务，技术水平低，对应该而且可以认识的疾病没有认识。

误诊包括未能诊断、错诊及漏诊。疾病本身的变化有突变性和多变性，能否早期诊断与病情临床表现是否充分、人们对该病的认识程度及病人的配合程度等密切相关。患者常常认为诊断错误，就是医疗过失，这种认识是不对的。在医疗纠纷案件中，临床诊断的误诊者并不少见，但误诊并不一定都是医疗事故。许多疾病的早期症状不明显、个别复杂少见的疾病难以迅速明确诊断，这些都可能发生误诊。因此，在医疗纠纷的鉴定中，对于误诊问题应该有一个正确的评价，特别是对于不同疾病的误诊率应有正确认识，以便在判断医疗单位或医务人员过错责任时，做到客观、公正、科学。

如何判定医疗过失

医疗过失行为是医疗事故的重要构成要件之一，人身损害必须是由于医疗机构或医务人员的过失行为造成的方能认定医疗事故。那么如何认定医疗行为是否存在过失呢？法院一般从以下几个方面判定：一是行为人有法定的注意义务，即行为人的职责要求其必须履行该义务。其没有履行应尽的义务，那么就构成了失职；二是行为人有履行注意义务的能力。即医务人员有相应的技术职称，并正在从事着医疗活动。至于其实际的医疗处理能力如何，不影响对其过失的认定；三是行为人在客观上能够履行注意义务。如果不配合治疗，或限于急诊治疗时的客观条件，或不可抗力等因素的干扰，此时出现医疗问题则不能认定为医疗过失行为；四是行为人没有履行注意义务。具体表现是行为人因为疏忽大意或者过于自信而未能履行其应注意的义务。

如何审查认定误诊

鉴定人员审查诊疗过程中是否存在误诊，通常从以下几个方面来进行：一是根据家属所提出的问题，按照鉴定的要求，对病史记录、诊疗情况逐一进行审核。在医疗诉讼案件中，家属常会反映医生对病人不关心、不负责等情节。鉴定人可首先从病史资料中考察、衡量医生的工作责任心，同时也可找出表现其技术水平及服务质量的依据。仔细查阅主诉、症状、体征、求诊时间等记录，注意医生做了哪些项目的检查、何时诊断、治疗方案、手术记录、病程记录。鉴定人员会重视检查项目，核实护理记录、交接班记录，以及从急诊转到病房的护送过程中有无失误等。二是审查诊断当时是否已具备了诊断条件。若确系误诊，必须分析其具体原因，是因无仪器检查而无从证实，还是因病症本身表现不典型或属罕见疾病；还是因病情发展特别快，诊断时间来不及；是医院设备条件差还是医生技术水平低？如此便可查明原因。如因主观原因——工作马虎、不负责任所致的失误导致误诊，就考虑承担相应的责任。如果是因为医院设备条件差、医生技术水平低等原因，应考虑减免责任。

医疗责任险

对于很多人来说，医疗责任险是个新事物，它是因为越来越多的医疗赔偿的出现，医院才做出选择。所谓医疗责任保险，大众化的解释是指依据相应的保险条款，医疗机构作为投保人和被保险人，向保险公司缴纳一定数额的保险费，从而将其因医疗事故或医疗意外应承担的民事赔偿责任转由保险公司承担的一种保险业务。也就是说，医疗责任险是医疗单位投保的一个险种。目前许多地方都推行医疗事故责任保险，不少医疗机构参加了医疗事故责任保险。医疗事故发生后，保险公司根据保险条款规定，支付一部分或全部医疗事故赔偿费用。医疗机构参加医疗事故责任保险是分担医疗事故风险、妥善解决医疗事故的一种有效的办法。

虽然医疗责任保险可以代替医院向受害者赔偿，但并非受害者提出的所有赔偿，保险公司都予以支付。由于保险公司对于间接损害不负赔偿责任，因此对于精神损害赔偿医院不能转嫁给保险公司，也就是说遭受医疗事故的患者及家人若想就精神损害提出赔偿，仍须向医院提出赔偿，双方不能达成协议的可以向法院提起民事诉讼。所以，从保险责任范围来看，并不是说所有的医疗纠纷都可以转移给保险公司来承担责任。

手术中的医疗过失

手术中常见的医疗过失是多种多样的，如在手术中无客观体征依据而盲目扩大手术范围，或更改手术方式；术中出现疑难情况，不请示上级医师，轻率蛮干，不顾后果；手术中操作粗心大意，将纱布、手术器材等留在患者体内；术中未经上级医师同意，擅自改用未曾使用过的手术方法致使患者器官功能受损；术者技术不熟练，误认脏器等。如在胆囊切除手术过程中，误扎胆总管；心脏动脉导管未闭手术时，误将大动脉当作大导管未闭缝扎；下腹部手术及盆腔手术中，误伤或结扎输尿管；手术中操作忙乱，出血过多，患者休克死亡；肺切除手术，操作不规范，造成术后气管、支气管残病瘘等。围绕手术问题引发的医疗纠纷，大体可分为术前诊断、手术适应症、手术时机、麻醉问题、术后并发症的处理等环节。

出现的问题主要有：1. 手术前对手术治疗的准备工作不充分，不做必要的化验和检查，手术医师心中无数，采取打开看的轻率态度，盲目开刀手术，造成医疗过失。2. 手术前对手术区的备皮不严格，手术区的皮肤被原有皮肤感染病灶，手术前未做必要的处理，造成手术后伤口的化脓感染。3. 手术前未充分考虑手术的难度，未作输血准备工作，待手术中发生变化急需输血时措手不及，血库找不到同型血，造成不良后果等。4. 手术前在患者体表划错手术部位，开错刀。5. 手术前未给患者用药，造成手术中因肌肉紧张而操作困难，麻醉失败等。6. 手术前对患者未做详细的内科检查，未排除手术禁忌症。

医疗事故罪

我国刑法第三三五条规定：“医务人员由于严重不负责任，造成就诊人死亡或者严重损害就诊人身体健康的，处三年以下有期徒刑或者拘役。”由此可得，所谓医疗事故罪，是指医务人员在诊疗护理工作中，由于违反规章制度和诊疗操作常规，严重不负责任，造成就诊人死亡或者严重损害就诊人身体健康的行为。从此定义可见，医疗事故罪具有如下法律特征：

1. 医疗事故罪侵犯的客体是复杂客体，即就诊人的生命和健康权利以及医疗单位正常的工作秩序。

我国宪法规定，保护公民的人身权利，不受任何人、任何机关非法侵犯。公民的人身权利是公民基本权利的重要组成部分。它是公民进行正常工作、学习和生活的前提条件，也是享受其他权利的基础。人的生命和健康是公民的人身权利，是最可宝贵的，受到国家法律的特别保护。人的生命权利若被非法剥夺，其他人身权利和民主权利等的享受就无从谈起。因此，对任何非法剥夺他人生命、严重侵犯他人健康的行为，即使是过失的，一般也应追究刑事责任。但这里要注意的是，在规定医疗事故罪时，没有使用“患者”“病员”，而是使用了“就诊人”，原因是“就诊人”的涵盖范围比“患者”“病员”要大，这样规定更有利于保护更多的就医者。

维护医疗单位正常的工作秩序，是医疗活动安全的基本保障，医疗事故罪的行为人一般都不例外地违反了医疗规章制度和诊疗常规，这实际上是对医疗单位正常工作秩序的侵犯，更是对国家公共医疗卫生事业的侵犯。

2. 医疗事故罪在客观方面表现为，医务人员严重不负责任，造成就诊人死亡或者严重损害就诊人身体健康的行为。

“严重不负责任”一般表现为，医务人员在合法的诊疗护理工作的过程中，严重违反规章制度和诊疗操作常规。可能是不履行应尽的职责，即消极的不作为形式，如明知对危重病人不予抢救会发生危险结果，没有正当理由而拒绝治疗或不采取积极措施，致病人死亡的；也可能是采取积极的，即作为形式。如开错刀、投错药致病人死亡的，等等。不论采取何种形式，对确定行为的性质没有影响。但这里要注意“严重”二字，也就是说，不是一般的“不负责任”，即一般的违反规章制度和诊疗操作常规就能构成医疗事故罪，而要有一个程度，即严重情节。

3. 医疗事故罪的主体是特殊主体。必须是执行职务的医务人员，包括各级各类医疗单位以及有合法执照个体开业的医务人员在诊疗护理病人的过程中发生医疗事故者。

所谓医务人员，是指经过医学、医药院校教育，或者各级卫生机构培训班培训后取得上岗资格证书，从事实际医疗工作的人员。根据卫生部门的有关规定，我国医务人员按其性质分为四类：医疗防疫人员（包括中医、西医、卫生防疫、寄生虫防治、地方病防治、工业卫生、妇幼保健等技术人员）；药剂人员（包括中药、西药技术人员）；护理人员（包括护师、护士、护理员）；其他技术人员（包括检验、理疗、病理、口腔、同位素、放射、营养等技术人员）。但要注意的是，即使是医务人员，不是在诊疗护理病人的过程中，致病人死亡或者严重损害就诊人身体健康的；或者是医疗单位的非医务人员，如党政干部或后勤服务人员在医疗过程中严重不负责任，瞎指挥，乱命令，如果造成就诊人死亡或造成严重损害就诊人身体健康的行为，前者如行为人的过失构成犯罪的，可以进行过失致人重伤或过失致人死亡罪的一般主体认定。后者行为人如系国家机关工作人员则可构成玩忽职守罪的主体；如系一般主体可构成过失犯罪的主体。

4. 医疗事故罪在主观上出自过失。

所谓过失，即医务人员在诊疗、护理工作中，应当预见自己严重不负责任的行为，可能造成病人死亡或严重损害病人身体健康的危害社会的结果，因为疏忽大意而没有预见，或者已预见而轻信能够避免，以致造成病人死亡或者严重损害病人身体健康的结果。不管是前者疏忽大意的过失，还是后者过于自信的过失，都是行为人的行为造成的危害结果。至于严重不负责任的行为，虽然有的是过失所为，但多数是明知故犯。切莫把这种对行为的明知故犯，误认为是医务人员对违反规章制度和操作常规所造成的严重危害后果所持的心理态度。否则，就会混淆过失犯罪与故意犯罪的界限。过失犯罪行为人对其危害社会的行为所造成的严重危害社会的结果持否定的态度，本意并不是放任结果的发生。

医疗事故罪行为人主观上的过失，包括疏忽大意和过于自信两种心理态度。判断医务人员疏忽大意过失应坚持主客观相统一的标准，即行为人对于自己的诊疗护理行为可能发生的危害结果，应当预见并且能够预见，然而却没有预见。如果行为在客观上虽然造成了严重结果，但不是出于过失，而是由于不能抗拒或者不能预见的原因所引起的，不认为是犯罪。

医疗上的意外事件与疏忽大意的过失有某些相似，二者都对危害结果的发生没有预见，但二者又有明显的区别。疏忽大意的过失是行为人对危害结果应当预见并且能够预见；医疗上的意外事件是由于病人的病情或者体质特异不能预见，而在客观上造成了损害结果。

过于自信过失与间接故意的相同点是两者都预见到自己的行为可能导致病人死亡或者严重损害病人身体健康的严重结果发生；不同点是虽然两者都不希望严重结果的发生，但过于自信过失的行为人确信严重结果可以避免，如外科主任医生自认为医术高明，相信通过自己的努力可以挽救危重的病人；间接故意的行为人对于病人可能出现的严重结果采取放任的态度。

医患关系与医疗纠纷

医患之间的沟通

其实很多患者都知道，在就医过程中，和医生多沟通是一件很好的事，既可以让医生多了解自己的病情，也可以就病情向医生进一步咨询，对健康有益无害。近年来，医学专家分析指出，医患沟通缺少，是导致医疗纠纷的又一重要原因。医患沟通少，一方面是由于部分医务人员缺乏爱心，对病人缺乏应有的热情与尊重；另一方面，与我国过去的传统有关。长期以来，我国的医学教育只注重培养职业技能，对医生的沟通能力培养不够，致使相当一部分临床医务工作者只会看病，不会与患者沟通。实际上，每位患者看病，几乎都希望能与医生多“聊聊”，从医生那里多获得些医疗常识。作为患者，在看病时，多问、多说是正确的，要尽量与医生沟通。有时医生忘记问的问题，一经患者提醒，可能就马上会想起来。这样也可以多反映病情，及时得到更好的治疗，防止误诊。

当前之所以出现医患关系的紧张，主要原因是实践和理论上对医患关系认识不清，当大量医疗纠纷案件以合同或以无过错侵权处理时，医院茫然了，医生们发现自己手中的手术刀越来越沉重，医院用于赔付患者的钱越来越多，于是就想方设法地乱收费或变相抬高医疗费用；当一些患者发现医院不再像以前那样只以“救死扶伤”为宗旨，而是把眼睛盯紧了患者的钱袋，收多少钱，治多少病时，他们认为医院已不再是“白衣天使”的医院，而是一个和自己讨价还价的“商人”时，把医患关系认为是合同，认为是敌对关系也就难免了。所以，要解决医患关系现在的窘状，就必须对医患关系有一个正确的定位，还医患关系以本来面目。

医患双方的权利和义务

权利义务，即“该做什么，不该做什么，必须做什么”。很多医生和患者都不知道自己有哪些权利和义务，这有时也是引发医疗纠纷的深层原因。因此，作为医患双方，都应该明确各自的权利义务，这样，不仅可以预防和减少医患纠纷，也可以进一步确认医患双方在医疗过程中是否存在过错。医患双方，无论是谁，在权利受到侵害时，都应受到法律的保护；同样，无论谁不履行义务，都需要承担相应的法律责任。

具体来讲，医院的权利和义务主要有：医院的权利（治疗权，包括疾病检查权、自主诊断权、医学处方权）；医学研究权；医护人员的人格尊严权等。医院的义务主要有：依法开业及执业的义务；依法或依约定提供医疗服务的义务；对社会及患者的忠实诚信义务；向患者及家属说明病情、治疗措施、注意事项的告知义务；医疗转诊义务，对不能治疗的疾病，应及时建议患者转院治疗；报告义务，发生重大医疗事故等情况时，应依法向卫生主管部门报告；职业道德方面的义务，如诊疗最优化，用药适量，手术合理，治疗方案最佳，使患者痛苦最小，医疗费用最低等。

患者的权利非常广泛，主要包括：生命健康权；人格权（隐私权、姓名权、肖像权、名誉权）；财产权；公平医疗权；自主就医权（包括选择医疗机构和医护人员）；知情与同意权，患者对疾病的病情、治疗措施、医护人员的情况等享有知情权，而医院采取的治疗行为应事先征得患者或其家属的同意之后方可进行；医疗文件的查阅权、复印权；监督权；索赔权；申请鉴定权；申请回避权，对可能影响公正、公平医疗事故鉴定的组成人员，有权提出回避。同时，患者在接受医疗服务过程中，应当遵守和履行如下义务：一是遵守医院的各项规章制度，接受医院的相应管理；二是尊重医务人员的人格及工作；三是积极配合医疗服务，严格遵照医嘱进行治疗；四是接受强制治疗义务。患者患有传染性疾病时，应按照法律法规的要求，主动接受强制性治疗；五是缴纳医疗费用的义务；六是防止扩大损害结果发生的义务。

病人的权利

病人的权利和义务是与医方相对应的，但是病人作为一名普通公民，应当享有法律、法规规定的公民权利，有权获得基本医疗权利，在与医方签订具体合同时，又享有合同主体的权利义务。

1. 我国法律对病人权利的规定

病人的权利来源于公民的权利，作为患者这一特殊主体的权利在有关法律法规中也有体现。这些法律法规主要有三大类：第一类是法律，包括《中华人民共和国宪法》《中华人民共和国民法通则》《中华人民共和国执业医师法》《中华人民共和国消费者权益保护法》等，第二类是法规，包括《医疗机构管理条例》《医疗事故处理条例》等；第三类是卫生部或各省、市、自治区人民政府发布的规章，例如《医院工作条例》《医院工作人员职责》《医院工作制度》《医务人员医德规范》等有关规章。

《中华人民共和国宪法》第二十一条规定："国家发展医疗卫生事业，发展现代医药和我国传统医药，鼓励和支持农村集体组织、国家企业事业组织和街道组织举办各种医疗卫生设施。开展群众性的卫生活动，保护人民健康。"第三十七条规定："公民的人格尊严不受侵犯"；第四十五条规定："公民在年老、疾病或者丧失劳动能力的情况下，有从国家和社会获得物质帮助的权利。国家发展为公民享受这些权利所需要的社会保险、社会救济和医疗卫生事业。"

《中华人民共和国民法通则》第九十八条规定："公民享有生命健康权"，第一〇〇条规定："公民享有肖像权，未经本人同意，不得以营利为目的使用公民的肖像。"第一〇一条规定："公民、法人享有名誉权，公民的人格尊严受法律保护，禁止用侮辱、诽谤等方式损害公民、法人的名誉。"第一〇二条规定："公民、法人享有荣誉权，禁止非法剥夺公民、法人的荣誉称号。"第一一九条规定："侵害公民身体造成伤害的，应当赔偿医疗费、因误工减少的收入、残疾者生活补助费等费用；造成死亡的，并应当支付丧葬费、死者生前扶养人必要的生活费等费用。"第十二〇条规定："公民的姓名权、肖像权、名誉权、荣誉权受到侵害的，有权要求停止侵害，恢复名誉、消除影响，赔礼道歉，并可以要求赔偿损失。”第一二二条规定：“因产品质量不合格造成他人财产、人身损害的，产品制造商、销售者应当依法承担民事责任。”

《中华人民共和国执业医师法》第三十七条规定：“医师在执业活动中，违反本法规定，有下列行为之一的，由县级以上人民政府卫生行政部门给予警告或责令暂停6个月以上，1年以下的执业活动；情节严重的，吊销其执业证书；构成犯罪的，依法追究刑事责任。”其中涉及病人权利的条款有：

（1）违反卫生行政部门规章制度或者技术操作规范，造成严重后果的：

（2）由于不负责任延误急患者的抢救和诊治，造成严重后果的；

（3）造成医疗责任事故的；

（4）未经亲自诊查、调查，签署诊断、治疗、流行病学等证明文件或者有关出生、死亡等证明文件的；

（5）隐匿、伪造或者擅自销毁医学文书及有关资料的；

（6）使用未经批准使用的药品、消毒药剂和医疗器械的；

（7）不按照规定使用麻醉药品、医疗用毒性药品、精神药品和放射性药品的；

（8）未经患者家属同意，对患者进行实验性临床医疗的；

（9）泄露患者隐私，造成严重后果的；

（10）利用职务之便，索取、非法收受患者财物或者牟取其他不正当利益的。

《中华人民共和国消费者权益保护法》对消费者的各项权利作了法律规定。由于病人相对于医院来说，既是医疗护理服务的消费者，又是药品、器械、设备、材料的消费者，因此，《消费者权益保护法》的总精神和有关条款适用于病人，也可以说，病人的权利就是消费者的权利。该法第七条规定：“消费者在购买、使用商品和接受服务时享有人身、财产安全不受损害的权利。消费者有权要求经营者提供的商品和服务，符合保障人身、财产安全的要求。”第八条规定：“消费者有知悉其购买、使用的商品或者接受的服务的真实情况的权利。消费者有权根据商品或服务的不同情况，要求经营者提供商品的价格、产地、生产者、用途、性能、规格、等级、主要成分、生产日期、有效期限、检验合格证明、使用方法说明书、售后服务，或者服务的内容、规格费用等有关情况。”第九条规定：“消费者享有自主选择商品或者服务的权利。消费者有权自主选择提供商品或者服务的经营者，自主选择商品品种或者服务方式，自主决定购买任何一种商品、接受或者不接受任何一项服务。消费者在自主选择商品或者服务时，有权进行比较、鉴别和挑选。”第十条规定：“消费者享有公平交易的权利，消费者在购买商品或者接受服务时，有权获得质量保障、价格合理、计量正确等公平交易条件，有权拒绝经营者的强制交易行为。”第十一条规定：“消费者因购买、使用商品或者接受服务受到人身、财产损害的，享有依法获得赔偿的权利。”第十二条规定：“消费者享有依法成立维护自身合法权益的社会团体的权利。”第十三条规定：“消费者享有获得有关消费和消费者权益的保护方面的知识的权利。消费者应当努力掌握所需商品或者服务的知识和使用技能，正确使用商品，提高自我保护意识。”第十四条规定：“消费者在购买、使用商品和接受服务时，享有其人格尊严、民族风俗习惯得到尊重的权利。”第十五条规定：“消费者享有对商品和服务以及保护消费者权益工作进行监督的权利。消费者有权检举、控告侵害消费者权益的行为和国家机关及其工作人员在保护消费者权益工作的违法失职行为，有权对保护消费者权益工作提出批评、建议。”

《医疗机构管理条例》第三条规定：“医疗机构以救死扶伤，防病治病，为公民的健康服务为宗旨。”第三十一条规定：“医疗机构对危重病人应当立即抢救。对限于设备或者技术条件不能诊治的病人，应当及时转诊。”第三十三条规定：“医疗机构施行手术、特殊检查或者特殊治疗时，必须征得患者同意并应当取得其家属或者关系人同意并签字；无法取得患者意见时，应当取得家属或者关系人同意并签字；无法取得患者意见又无家属或者关系人在场，或者遇到其他特殊情况时，经治医师应当提出医疗处置方案，在取得医疗机构负责人或者被授权负责人员的批准后实施。”第三十七条规定：“医疗机构必须按照人民政府或者物价部门的有关规定收取医疗费用，详列细项并出具收据。”上述条款说明病人有取得及时救治、决定是否接受某种治疗和了解医疗费用的权利。

《医疗事故处理条例》是国务院发布的行政法规，在第 1 条即明确制定

《医疗事故处理条例》的目的是："为了正确处理医疗事故，保障患者和医疗机构及其医务人员的合法权益，维护医疗秩序，保障医疗安全，促进医学科学的发展。"但未明确规定患者的权利，只规定了病人病历的查阅、复印权等。此外，卫生部颁布的《全国医院工作条例》《医院工作制度》及《医院工作人员职责》等，都是具有保护病人权利内容的重要规章。即使对已死亡的病人，卫生部《解剖尸体规则》对尸体解剖的程序以及尊重病人尸体等也作了有关规定。

医疗纠纷

医患纠纷包括很多种类，其中常见的主要是医疗纠纷、医疗事故、医疗过错这三种形式。

在一般情况下，只要构成医疗事故肯定有过错，只要有过错就很可能会有纠纷。三者的关系是医疗纠纷的范围最大，可以包括过错；过错的范围又可以涵盖全部的事故。医患纠纷仅是患者认为有过错的可能，但是否存在医疗事故，是否确有医疗过错，则有待医疗事故技术鉴定委员会和人民法院确定。

本书中提到的医疗纠纷，是从广义上讲的医疗纠纷，是指在诊疗护理过程中，医患双方对医疗后果及原因在认识上发生分歧或患者对医疗服务不满意，而发生的纠葛。

产生医疗纠纷的原因

1. 医疗行为

无论多么高明的医术，都将给病人带来某些损害（副作用），这些损害行为和结果常常是治疗措施的一部分。比如手术过程中对人体的"侵害"，手术后身体留下的疤痕等等，这些是为治愈疾病所付出的不可避免的代价，此类行为或结果的产生，是为了减少或避免更大的损害而实施的，因此，此类"损害"是治疗措施的一部分，不应作为损害后果。但没有医疗行为，绝对不会产生医疗纠纷损害后果。

2. 疾病的自然发展

疾病发生的本身就是一种损害结果，一般情况下，当实施某种治疗手段后，如果没有成效，疾病的自然发展也同样会产生损害后果。多数的治疗措施并无法保证治愈疾病，它仅能延缓某些疾病的发展或仅仅是减轻病人的痛苦，因此，某些疾病的恶化乃至死亡是不可避免的，与医疗措施并无因果关系而是疾病自然发展的结果。

3. 医疗风险

医疗行业具有很大的风险，即使医生完全认真地履行义务，也无法保证达到“令人满意的结果”。某一治疗措施对甲很有效，对乙不仅无效可能还有害。同时，没有任何一种药物、任何一种治疗措施针对某种疾病具有百分之百的疗效，因此，疗效常常用“治愈率”“有效率”来表示。而无效率即成为医生及患者使用该措施或药品所必须面临的风险。

但是，产生医疗纠纷的原因与医疗损害后果的原因不同，由于医疗纠纷是一种对医疗机构行为认识上的分歧，因此，医疗纠纷产生主要针对的是医疗行为，而分歧是医疗行为是否有过错，产生医疗纠纷的原因也应当是医疗行为的过错和失当，即医疗过错。

医疗纠纷官司

实践中能够引发医疗纠纷的情况有很多种，近年来，因服务态度、服务质量等原因引起的纠纷越来越多。下面介绍几种常见的容易诱发医疗纠纷的情况：

1. 治疗及药品收费不合理。有的医院为了增加收入，通过多开检查项目，开大处方，开好药、贵药的方式，给医务人员搞创收，造成患者不必要的经济开支。比如一个简单的感冒，除了给病人开了正常治疗的药物外，还多开了一些不必要的保健药品。再比如一个胆囊结石的患者，本来做一下 B 超就可以确认，可医生为了提成，既让病人做了 B 超，又让病人做 CT。这样，就给病人带来了不必要的经济损失。这样做的同时，也很可能损害了患者的身体健康。

2. 由于症状较轻而误诊，影响治疗。这是一种较为常见的现象。由于很多原因，患者和家属自己觉得病情并不重，但经过短时间诊治发生了死亡或严重残疾的后果。患者或家属对病情不理解，产生了纠纷。主要问题是部分医务人员责任心不强，技术水平差，导致患者病情加重或死亡进而到法院打官司。比如，某患者因肩背部疼痛就诊，医生只粗略地检查一下就确诊为左侧肩周炎，后来该患者因急性心肌梗塞而死。如果就诊时，医生能够想到左肩部疼痛极可能是心绞痛引起的放射性疼痛，为病人做个心电图，就会及早发现心脏病，避免死亡的发生。

3. 对患者的精神损害非常大。这一情况，主要是由于医生的过错或医德医风引起的。这种医疗纠纷往往使患者非常气愤，对医方的所作所为无法原谅，从而把医院送上法院的被告席。比如报纸上经常报道的一些案例就是如此：某女孩本来做阑尾手术，由于医生的过失，将其卵巢切除，使女孩终生不能生育，精神损害极大；再如，医院对患者实施节育环术，告诉病人已将节育环取出而实际上并没有取出，导致患者不能生育。上面举的这两个例子，作为患者，可以通过法律途径解决，可以要求医院进行精神损害赔偿。

4. 患者对医疗事故鉴定不信任。一些鉴定结论对患者的“疑虑”没有明确说明，避重就轻，回避矛盾，甚至隐瞒真相。这些现象造成了老百姓对鉴定结论的不信任，使鉴定的公信力下降。所以很多家属对鉴定结论不满意，不服气，导致他们向人民法院提起诉讼。

5. 服务态度差。在实践中，有些的确不属于医疗事故或差错，纯粹是因为医务人员的医疗作风、服务态度不好，或者缺乏对患者应有的同情和必要的关心，恶性语言刺激，或者对患者采取骄傲蛮横的态度，而产生纠纷。另外，还有一种原因和医务人员的心理状态有关。例如：对危重患者，特别是对癌症晚期患者，有时不能善始善终处理。从医学角度讲，即使是难以避免死亡的临危患者，也要进行严肃认真的抢救，有时这种抢救明知不会有什么结果，但起码也是一种职业上的负责精神。

如何避免医疗纠纷

这是一个老百姓比较关心的问题。怎样才能避免医疗纠纷呢？有以下几个建议：第一，老百姓看病首先要到正规的医院看病，也就是到有执业许可证的医疗机构看病。第二，看病时一定要用自己的真名。有一起纠纷，病人因院方的过失而造成了伤害，医院答应给予赔偿，但病人来了，医院一看确实是他本人，用的却是假名。最后医院拒赔，患者也没有办法。第三，出现问题后，要冷静处理，不要盲目打医疗官司。一般来说，在所有的医疗纠纷当中，真正属于医疗事故的很少，到法院打官司胜诉的概率也不像患者想象得那么大。发生医疗纠纷之后，不要盲目去鉴定，要多看看相关的书籍，多咨询一下有关方面的专家。不要随便找个人问一问，就草率做出决定，也不要轻信某个医生的话，因为医学专业分得很细，隔行如隔山。同时，还要了解一下有关政策法规，做好打官司的准备。

如何处理医疗纠纷

遇到了医疗纠纷，患者首先应该怎么办？这是一个很重要的问题，很多患者因为一时的冲动和不清醒，导致在日后的诉讼中处于不利的地位，同时也不利于矛盾的解决。因此，建议人们，在与医院发生纠纷后，要这样做：

如果患者一方怀疑医务人员在对患者诊疗、护理过程中可能存在问题时，要先保持冷静，克制自己的情绪。要保存好手头的病历资料（如门诊病历、各科检验报告、处方、病人曾服用的药物等），并向医院提出查处要求。如果病人已死亡，死因明确的，应配合医院在病人死后48小时以内进行尸检。作为患者一方还应当立即向有关人员和单位反映情况，并注意对有关证据、材料的收集，为将来能澄清事实、明确责任、顺利地解决纠纷做准备。在证据材料中，最关键的是病历，因为病历是证明有无医疗过失的关键依据。如果有条件，可以将病历进行复印，或者要求医疗单位尽快对病人的病历材料进行封存。如果是因输液、输血、注射、服药等引起不良后果的，可以要求对相关实物进行核对并封存，以备进一步核查。在医疗事故处理过程中，患者一方要尽量克制，切忌情绪冲动，鲁莽行事，这样的举动不会对事件本身起到什么作用，反而会妨碍纠纷及时地处理，到头来还是对患者一方不利。

医疗纠纷的解决方式

发生了医疗纠纷，具体怎样解决，有几条路可以走，这是老百姓比较关心的问题。按现行法律、法规的规定，出现了医疗纠纷，作为患者和医院都有三条路可以选择，这三条路就是协商调解、医疗事故技术鉴定和诉讼。

协商调解就是医患双方对可能已经发生的损害事实进行商议，并在有关中间机构的主持下，根据损害事实和有关的规定对赔偿金额和其他事宜达成一致。

医疗事故技术鉴定主要是在医疗事故鉴定委员会的主持下，由相关的专家对医疗损害的事实作出鉴定，明确具体责任并对赔偿等做出结论。

诉讼就是针对发生的医疗损害情况，由患者到人民法院提出自己的诉讼请求，主张由医疗单位承担相应的责任。

对患者而言，这三种方法，无论选择哪种方法，都有各自的优缺点。第一种方法调解协商的优点就是简便易行，缺点是往往赔偿金额偏低。根据规定，双方当事人协商解决医疗事故的赔偿，应当制作协议书。协议书应当载明双方当事人的基本情况和医疗事故的原因、双方当事人共同认定的医疗事故等级以及协商确定的赔偿数额等，并由双方当事人在协议书上签名。协商的内容应当包括：是否属于医疗事故、民事责任承担的方式和赔偿的具体数额、与医疗事故的赔偿等民事责任争议有关的其他事项，如病人的善后处理，尸体的处理以及协议后将对双方权利义务产生的影响等。双方协商解决应当遵循自愿、平等、公平、合法的原则。作为患者来说，打医疗官司，根本没有经验可言，而医院却是轻车熟路，经验丰富。尤其对于赔偿数额，医院有自己的赔偿底线，患者很可能签了协议书后，到头来却发现赔偿额太少。这时再想去提起诉讼，却发现调解协议是具有一定法律效力的，轻易不允许反悔。因此，作为患者在签订协议之前最好充分了解相关的常识、法律法规，避免使自己的合法权益遭受损失。

第二种方法医疗事故技术鉴定，优点就是专业性较强，证据力也比较强。缺点就是很难被认定为医疗事故。如果不被认定为医疗事故，患者提起诉讼时，医院就一定会把鉴定结论作为证据出示，这对患者是很不利的。所以说，患者及家属要有充分的心理准备，在申请医疗事故技术鉴定时也要慎重。申请鉴定前可以多想一想，如果鉴定出来了不是医疗事故怎么办，下一步如何解决，这些问题都要想好。

第三种方法诉讼，也就是老百姓常说的打官司。打官司的过程比较复杂，专业性也很强，患者最好能聘请一个既懂医又懂法的律师出庭，才能最大限度地维护自己的合法权益。另外，提醒大家一点，诉讼的时间通常较长，要做好打“持久战”的准备。同时要注意，胜诉、败诉都是很有可能的。

患者享有哪些知情权

在我们身边常常发生这样的事情：患者得了不治之症，家属为避免给病人造成心理上的压力，尽量不把真实的病情告诉病人，医生有时也先不告诉患者真实的病情。这些，都是爱护病人的表现。其实，病人也同样有知情权。所谓知情权，是指公民应该享有了解、获知与自己利益相关情况的权利。关于患者的知情权，《执业医师法》第二十二条明确规定，关心、爱护、尊重患者，保护患者隐私是医师在执业活动中应履行的义务。还规定，医师应当如实向患者或者其家属介绍病情，但应注意避免对患者产生不利后果。

那么患者享有哪些知情权？患者的知情权包括：患者有权明白自己的病情；明白自己要做何种检查项目；明白自己应如何选择看病医生；明白可能出现何种医疗风险；明白应注意的事项；知道自己进行特殊检查和手术应该履行的签字手续；知道发生医疗纠纷应当依法解决的相关程序。在医疗活动中，医务人员和患者都具有独立人格，但由于医患双方自身掌握的医学知识水平不同，在对疾病诊治的决策和理解接受能力方面也存在明显的差异，医务人员占有主动的优势，而患者则往往处于被动地接受地位。医务人员对患者的健康状况掌握主动权，应当为解除患者病痛做出最佳选择，但患者并不因此丧失其独立自主的地位，医务人员在疾病诊治过程中，应尊重患者的意愿，并且在不影响治疗的前提下，将病情、诊疗措施以及有可能存在的医疗风险如实地告诉患者，使患者及时了解有关诊断、治疗、预防等方面的信息，以行使本人对疾病诊治的相应权利。但在某些情况下，医务人员向患者介绍病情还应根据其具体情况，选择适当的时机或方式，以避免对患者的疾病治疗和康复产生不良的影响。如恶性肿瘤的患者，在明确诊断后，一般应首先向其家属如实告知，再根据其家属的意见或本人的要求，采取适当的方式告诉患者本人。在患者精神较脆弱或身体状况较差的情况下，可暂缓或委婉告知。当患者本人失去行为能力或不具有行为能力时，则应当向其近亲属如实介绍病情。在患者知情同意的前提下，纯粹技术性的决定一般应以医务人员的意见为主，但涉及个人生活方式和观念方面的问题则应尊重患者的意愿，如乳腺癌患者在得知病情的情况下，可做出乳腺全部切除以延长寿命，或部分肿物切除以保持完好体形的决定。

医疗机构及其医务人员在履行告知义务时，要充分尊重患者的知情权，要讲究语言艺术和效果，注意说话方式和态度，对患者态度要亲切和蔼，语言要温和，避免恶性刺激，不要对患者态度冰冷或不理睬。介绍病情时不能用“没事”“不可能”“一定会”等不负责任的话或不确定的话。要协助做好病员思想工作，对个别病员提出的不合理要求，应耐心劝解，既要体贴关怀，又要掌握原则。有关病情恶化等情况，不要直截了当地告诉病员，必要时由负责的医务人员或上级医务人员进行解释。在术前，要向患者交代手术方式以及术中、术后可能发生的并发症及意外。

患者享有哪些隐私权

隐私多指“不愿告人、不愿公开的、个人的事”。也可以理解为个人物质和心灵的“个人空间”。按照法律来解释隐私，隐私就是公民与公共利益无关的个人私生活秘密，它所包括的内容，就是私人信息、私人活动和私人空间。隐私权是公民的人格权的一种。它是指自然人享有的对其个人的，与公共利益无关的个人信息、私人活动和私有领域进行支配的一种人格权。随着社会的发展和文明程度的提高，人类对隐私权的认识不断深入。作为患者，享有自己的隐私权，包括不公开自己的病情、家庭史、接触史、身体隐私部位、异常生理特征等个人生活秘密和自由的权利，对此，医院及其工作人员不得非法泄露。

医疗机构及其医务人员在诊治过程中，要注意保护患者的隐私，这些隐私是患者在就诊过程中只向医师公开的、不愿让他人知道的个人信息、私人活动或私有领域。比如说，可能造成患者精神伤害的疾病、病理生理上的缺陷、有损个人名誉的疾病、患者不愿他人知道的隐情等。医师应为患者保守秘密，未经患者本人同意，不得向他人泄露。卫生部的有关文件规定：为患者保密，不泄露患者隐私与秘密。《艾滋病监测管理的若干规定》也规定：不得将艾滋病患者或感染者的姓名、住址等情况公布或传播。

作为医院和医护人员，要为病人保密，防止影响病人个人名誉，给病人造成精神损害。

医疗纠纷证据与鉴定

医疗证据

所谓证据的证明力是指证据本身所含有的作证意义。证据的证明力是随着证据的产生而产生，随着证据的存在而存在。证据的证明力只证明证据记载的事实信息。这种事实可能是真实事实，也可能是虚假事实。在医学记载中的病历记录、化验结果报告、经医院盖章的诊断证明等在证明事实时均具有证明力。如果这些记载是原始事实记录，则成为真实事实的证明材料，也就是具有真实事实的证明力。如果这些医学记载是事后经过人为修改或伪造，则成为虚假事实的证明材料，具有证明虚假事实的证明力。

证据的证明效力是指证据具有可被法庭采纳作为裁判依据的法律资格，证据是否具有证明效力必须在经过法庭对其的真实性、合法性进行审查基础上决定。这就是说，一个证据能够得到法律上的认可，就具有证据效力，得不到法律上的认可，它就不具有证据效力。例如：经过修改的、伪造的病历资料、检查记录和诊断证明，虽然在文字上、形式上甚至在对一些人行政处理上具有证明某些事实的证明力，并作为事件处理或做出某项决定的依据。但在法律诉讼程序上，经过质证、认证与司法鉴定，揭示其虚假性或属于通过非法途径所取得，则法律上不认同其记载的事实，也不承认其具有证据的资格，不能作为法律裁判的依据。相反，它只能成为修改、篡改记载或原始事实的证据材料。

医疗记载是指在医疗服务过程中形成的文字、影像学照片等资料，包括病历、各种理化检验结果、手术记录、护理记录、病理检验结果、X 光片、CT 片等。这些资料记录疾病诊治的依据、过程、医护人员操作的程序等信息，是对医疗过程中的全程记载。因此，在医疗纠纷案件中是最关键、最重要的证据材料，具有证明记载事实的证明力。

综上所述，我们不难看出，医学病历完全具备证据的两大特性，即既具有证明力，而且应当具有证明效力，但是事实上，医疗病历并没有发挥其应有的作用，相反，它成为医方用以对付医疗纠纷的主要手段，无论从病历管理和制作上都存在很多问题，引起医患纠纷和矛盾。

证据材料

虽然《关于民事诉讼证据的若干规定》规定了医疗方承担主要举证责任，但患方并不是无举证义务。因此，要注意收集以下证据，以便在日后的诉讼中处于主动地位。

1. 尽早复制客观性病历材料，封存主观性病历材料。按照《医疗事故处理条例》规定，患者有权复印客观性病历资料，包括入院记录、手术记录、化验单等。但诸如病程记录、会诊单、疑难病例讨论、上级医生查房记录等主观性病历资料，在未打官司之前，患者是不能复印的。这时，患者应该耐心与医院沟通，医患双方可共同复印主观性病历资料，并共同封存。病历是病情发展的真实记录，是确认医疗单位诊疗措施是否正确、有无医疗过错的重要依据，是非常重要的书证。医疗事故发生后，患方可以要求复印、复制客观性病历材料，对主观性病历材料要求进行封存，这样可尽量保证医疗单位不篡改病历，使病历起到反映医疗真实过程的作用。

2. 及时要求进行尸检，以查明患者死因。尸检可以为医疗事故技术鉴定和司法裁决提供证据。尽早尸检对查明死因和医务人员的医疗行为有无过失具有重要意义。

3. 注意收集证人证言。发生医疗事故争议后，医疗单位往往提出病人的叙述不真实，与病历记载不一致。因此，患者方应当注意收集在场了解情况的人的姓名、工作单位或住址，可以当时取证，也可以过后取证。

4. 注意其他证据的收集。患方可要求封存与医疗事故争议有关实物，如药品、器具等，以便过后检验。

病历是最重要的证据

打医疗官司，要在关键环节上下功夫。要搞清楚哪些材料最重要，哪些措施是必需的，这样才能在打官司中有备而战，胜算在握。在医患纠纷中，通常患方总是处于弱势的地位，不少患者及其家属因为对如何处理纠纷不知所措，往往丧失了有利条件，自己的合法权益也得不到保护。其实，发生医患纠纷后，最重要的一个环节就是要全面掌握病历及相关资料。

作为患者，首先要尽可能及时全面地掌握病历。由于病历资料是对疾病的发生、发展情况、医务人员对患者的疾病诊断、检查和治疗情况的客观记录，是看病过程中各项活动的综合记载，所以，病历资料在打官司过程中，是一个重要的证据，是法院审查、判案的重要参考资料之一。在医患之间就患者的诊断和治疗问题发生争议时，病历资料对于认定医疗机构是否存在医疗过失起着其他证据难以替代的证明作用。在《医疗事故处理条例》出台之前，病人、家属、事故当事人及其亲属不能调阅病历，使得患者及其家属在处理医患纠纷过程中处于完全被动的地位，而医疗机构故意修改、隐匿，甚至销毁病历的现象经常出现。《医疗事故处理条例》正式出台后，明确规定了患者复制病历的权利和医方配合的义务，这样规定，有利于患者保护自己的合法权益。但是，这种权利的行使是有一定限制的。对有些病历材料，病人则无法复印和复制。至于哪些病历资料不可以复印，我们在上一个问题中已经讲过了。因此，患者发生纠纷时，除了行使复印或复制病历资料这一权利外，还应主动要求将主观性病历资料一并进行封存。

病历的证据特征

所谓病历，就是医护人员通过询问、观察病人和根据相关检查检验结果所作出的对疾病诊断、治疗、护理决策和操作过程的记载，反映了病疾发生、发展和转好的全过程，记录了医疗处置和全过程。在 2002 年 9 月 1 日起施行的卫生部《关于医疗机构病历管理规定》第二条规定：病历是指医务人员在医疗活动过程中形成的文字、符号、图表、影像、切片等资料的总和，包括门（急）诊病历和住院病历。

患者就医中的病历材料很多，主要有入院病历，病人在住院期间，一切病程治疗、护理等记录；病程记录，又称门诊病历，即医生对病人疾病的治疗过程，分析进行的记载；护理记录，即对病人护理情况的记载；手术记录，是医务人员进行手术时所做的记载；医嘱单；处方笺等等。病历有以下特点：

1. 原始性。病历必须是当时病人治疗期内的当场记载，具有现场性，而不能是事后补记或凭空所记。

2. 真实性。即病历必须是医生对当时病人治疗状况的真实反映，要如实记载，不能凭医务人员主观想象去记载。

3. 形式的客观性。尽管病历所载的内容既有观察所得和直观反映实际操作过程的客观记录，也有医护人员的主观判断，又有主观性，又有客观性，但是从其形式来说，是客观的，即是不以人的意志为转移的客观存在，这也就是病历存在的价值。

4. 具有证明性。由于病历是对治疗情况的记载，具有客观性，因此，病历上所反映的主、客观内容基本上能够证明医护人员在诊疗护理过程中有无违反操作常规的案件事实。从证据学上讲，其有证明价值。

那么病历到底是不是法律上所称的证据，它又是什么样的证据呢？让我们先看到证据及证据特性。

医疗服务合同

所谓医疗服务合同，就是医患双方在医疗服务过程中，就某种医疗服务自愿达成的协议。在这种合同中，医方提供服务，患者支付费用。其主要特点是：

1. 服务标准的客观性

由于医疗服务，其目标往往不能确定，也就是说，服务的标准往往是不能预见的，因此医院不能保证服务所达到的水平就是患者所要求的。换句话说，医疗检查是否能查到病症，医疗手术是否就能根除病症，医疗护理是否一定使患者无痛苦，都不得而知。因此，这种服务标准应具有客观性，即按照医学技术标准和规范提供力所能及的服务水平即可。

2. 服务的固定性

医疗服务的内容主要包括标的和双方权利义务。服务标的是指医疗机构提供的医疗服务，一般为检查、出售药物和其他医器商品、劳务等，这些都是固定的、不可变更的，医方提供服务的义务也是固定的，而患者也主要是支付价款，这一义务也是固定的。从权利看，患者享有权利在不同合同是不一样的，但在每一个医疗服务合同中，其所享有的权利应限于此合同所含的权利，如医疗检查合同中，患者的权利就是接受检查，取得检查结果的权利。对于其他如前段述的权利不应以合同权利义务而出现，如某甲到医院照 CT，交钱后到某医院放射科，放科射以快下班为由，不予检查，这时医院违约责任仅仅是返还检查费及赔偿损失，而不能以其侵犯某甲的生命健康权而承担违约责任。又如王某到医院看病，医生给其开药为 A 药，王某到药房交钱取药时药房给的是 B 药，这时仅存在一个返还药费或退换的问题，而不存在患者人身健康权的问题。

3. 合同成立的特殊性

在医疗咨询合同中，患者作为要约方，挂号成立，但在医疗服务合同中，由于患者处于较为被动的情况，因此医院应为要约方，即对患者提出医疗服务的要约，患者根据情况做出是否承诺的意思表示。

既然医疗服务合同有如上特征，那么其成立应是患者承诺之时。

划价付款的性质

所谓划价，就是医方给患方提供医疗服务项目之后，对该医疗服务项目所需费用向患者的一种通知。

划价的性质符合合同的要约。理由是，在《合同法》第十四条规定，要约是希望和他人订立合同的意思表示，该意思表示应当符合下列规定：1. 内容具体确定；2. 表明接受要约人承诺，要约人即受该意思表示约束，而划价符合上述规定。首先，划价是将已经明确的医疗服务划定为确定数额的价款。

其次，如果患者表示接受，就可以接受医疗服务而医方就必须提供此项医疗服务。再次，与前面所述的医方承诺前置不同的是，医方承诺前置是针对不特定的公民，而划价单的出具是针对特定的患者，显然符合要约的条件，因此出具划价单应当是医方对患方的一种要约。如果患者承诺，即付款合同成立，如果患者不承诺，即可以走人。

付款，即是患者根据医疗机构的划价，向医疗机构交付数额的行为。根据上述分析，患者付款行为应当是对医院划价单的一种承诺，理由是：其一，患者是完全按划价单所划价款数额，没有变更其标的；其二，患者是对向其出具划价单的医院付的款，即对其作的承诺；其三，这种付款应当在允许的时间期限内，因此，患者付款应当是对医方的一种承诺。

至此，我们应该清楚了，医患在医疗过程中要签订许多单个成立的医疗服务合同，而这些医疗合同的成立，总是遵循着这样一个模式，即医方要约（划价）—患者交款（承诺）—接受医疗服务。

医疗纠纷的举证规则

根据最高人民法院《关于民事诉讼证据的若干规定》，医疗诉讼案件实行“举证责任倒置”原则，即医疗诉讼由医疗方承担主要举证责任，即由医疗方承担“医疗行为与损害结果之间不存在因果关系及不存在医疗过错”的举证责任。但这并不意味着患者方不需要承担举证责任，患者方也要承担一定的举证责任，即要出具证据以证明“患者与医疗机构之间存在医疗关系，存在损害结果”。

在这里提醒读者的是，举证是有期限的。按照《关于民事诉讼证据的若干规定》，举证期限有三种。一是举证期限可以由当事人协商一致，可长可短，但需要人民法院认可；二是由法院指定举证期限，指定的期限不得少于30日，自当事人收到案件受理通知书和应诉通知书的次日起计算。三是适用简易程序审理的案件不受上述规定限制。当事人在举证时限内不能向法院提交证据，将视为放弃举证权利，就要承担诉讼风险。

患者的证据意识

在医疗诉讼中“举证责任倒置”后，患者并不是什么证据都不需要提供。当事人之一的患者也要有强烈的证据意识和风险意识。医疗诉讼“举证责任倒置”后，并不是患者只需跑到医院说一声“我告你！”或者只需向法院递上诉讼请求，就可以一切听凭医院举证就万事大吉了。在医疗侵权案件中，要涉及四大要件：侵权行为、被告方过错、医疗行为与损害结果之间的因果关系及损害后果。举证责任倒置后，医院要就医疗行为与损害结果之间不存在因果关系及不存在医疗过错方面提出证据，患者要就侵权行为和损害后果提出证据。患者要证明自己确实在那家医院就诊或手术过，而医院对自己权益造成了损害。例如：如果患者诉医院多收费，患者一定要提供医院的交费单才能说明问题；如果患者起诉由于医院的过失，自己在手术后从正常人变成了残疾人，患者要证明自己以前是一个具备工作和生活能力的正常人。随着诉讼的进行，会不断进行举证责任转换，如医院举出了充分的证据证明自己清白，而此时就要求患者提供反驳的证据，拿不出证据就可能面临着败诉。所以，在与医院打官司前，老百姓先要把有关的司法解释认真看清楚，同时也要积极主动地寻找证据。

举证责任倒置

最高人民法院《关于民事诉讼证据的若干规定》规定：因医疗行为引起的侵权诉讼，由医疗机构就医疗行为与损害结果之间不存在因果关系以及医疗过程有无过错承担举证的责任。这与《民事诉讼法》中“谁主张，谁举证”的方式正好相反，即一方当事人提出的主张而由对方当事人承担举证责任。这就是前面所述的“举证责任倒置”。

1. 关于“举证责任倒置”在医疗侵权纠纷中适用的合理性

在医疗行为引起的侵权诉讼中，实行“举证责任倒置”的法理依据，主要是医患双方地位不平等和医患双方的信息不对称，导致患方举证困难。实施新的举证规则后，必将对医疗纠纷诉讼产生重要影响。

根据《民事诉讼法》之规定，人民法院在处理一般的人身损害赔偿案件中，依据举证责任分配的一般原则：即“谁主张，谁举证”。而在医疗事故赔偿的案件中，患者的确存在举证方面的障碍。为平衡当事人利益，更好地实现实体法保护受害人的立法宗旨。自2002年4月1日起实行的最高人民法院《关于民事诉讼证据的若干规定》对于因医疗行为引起的侵权诉讼确立了“举证责任倒置”的分配原则。有的学者把确立“举证责任倒置”的分配原则的原因归纳为：其根本原因在于医患双方信息不对称，具体表现在三个方面：

首先，医疗服务具有专业性强、技术性高的特点，在通常情况下，患方不可能具备相应的医疗知识，对医疗单位制定的规章制度、诊疗护理常规难以了解，因此无法提出证据证明医护人员在诊疗护理中有过失行为。

其次，诊疗护理虽都有病历记载，但这些病历都在医师或医院的实际控制和支配之中，患者无法接近或获取。即使卫生部在《关于〈医疗事故处理办法〉若干问题的说明》中，对病历的保管与查阅做出过规定，对患方也是大为不利的。

再次，有些情况下，如患者处于无意识状态、死亡等情况，对医疗行为有无过失不可能认知，也就更不可能举证。以上三条理由，最终说明：患者无法窥知医方控制领域内所发生的事件经过，通常处于无证据状态，而医方对于自己领域内所发生的侵权行为，较容易了解真相，也更能接近或占有证据。综上所述，“举证责任倒置”的规定是公平公正解决医疗诉讼案件的需要，所以最高人民法院的司法解释明确规定将过错和因果关系两项事实实行举证责任倒置是有其合理性的。

2. 应当正确识别“倒置”

固然，在处理医疗事故的案件中，人民法院在举证方式上实行其“举证责任倒置”有其合理性。但是我们不能简单地理解为被告对其所否认的原告主张的所有事实都负有举证责任。即被告举证责任时，就是举证责任倒置。这种理解是错误的。在一个诉讼中，不管是原告还是被告，都有可能承担一定的法律要件事实的举证责任。同样，在医疗侵权纠纷中也是如此，并不是所有的举证责任都在医方，而患方不需要承担任何举证责任，只要认为医方有过错就可以告医方。实际上，这种理解是错误的。

一般侵权行为要有四个构成要件：行为人的行为要有违法性；行为人要有主观过错；有损害结果；违法行为与损害结果有直接的因果关系。在举证责任的分配上，只要求医疗机构就医疗行为与损害结果之间的因果关系和有无主观过错两个要件上承担举证责任，并不是所有的举证责任都倒置。

但是，在医患关系中，患者是相对弱势的群体，医疗机构在举证时，有比患者更多的便利条件，在取得证据的能力上优于患者。所以，法律是向弱势的患者倾斜，在很大程度上解决了以往患者自行取证难的问题，更好地保护了患者的知情权，尽可能地避免了医疗行为中患者与医务人员信息不对称所引发的问题。这一新规则，是符合司法实践发展要求的，也是与国际惯例接轨的重要措施。医疗机构也要了解患者的权益，并尊重这些权益。同时，医疗机构和医务人员也要了解患者的义务，在抗辩时，多从患者是否违反了医院制度、是否侵犯了医务人员的人格、是否对医疗积极配合、是否同意检查等方面考虑。

总之，我们应该看到举证责任的转换只是最大限度地免除了患者举证责任，但并没有完全免除患者举证的责任。患者在起诉时要有起诉证据，在提出主张时也要有相对人、机构、损害的证据和要求赔偿的证据。不论什么案件，当事人双方在法律地位上是完全平等的，在客观地位上才有弱势和强势之分。全面地明白了这些之后，才能正确地识别“倒置”。

3. 举证责任的分配

我们对“举证责任倒置”有了比较正确和全面的认识之后，接下来也许你会这样思考——作为人民法院的法官在实际的办案过程中应当怎么来处理和解决医患双方的纠纷呢？作为人民法院的法官，在办理有关医疗纠纷的案件中，为了更好地、正确地处理这些案件，就必须首先分清楚医患双方各自承担的具体举证责任，即举证责任的分配问题。根据我的理解，医患双方在举证责任的分配上可以这样来划分，以供参考。

（1）受害人（患者或其法定代理人）的举证责任：在医疗行为引起的侵权诉讼中，受害人应当就自己受损害的事实和接受过医疗的事实承担举证责任。损害包括病员生命和健康的损害，患者本人及其亲属的财产损害和精神损害。接受医疗的事实可以通过挂号、交费等诊疗手续来证明。

（2）医疗机构的举证责任：医疗机构是指医院或经过卫生行政机关批准或承认的各级各类医疗卫生技术人员。在医疗行为引起的侵权诉讼中，医疗机构应当承担如下举证责任：

第一，病员的损害结果与医疗机构的医疗行为之间不存在因果关系。侵权责任中的因果关系是指违法行为与损害结果之间的因果关系。在多数案件中，医疗行为与病员损害之间的因果关系比较明确。但在一些疑难、复杂的医疗纠纷中，必须经过专门技术鉴定方可确定因果关系。

第二，医疗机构不存在医疗过错。医疗机构如果要免除自己承担的侵权责任，就要证明自己在诊疗过程中不存在医疗过错。有的学者在这方面已经做了一些探索和研究，是值得借鉴和参考的。他们认为，医疗机构证明自己没有医疗过错的途径表现为：

①损害结果属于医疗意外。医疗意外是指医疗机构无法预料的原因造成的损害后果或医疗机构确实无法避免医疗损害结果；

②出现了难以预料的并发症。这种“并发症”必须是难以预料和难以避免时，才可以成为免责的条件；

③病员及其家属不配合治疗。如果病员及其家属不配合治疗是造成损害后果的全部原因，则可以免除医疗机构的赔偿责任；如果病员及其家属不配合治疗只是损害后果出现的原因之一，医疗机构也有过失时，应依过失相抵的原则，由双方分担责任。

《医疗事故处理条例》不但是为了处理医疗事故，而且要避免医疗事故。一旦发生了医疗事故，要科学、公正地来进行处理。从这个角度来讲，也要维护医疗机构和医务人员的权利。一些无法避免的，在目前科学技术还不能解决的问题，强求医院和医务人员解决，这不是一个科学的实事求是的态度。我们不但要维护患者的合法权益，也要维护医疗机构和医务人员的合法权益。这样对医患双方来讲都是公平和合理的。同时，让医患双方明确自己所应该承担的义务和责任，也有利于保护双方的合法权益。

“举证责任倒置”的原则确实增加了医院的举证责任，但是这并不意味着患者就不需要承担举证责任。实际上，根据医患双方对证据掌握的多少，应该合理地分担医患双方的举证责任。其目的都是为了正确处理医疗事故。发生了医疗事故是谁都不愿意遇到的事情，但是，我们不能不面对现实，要正确处理。该原则既要求法院全面、准确地了解医疗事故本身，也要求对事故原因及责任有一个明确的判断；既要求正确、妥善地解决医患双方的纠纷，对受到损害的患者做出合理赔偿，也要求在医疗事故发生后对承担责任的医方做出的判决符合法律规定。

医疗鉴定

医疗鉴定，即医疗事故技术鉴定，按其法律属性而言，是医疗技术事故鉴定委员会对医疗部门在医疗行为中是否存在重大过失的一种结论，是医疗行政部门对医疗单位进行行政处罚的主要依据。医疗纠纷的鉴定主要有两种方式，一是医学会鉴定专家组进行的医疗事故技术鉴定（医疗鉴定）；一是通过司法鉴定部门进行的因果关系鉴定（司法鉴定）。由于二者的启动程序、鉴定人员的组成、鉴定方式、鉴定内容等不相同，必然会造成两种鉴定结论在司法诉讼中的不同“采信率”。

在目前的司法实践中，医疗鉴定的威信敌不过司法鉴定，已经成为不争的事实。在一些地方，法院基本上只采用司法鉴定。

医疗鉴定程序

《医疗事故处理条例》规定，卫生行政部门接到医疗机构关于重大医疗过失行为的报告或者医疗事故争议当事人要求处理医疗事故争议的申报后，对需要进行医疗事故技术鉴定的，应交由医学会组织鉴定；医患双方协商解决医疗事故争议，需要进行医疗事故技术鉴定的，由双方当事人共同委托医学会组织鉴定。

由此可见，启动医疗事故技术鉴定程序有两种方式：

1. 卫生行政部门移交鉴定

这种方式适用于两种情况：一种是医疗机构发生重大医疗过失行为，另一种是医患双方中，一方当事人要求卫生行政部门处理医疗事故争议。

医疗机构发生重大医疗过失行为后的移交鉴定。在这种情况下，要注意：第一，移交鉴定的前提不仅需要有重大医疗过失行为，同时还应当伴随有《医疗事故处理条例》第十四条第二款规定的其中任何一项人身损害事实，二者缺一不可（第十四条：导致患者死亡或者可能为二级以上医疗事故；导致3人以上人身损害后果；国务院卫生行政部门和省、自治区、直辖市人民政府卫生行政部门规定的其他情形）。第二，移交鉴定的时间应当是“接到医疗机构关于重大医疗过失行为的报告”之后，医患双方均未要求卫生行政部门处理或者没有共同委托医学会组织医疗事故的技术鉴定以前。第三，只有在卫生行政部门认为“需要进行医疗事故技术鉴定”时，再行移交，如果认为不需要鉴定，则不移交。这种启动方式，可以有效地解决两个问题：其一，防止或者减少出现规避医疗事故技术鉴定、掩盖医疗事故发生、逃避承担法律责任的情形；其二，促使医患双方尽早启动鉴定程序，缩短处理医疗事故争议的时间。

要求卫生行政部门处理的移交鉴定。根据有关规定：行政部门不再承担医疗事故技术鉴定机构的日常事务性工作。而负责组织医疗事故技术鉴定工作的医学会属于学术性社会团体，不具有行政管理职能。如果医疗事故争议的一方当事人向医学会申请医疗事故技术鉴定，另一方当事人拒绝提供与鉴定有关资料、实物等，或者以其他方式不配合鉴定，该医学会势必陷入无可奈何的境地，致使鉴定工作无法进行。为此，《医疗事故处理条例》确定了由卫生行政部门移送鉴定的方式来启动鉴定程序。当医患双方发生医疗事故争议后，任何一方均可以要求卫生行政部门处理。卫生行政部门依照条例规定进行审查，予以受理并认为需要进行医疗事故技术鉴定的，在规定期间内将有关材料移交负责鉴定的医学会。

2. 医患双方共同委托的鉴定

这种启动方式是这样的：医患双方当事人虽然对发生的医疗损害事实、形成原因、损害程度、医疗过失行为、在损害后果中的责任程度等方面没有达成共识，但是双方愿意在医疗事故技术鉴定的基础上协商解决上述争议。这种启动方式必须同时具备三个条件：（1）由医患双方共同提出医疗事故的技术鉴定申请；（2）医患双方按照鉴定机构的要求提供鉴定所需要资料、实物等；（3）接受鉴定机构的调查，如实提供相关情况。

综上，发生医疗纠纷的患者，可以参考上述两种方式来启动鉴定程序，为保护自己的合法权益开个好头。

医疗事故争议

无须交由鉴定的医疗事故争议，必须同时具备下列条件：

第一，医患双方对争议的事实认识一致，共同认可医疗争议事件为某一等级的医疗事故；

第二，造成医疗事故的医疗过失行为明显，损害后果简单确切，无须技术鉴别；

第三，卫生行政部门经审查认为双方协商认定的医疗事故和等级符合条例和卫生行政部门的有关规定；

第四，当事人不要求卫生行政部门针对该争议做出任何具体行政行为或者只请求卫生行政部门就争议赔偿数额进行调解。

医疗事故鉴定的受理

医学会应当自受理医疗事故技术鉴定之日起 5 日内，通知医疗事故争议双方当事人按规定提交医疗事故鉴定所需要的材料（包括的材料将在后面的问题中予以说明）。具体关于通知的程序有：

1. 医学会自受理之日起 5 日内通知医疗事故争议双方当事人，通知一般采用的送达方式为挂号邮寄或者直接送达签收受理通知书，必要时电话通知或者发送电子邮件通知；

2. 给被申请人邮寄受理通知书时，应当附上医疗事故技术鉴定申请书副本；

3. 在受理通知书中告知双方当事人应当提交医疗事故技术鉴定所需要的材料、被申请当事人的答辩书以及提交其材料与答辩书的规定期限。

医疗鉴定组成员的回避制度

回避是指根据《医疗事故处理条例》的规定，参加医疗事故争议技术鉴定的专家鉴定组成员，与医患双方当事人有利害关系或者其他关系，可能影响鉴定的公正性时，应当自行退出或者依照医患双方中任何一方的申请退出该争议鉴定的制度。回避制度的确立，避免了医患双方对鉴定机构产生疑虑，对鉴定结果不信任，防止了专家鉴定组成员利用权力徇私舞弊，提高了医疗事故技术鉴定的公正性和可信度。回避是针对参加鉴定工作的专家鉴定组成员提出的，所以鉴定组成员是回避的对象。按照规定，专家鉴定组成员应当回避的情形有三种：

1. 是医疗事故争议当事人或者当事人的近亲属的；
2. 与医疗事故争议有利害关系的；
3. 与医疗事故争议当事人有其他关系，可能影响公正鉴定的。

作为患者一方，如果发现鉴定组成员中有上述情况之一的，可以申请其回避。鉴定组成员如果认为自己同被鉴定案件的当事人有上述情况之一的，应当主动要求退出鉴定组。

医疗事故的鉴定程序

按照《医疗事故鉴定暂行办法》的规定，鉴定由专家鉴定组组长主持，并按照以下程序进行：

1. 双方当事人在规定的时间内分别陈述意见和理由。陈述顺序先患方，后医疗机构；2. 专家鉴定组成员根据需要可以提问，当事人应当如实回答。必要时，可以对患者进行现场医学检查；3. 双方当事人退场；4. 专家鉴定组对双方当事人提供的书面材料、陈述及答辩等进行讨论；5. 经合议，根据半数以上专家鉴定组成员的一致意见形成鉴定结论。专家鉴定组成员在鉴定结论上签名。专家鉴定组成员对鉴定结论的不同意见，应当予以注明。

专家鉴定组在鉴定过程中应当充分听取每一位专家的意见，对于是否属于医疗事故、医疗事故等级、责任程度、判定依据等，应当让每位专家鉴定组成员充分发表自己的意见，并将每位成员的意见详细记录。在作出鉴定结论时应当以超过半数专家的意见作为鉴定结论。专家鉴定组在进行医疗事故技术鉴定时应当选举一名成员负责记录工作，记录的内容包括鉴定时间、地点、专家组成员名单、医患双方当事人陈述、专家询问、双方当事人作答、每位专家的意见、讨论情况、鉴定结论、结论依据等内容，记录应本着实事求是的原则如实记载鉴定全过程，完成记录后应有每位专家组成员的签名。

医疗事故技术鉴定文书

医疗事故技术鉴定书是具有法律效力的文书，内容要合法，格式要规范，语言要准确、严谨，条理清楚。鉴定书除应载明鉴定的时间、地点、鉴定组成员外，还包括以下几个方面的内容：

1. 双方当事人的基本情况及要求。
2. 当事人提交的材料和医学会的调查材料。
3. 鉴定过程的说明。
4. 医疗行为是否违反医疗卫生管理法律、行政法规、部门规章和诊疗护理规范、常规。
5. 医疗过失行为与人身损害后果之间是否存在因果关系。
6. 医疗过失行为在医疗事故损害后果中的责任程度。
7. 医疗事故等级。
8. 对医疗事故患者的医疗护理医学建议。

医疗事故鉴定的费用

根据《医疗事故处理条例》的规定，经鉴定，属于医疗事故的，鉴定费用由医疗机构支付；不属于医疗事故的，鉴定费用由提出医疗事故处理申请的一方支付。鉴定费的标准由省、自治区、直辖市人民政府价格主管部门会同同级财政部门、卫生行政部门规定。

医疗事故鉴定的中止

《医疗事故技术鉴定暂行办法》第十六条规定，有下列情形之一的，医学会中止组织医疗事故技术鉴定：1. 当事人未按规定提交有关医疗事故技术鉴定材料的；2. 提供的材料不真实的；3. 拒绝缴纳鉴定费的；4. 卫生部规定的其他情形。

当事人应提供的材料

当事人应当自收到医学会的通知之日起10日内提交有关医疗事故技术鉴定的材料，被申请人还应当提交有关医疗事故技术鉴定的书面陈述及答辩，“通知之日”按当事人签收通知书之日计算。

没有在医疗机构建立病历档案的门诊、急诊患者的病历资料由患者提供，患者死亡的，由法定代理人提供，但急危患者的抢救病历资料除外。

书面陈述及答辩，是指医疗事故争议技术鉴定的被申请人收到医学会受理医疗事故技术鉴定的通知及申请人的申请书副本后，在法定期限内，就申请书中提出的事实、理由及鉴定请求，进行陈述和辩驳的书状。有关医疗事故技术鉴定的书面陈述及答辩，分为首次鉴定的书面陈述及答辩、再次鉴定的书面陈述及答辩和应中华医学会组织的鉴定的书面陈述及答辩。

提交答辩书的要求是：第一，必须是被申请人提交的；第二，必须在法定期限内提交；第三，必须就鉴定申请书的内容进行答辩。

提交书面陈述主要有三种情况：一是被申请人认为无须就鉴定申请书的内容进行答辩的，可作书面陈述；二是被申请人的书面陈述可包括在答辩书中，无须另外提交书面陈述；三是如果医疗事故争议涉及多个医疗机构，其医疗机构作为当事人或者第三者，无论是否承担连带责任，应医学会的要求和卫生行政部门同意，应当在提交有关医疗事故技术鉴定的材料的同时，提交书面陈述及答辩。

此外，鉴定申请人提交鉴定申请书后，如果发现新的事实证据或者认为有新的理由需要补充，或者应医学会要求就某一问题作补充说明时，可以提交书面陈述；还有，被申请人提交答辩书后，还可提交补充书面陈述及答辩。

医院应提交的材料

医疗机构提交的有关医疗事故技术鉴定的材料应当包括下列内容：

1. 住院患者的病程记录、死亡病例讨论记录、疑难病例讨论记录、会诊意见、上级医师查房记录等病历资料原件；

2. 住院患者的住院病志、体温单、医嘱单、化验单（检验报告）、医学影像检查资料、特殊检查同意书、手术同意书、手术及麻醉记录单、病理资料、护理记录等病历资料原件；

3. 抢救急危患者，在规定时间内补记的病历资料原件；

4. 封存保留的输液、注射和血液、药物等实物，或者依法具有检验资格的检验机构对这些实物做出的检验报告；

5. 与医疗事故技术鉴定有关的其他材料。

在医疗机构建有病历档案的门诊、急诊患者，其病历资料由医疗机构提供。

对鉴定不服如何起诉

不服医疗事故技术鉴定结论，当事人不能通过行政诉讼或民事诉讼途径起诉医学会，也不能起诉鉴定人。构成医疗事故，是医疗机构承担责任的充分条件，但不是必要条件。即使经过鉴定不构成医疗事故，如果患方认为医疗机构的诊疗行为存在过错，也可以通过民事诉讼获得司法救济。在诉讼中，医疗事故鉴定委员会的鉴定结论，仅是证据材料的一种，只有经过当庭质证才能被采信为有效证据。如果经过庭审质证，医疗事故技术鉴定结论没有真实反映事情真相，没有科学地论证诊疗行为与损害后果的因果关系，人民法院会把鉴定结论排除在合法证据之外而不予采信，或者重新委托司法鉴定，或者因医院的举证不能而判决其败诉。所以说不构成医疗事故的鉴定结论只会给权利当事人即死者家属索赔带来障碍，但并不能完全阻碍索赔，家属仍可提起民事诉讼，请求司法救济。经过审理，如果认定医院的错误诊疗行为符合民事侵权的构成要件，人民法院应当判决支持原告的诉讼请求。所以说，不服鉴定结论，也不能告医学会。

医疗纠纷诉讼与赔偿

起诉前的准备工作

1. 如果委托律师代理进行诉讼活动，则签署聘请律师协议和授权委托书，并缴纳律师费。

2. 按以下顺序及时向法院提供证据材料；若聘请律师，则可以先向律师提供，由律师进行分类整理，选择提交。

（1）患方的身份及亲属关系证明，包括患者身份证复印件，如患者死亡或不具有完全民事行为能力，则还需法定继承人或法定代理人（如配偶、父母、子女、兄弟姐妹等）的身份证及户口簿复印件；

（2）病历资料复印件，包括患者门诊病历、住院志（入院记录）、体温单、医嘱单、化验单（检验报告）、医学影像检查资料、特殊检查同意书、手术同意书、手术及麻醉记录单、病理资料、护理记录、出院（死亡）小结等；

（3）患者或家属的误工证明，如工资单或单位出具的工资证明；无工作单位的，由居委会或村委会出具无业证明；

（4）相关费用单据和清单，包括相关的医疗费单据、护理费单据、营养费单据、交通费单据；如患者伤残，需提供残疾等级证明和残疾用具费单据；如患者死亡，需提供丧葬费单据，伤残和死亡都应提供患者实际抚养的，无其他生活来源者的户籍证明及无业证明；

（5）其他，如有关专家的意见、证人证言、鉴定结论、医学文献资料等。

提交的证据，必须说明证据来源；书证须提交原件，提交原件确有困难的，可以提交复制品、照片、副本或节录本。

医疗纠纷的起诉理由

发生医疗纠纷，向人民法院提起民事诉讼，诉讼理由应如何选择是困扰当事人的一大难题。是以医疗单位侵犯病员生命权、健康权为由请求法院判定医疗单位侵权？还是以医疗单位不履行约定义务的违约请求法院判定医疗单位承担违约责任？

民事责任分为违约责任和侵权责任。根据《民法通则》规定，公民、法人由于过错侵害国家的、集体的财产，侵害他人财产、人身的，应当承担侵权责任。如果当事人一方不履行合同义务或者履行合同义务不符合条件的，另一方当事人有权要求履行或者采取补救措施，并有权要求赔偿损失。由此可以看出，医疗纠纷既属侵权纠纷也属违约纠纷，二者发生了竞合。在这种情况下，作为患者，可以任选其一向法院起诉。但法院经审理后，认定医疗行为构成医疗事故的则按侵权判定医疗单位的责任，认定医疗行为不构成医疗事故的则按违约判定医疗单位承担民事责任。

医疗纠纷的诉讼时效

诉讼时效是指权利人向人民法院请求保护其民事权利的法定期限。权利人在这一期限内不提起诉讼，就丧失了依法请求法院强制义务人履行义务的权利。也就是说，一旦诉讼时效届满，负有义务的人可以不再履行义务。《民法通则》规定了普通时效、特别时效和最长时效。普通时效在《民法通则》第一三五条中作了明确规定："向人民法院请求保护民事权利的诉讼时效期间为 2 年，法律另有规定的除外。"对特别时效在《民法通则》第一三六条中明确规定："下列的诉讼时效期间为一年：1. 身体受到伤害要求赔偿的；2. 出售质量不合格的商品未声明的；3. 延付或者拒付租金的；4. 寄存财物被丢失或者损毁的。"

可见，医疗民事纠纷案件适用《民法通则》第一三六条规定的特别时效期间的规定，诉讼时效是 1 年。

《民法通则》第一三七条规定："诉讼时效期间从知道或者应当知道权利被侵害时起计算。但是，从权利被侵害之日起超过二十年的，人民法院不予保护。"所谓应当知道权利被侵害，是指客观上存在着知道的条件和可能，不管当事人实际上是否知道，均推定为知道权利受到侵害，应当自此时起计算诉讼时效期间。最高人民法院的司法解释规定：人身损害赔偿的诉讼时效期间，伤害明显的，从受伤之日计算；伤害当时未曾发现，后经检查确诊并能证明是由侵害引起的，从伤势确诊之日起计算。

为了保障权利人在遇到特殊情况时仍然有必要的时间行使诉讼权利，《民法通则》规定了诉讼时效的中止。《民法通则》第一三九条规定："在诉讼时效期间的最后六个月内，因不可抗力或者其他障碍不能行使请求权的，诉讼时效中止。从中止时效的原因消除之日起，诉讼时效期间继续计算。"不可抗力是指当事人不可预知、无法抗拒的情形，如自然灾害或战争等情况。最高人民法院的司法解释规定：在诉讼时效期间的最后 6 个月内，权利被侵害的无民事行为能力人、限定行为能力人没有法定代理人，或者法定代理人死亡、丧失代理权，或者法定代理人本人丧失行为能力的，可以认定为因其他障碍不能行使请求，适用诉讼时效中止。

医疗事故处理申请

当发生医疗事故争议时，医患双方均可以向卫生行政部门提出处理申请。医方提出申请的可以是医疗机构，也可以是相关医务人员，患方提出申请的应为患者本人，如患者死亡的，应为死者近亲属。

当事人应以书面形式向卫生行政部门提出处理申请。因为医疗事故行政处理是一个严肃的依法行政过程，关系到医患双方的合法权益，必须有一个严谨的、科学的、客观的、有效的形式和程序；其次，当事人以书面形式提出申请可以更准确、更详细、更全面反映医疗过程和自己的意愿；第三，当事人以书面形式提出申请可以存档备查，有利于妥善处理医疗事故争议。

发生医疗事故争议，当事人应向医疗机构所在地的县级人民政府卫生行政部门提出处理申请。医疗机构所在地是直辖市的，则向医疗机构所在地的区、县人民政府卫生行政部门提出处理申请。

《医疗机构管理条例实施细则》第六十六条规定：各级卫生行政部门负责所辖区域内医疗机构的监督管理工作。卫生行政部门按照医疗管理有关法律、行政法规、部门规章对辖区内医疗机构和医务人员依法实施监督管理，并可根据管辖权对医疗机构和医务人员依法给予行政处理。

县级以上人民政府卫生行政部门行使下列监督管理职权：1. 负责医疗机构的设置审批、执业登记和校验；2. 对医疗机构的执业活动进行检查指导；3. 负责组织对医疗机构的评审；4. 对违反本条例的行为给予处罚。

因此，医疗机构发生医疗事故争议应向所在地的县级卫生行政部门提出处理申请。由于直辖市只有市、区（县）两级设置，因此，在直辖市医疗机构发生医疗事故争议时，当事人首先向区（县）卫生行政部门提出处理申请。

医疗事故赔偿的行政调解

医疗事故赔偿行政调解，是指医疗事故争议发生后，在卫生行政部门的主持下，根据自愿和合法的原则，促使医疗机构和患者友好协商、互谅互让而达成对医疗事故赔偿的和解协议，从而解决争议的一种诉讼外活动。这种调解方式，卫生行政部门只有在双方当事人共同提出申请的情况下才进行。而且，这种调解不同于人民法院主持下的审判调解，协议没有法律强制力，如果当事人不履行协议，卫生行政部门无权强制当事人履行，当事人也不能就该协议向人民法院申请强制执行。如果一方当事人反悔，双方仍可再向人民法院起诉。

行政调解应当在已经确定为医疗事故后进行，如果医患双方当事人对是否为医疗事故还有争议，就不能向卫生行政部门申请调解，卫生行政部门也不能对此进行调解。

医疗损害赔偿协议

在医疗纠纷发生后，医患双方就损害赔偿达成的协议，实际上是一种合同。它的效力，也和合同的效力一样。如果合同有效，当事人就不能悔约，如果合同无效，当事人则可以申请法院判决该协议无效；如果合同是可变更或可撤销的，当事人可以申请人民法院予以变更或撤销。

依照我国法律，有下列情形之一的，合同无效：1．一方以欺诈、胁迫的手段订立合同，损害国家利益；2．恶意串通，损害国家、集体或者第三人利益；3．以合法形式掩盖非法目的；4．损害社会公共利益；5．违反法律、行政法规的强制性规定。

有下列情形之一的，当事人一方有权请求人民法院或仲裁机构变更或者撤销：1．因重大误解订立合同的；2．在订立合同时显失公平的。一方以欺诈、胁迫的手段或者乘人之危，使对方在违背真实意思的情况下订立的合同，受损害方有权请求人民法院或者仲裁机构变更或撤销。如果一方悔约，双方诉讼到法院，法院经审查，如果不存在以上这些无效、变更或撤销的理由，仍会认为协议有效。

卫生行政部门的处理

在医疗机构和医务人员发生违法违规行为时，卫生行政部门可以依法给予行政处理，包括行政处罚或行政处分。根据《医疗事故处理条例》的规定，对发生医疗事故的医疗机构，卫生行政部门可以根据情节轻重，依法给予警告、罚款、停业整顿、吊销《医疗机构执业许可证》的行政处罚。对发生医疗事故的医务人员，卫生行政部门可以根据情节轻重，依法给予警告、暂停6个月以上1年以下执业活动的行政处罚；情节特别严重的，给予吊销其执业证书的行政处罚。

行政处分，包括警告、记过、记大过、降级、撤职和开除。卫生行政部门应根据医疗事故等级、医方责任程度等因素进行综合判定后做出对医疗机构或医务人员予以行政处分的决定。

医疗纠纷诉讼的提起

患者或其家属要进行医疗纠纷的诉讼，首先面临的问题就是向哪个法院提起诉讼。提起医疗民事诉讼并不是原告随意选择的，必须依照法律规定进行。法律对各级法院之间受理案件的分工和权限进行了划分，这就是我们常讲的案件管辖制度。我国人民法院的体系分四级，即国家设最高人民法院，省、直辖市、自治区设高级人民法院，地区、地级市设中级人民法院，县、自治县、区设基层人民法院。此外，还有一些专门人民法院，如铁路运输法院。为方便人民群众诉讼，有的基层法院还下设派出法庭。派出法庭不是一级法院，它只是基层法院的派出机构。作为患者或者其家属，在选择起诉法院时，一般要在法院做两次选择，一是选择向四级法院中的哪一级法院起诉，二是选择向该级中的哪个法院起诉。前者涉及的是级别管辖问题，后者是地域管辖问题。只有在级别和地域上都选择正确了，该人民法院才能受理原告的起诉。

《民事诉讼法》规定：基层人民法院管辖第一审民事案件，但本法另有规定的除外；中级人民法院管辖重大的涉外案件、在本辖区内有重大影响的案件、最高人民法院确定由中级人民法院管辖的案件；高级人民法院管辖在本辖区内有重大影响的案件；最高人民法院管辖在全国范围内有重大影响的案件和认为应由本院管辖的案件。

根据上述规定可以看出，医疗民事纠纷案件一般情况下应当由基层人民法院管辖，但是如果在诉讼当事人中有外国人或我国香港、澳门、台湾同胞且案件重大的，应向中级人民法院起诉；如果案件影响重大，也可向高级人民法院和最高人民法院起诉。因此，只有赔偿数额巨大（每个省都按诉讼标的对基层人民法院、中级人民法院、高级人民法院的管辖进行了划分），或者在当地的影响范围特别广时，才可向高级人民法院起诉。最高人民法院一般不受理一审案件。

第二个需要解决的就是法院的地域管辖问题。医疗事故案件就赔偿问题提起诉讼，属于民事侵权损害赔偿诉讼，适用特殊地域管辖的法律规定。《民事诉讼法》第二十九条规定："因侵权行为提起的诉讼，由侵权行为地或者被告住所地人民法院管辖。"

侵权行为地是指构成侵权行为的法律事实所在地，包括侵权行为发生地和侵权结果发生地。侵权行为发生地即实施侵权行为的地点，侵权结果发生地是指损害后果出现的地点。一般情况，二者是同一的，即医院所在地。有时则不一致，这时就有两个法院或两个以上的法院有管辖权，原告可以自主选择其中一个法院进行起诉，但不能同时向两个法院起诉。

被告住所地是指公民的户籍所在地，户籍所在地与经常居住地不一致的把经常居住地作为住所地。在医疗纠纷案件中，被告主要是医疗机构，被告住所地就是指医疗机构的主要办事机构所在地或主要营业地。被告如果是没有主要办事机构的合伙企业、合伙型联营体，则由注册地法院管辖。如果没有注册地，几个被告又不在同一辖区的，被告住所地的法院都有管辖权。如果两个有管辖权的法院对同一案件都进行了受理，那么由最先立案的人民法院审理。

医疗官司诉状

提起诉讼可以是口头的，也可以是书面的。《民事诉讼法》规定：起诉应当向人民法院递交起诉状，并按照被告的人数提交起诉状副本。书写起诉状确有困难的，可以口头起诉，由人民法院记入笔录，并告知对方当事人。以书面形式提起诉讼就涉及撰写起诉状的问题。下面介绍一下起诉状的写法：

1. 首部

（1）写明文书名称"民事起诉状"。

（2）原告和被告的基本情况。原告应写明姓名、性别、出生年月日、民族、职业、工作单位和住址。被告的写法和原告相同，有的项目不知道的，可以不写，但必须写明被告的姓名或名称、住址或住所地。如有的被告下落不明的，则要说明原因和有关情况。

有诉讼代理人的，要写明代理人的自然情况；如是律师代理的，要写律师姓名和律师事务所名称。

有法定代理人的，要写明法定代理人的自然情况，与被代理人的关系。

2. 诉状正文

（1）诉讼请求：在这个段落要写清请求法院解决什么问题，是医疗事故的纠纷，还是一般的人身损害赔偿，还是医疗合同的某项权利受到侵害引起的纠纷要一并写清，并提出明确的具体要求，如赔偿项目和数额。

（2）事实与理由：要将发生纠纷的原因、过程、事实讲清，把起诉所依据的法律和政策讲明，阐述清被告行为的违法侵权性质。

（3）证据及证据来源：最高人民法院《关于民事诉讼证据的若干规定》明确了医疗诉讼由医疗方负有主要举证责任，负有向法庭出具医疗行为是否存在过错、与不良后果是否存在因果关系的证据。但提起医疗事故诉讼的患者方也承担一定的举证责任，即向法庭出具能证明自己与医疗机构的医疗关系并造成侵害后果的证据（书证、物证、视听资料、证人证言、当事人的陈述、鉴定结论等）。书证要提交原件或复印件；出具物证要写明物品现存放在哪里，物品的名称和特征；证人证言要写明证人的姓名、工作单位、住址及能证明的问题。

3. 尾部

这部分要分两行写“此致”和“×××人民法院”（即民事起诉状所呈送的法院）。往下依次是具状人签名，注明具状的年月日。如系律师代书，还应写明×××律师事务所的名称和律师的姓名。最后写明附项（如证据目录、起诉状副本的份数）。

例文：

民事起诉状：

原告吴×，女，×年×月×日出生，汉族，××小学学生。现住××市××区。

法定代理人：吴××，系原告父亲。

委托代理人：×××，××律师事务所律师。

被告：××市××医院，住所地×市×区×号。

法定代表人：××，该医院院长。

诉讼请求：请求法院判令被告赔偿因医疗事故给原告造成的损失。包括：

医药费 x 元，护理费×元，营养费×元，公证费×元，通讯费×元，交通费×元，伤残补助费×元，律师代理费×元，今后检查治疗费×元，精神损失费×元，共计人民币×元。

事实与理由：×年×月×日，原告到被告处就诊，被诊断为急性阑尾炎，×月×日做手术，手术后主治大夫向家属展示了两块切除组织及粪石一粒，并于当日将切除物送病理科检验。检验报告称：“送检物为卵巢组织两小块及粪石一粒，未见阑尾组织。”原告于×月×日出院。×年×月×日，原告到某医院检查，经检查，没有发现右侧卵巢。后经某市医疗事故鉴定委员会鉴定，为三级乙类医疗事故。××医院错误切除原告的右侧卵巢，不仅给原告带来身体上的伤害，将来，还会给原告的精神上带来极大伤害。故请求法院判决被告赔偿损失。

证据与证据来源，证人姓名和住所：

1. 医院费收据
2. 交通费收据
3. 鉴定结论书
4. B 超检验单
5. 检验报告
6. 证人×××证言。

此致

××××人民法院

附：证据目录×份

本诉状副本×份

起诉人：×××

××年×月×日

诉讼费用

诉讼费一般由有过错的当事人承担，因为诉讼是因其过错而启动的。所谓有过错的当事人，是指在诉讼结束后，判决认定的违反民事法律规定的当事人，即败诉的当事人。但有时，当事人并不是全败或全胜，双方互有胜负，这就需要双方按过错程度分担诉讼费。如果原告撤诉或被法院驳回起诉了，诉讼费由原告承担。如果双方经调解和解了，诉讼费一般由双方协议，或由一方承担，或由双方共同承担。

诉讼费一般由原告预缴。被告提出反诉的，应预缴反诉的诉讼费用。申请执行费由申请执行人预缴。《人民法院诉讼收费办法》对当事人预缴诉讼费用作了时间上的限定，即原告应在接到法院的预缴诉讼费用通知的次日起7日内交费。反诉案件在提出反诉的同时交费。预缴有困难的可向法院申请缓缴。在预缴期内既不预缴又不申请缓缴的按撤诉处理。上诉案件诉讼费用的预缴，与一审案件采取同样的原则，由上诉人在预缴期内预缴。申请执行等费用由申请人在提出申请时预缴。

开庭审理程序

开庭审理是指在人民法院审判人员的主持下，在当事人和其他诉讼参与人诸如律师、证人、鉴定人、代理人的参加下，依照法律规定的民事诉讼程序，对案件事实进行审理，从而查明事实、分清是非，并运用法律、法规对案件进行裁决的过程。开庭审理是当事人行使诉讼权利维护自己合法权益的平台。

按照普通程序审理的案件，开庭审理应当在答辩期届满并做好必要准备工作后进行。

开庭审理由以下几个相对独立又相互关联的阶段组成：准备开庭、法庭调查、法庭辩论、评议和宣判。

法庭调查是指在法庭上当事人通过展示与案件有关的所有证据，对案件事实进行全面的阐述。《民事诉讼法》第一二四条规定：法庭调查按照下列顺序进行：当事人陈述—告知证人的权利义务，证人作证，宣读未到庭的证人证言—出示书证、物证和视听资料—宣读鉴定结论—宣读勘验笔录。

当事人陈述是指当事人对于自己提出的主张及主张所依据的事实和理由加以陈述，具体操作顺序为：原告—被告—第三人。当事人陈述后，审判人员归纳案件争议焦点或者法庭调查重点，并征求当事人的意见。

法庭举证时，双方当事人都可以根据自己的主张向法庭出具自己收集的证据或请求法庭出具相关证据。而且，当事人还可以在法庭上提出新的证据。当事人在举证、质证时还可以向证人、鉴定人、勘验人发问。如果当事人认为有必要重新调查取证、鉴定或者勘验的，可以向法庭提出，但是否被准许由法庭决定。

法庭调查结束之前，审判长会就法庭调查认定的事实和当事人争议的问题进行归纳总结，并应当分别询问当事人和其他参与人是否还有其他意见作最后陈述。法庭如果认为第一次开庭未将事实调查清楚还可以进行二次开庭。如果认为事实已查清，就可以宣布进行法庭辩论阶段。

法庭辩论是指当事人及其诉讼代理人充分行使自己的辩护权，在法庭上就有关争议的事实和法律问题进行辩论、反驳对方和对自己的观点加以论证。法庭辩论按照下列顺序进行：原告及其诉讼代理人发言—被告及其诉讼代理人答辩—第三人及其代理人发言或者答辩—互相辩论。法庭辩论终结后，由审判长按照原告、被告、第三人的先后顺序征询各方最后意见，当事人如果认为未将意见讲清的，法庭还会给各方机会继续进行辩论。

法庭辩论终结后，法庭裁决之前，对于各方同意调解的，法庭可以组织调解，调解不成的，法庭会依法判决。根据《民事诉讼法》第一二〇条规定，开庭审理方式有两种，一种是公开开庭审理，另一种是不公开开庭审理。一般医疗民事纠纷案件都公开审理，允许社会人士旁听，允许新闻媒体报道。但涉及国家秘密、个人隐私或者法律另有规定不应公开审理的案件，法院不能公开审理。

申请回避

回避是一项诉讼制度。它是指司法人员不得参加处理与自己有利害关系或者其他关系的案件。回避分为司法人员自行回避和当事人要求回避两种。

1. 审判人员具有下列情形之一的，应当自行回避，当事人及其法定代理人也有权要求他们回避：（1）是本案的当事人或者与当事人有直系血亲、三代以内旁系血亲及姻亲关系的；（2）本人或者其近亲属与本案有利害关系的；（3）担任过本案的证人、鉴定人、勘验人、辩护人、诉讼代理人；（4）与本案的诉讼代理人、辩护人有夫妻、父母、子女或者同胞兄弟姐妹关系的；（5）本人与本案当事人之间存在其他利害关系，可能影响案件公正处理的。

2. 审判人员具有下列情形之一的，当事人及其法定代理人有权要求回避，但应当提供相关证据材料：（1）未经批准，私下会见本案一方当事人及其代理人、辩护人的；（2）为本案当事人推荐、介绍代理人、辩护人，或者为律师、其他人员介绍办理该案件的；（3）接受本案当事人及其委托的人的财物、其他利益，或者要求当事人及其委托的人报销费用的；（4）接受本案当事人及其委托的人的宴请，或者参加由其支付费用的各项活动的；（5）向本案当事人及其委托的人借款、借用交通工具、通信工具或者其他物品，或者接受当事人及其委托的人在购买商品、装修住房以及其他方面给予的好处的。

以上规定所称的审判人员是指法院院长、副院长、审判委员会委员、庭长、副庭长、审判员、助理审判员、人民陪审员。书记员、翻译人员、司法鉴定人员、勘验人员的回避，参照审判人员回避的有关内容执行。

回避规定

1. 凡在一个审判程序中参与过本案审判工作的审判人员，不得再参与该案其他程序的审判；

2. 审判人员及法院其他工作人员离任二年内，担任诉讼代理人或者辩护人的，人民法院不予准许；

3. 审判人员及法院其他工作人员离任二年后，担任原任职法院审理案件的诉讼代理人或者辩护人，对方当事人认为可能影响公正审判而提出异议的，人民法院应当支持。但是作为当事人的近亲属或者监护人代理诉讼或者进行辩护的除外；

4. 审判人员及法院其他工作人员的配偶、子女或者父母，担任该审判人员及法院其他工作人员所在法院审理案件的诉讼代理人或者辩护人的，人民法院不予准许。

以上规定所称法院其他工作人员是指本院从事审判工作以外的一切人员。

当事人提出申请回避，应当在案件开始审理前提出，并说明理由；回避事由在案件开始审理后知道的，也可以在法庭辩论终结前提出。

医疗诉讼案件的证人

出庭作证是公民对国家应尽的法律义务。凡是了解案件情况的单位和个人，都有义务接受人民法院的通知或传唤出庭提供证言。有关单位的负责人应当支持证人出庭作证并给予方便。证人出庭作证确有困难的，经人民法院许可，也可以提交书面证言。

证人的范围非常广泛，第一，凡是知道案件情况并能表达意志的人都能出庭作证。只要是案件的知情人，即使是当事人的近亲属或与当事人有其他特殊关系，也可作该案的证人。第二，证人不仅包括自然人，也包括单位。单位作证不是以个人身份，而是以单位代表人的身份。不能正确表达意志的人（年幼不能辨别是非或缺乏对事物必要的理解力和判断力的精神病人）不能作证人，但无民事行为能力人如果对案件事实，有一定的理解力和表达力，可以向法院提供证明材料；限制民事行为能力人，原则上可以作证人。

法院对医疗纠纷的调解

法院调解是指在民事诉讼中双方当事人在法院审判人员的主持和协调下，就案件争议的问题进行协商，从而解决纠纷所进行的活动。

根据《民事诉讼法》第九条规定："人民法院审理民事案件，应当根据自愿和合法的原则进行调解；调解不成的，应当及时判决。"因此，法院在进行调解时要遵循两条原则，一是当事人自愿原则。如果当事人不同意进行调解，法院不能强迫双方调解，同时，在调解过程中，法院也不能强迫当事人对不能达成共识的事项进行认可。二是合法原则。调解活动在程序上要合法，调解协议的内容也不能违反国家法律的规定。

对调解未达成协议的，人民法院应当继续审理。对达成协议的，应当让双方当事人在调解协议上签字，并根据情况决定是否制作调解书。

双方当事人达成调解协议，在不需要制作调解书的情况下，双方当事人、书记员、审判人员签名或者盖章之后，调解即具有法律效力。而需要制作调解书的，自双方当事人签收之后才发生法律效力，在调解书送达之前，任何一方或者双方反悔的而拒不签收的，则调解不成立，法院应当对案件继续审理。调解书生效后，产生与生效判决相同的法律效力。

提醒读者的是，对于调解不得上诉。

根据《民事诉讼法》第八十九条第三款规定，调解书经双方当事人签收后，即具有法律效力，其效力与判决相同。也就是说，调解书送达后，就产生以下后果：1. 当事人不能以经过调解解决的同一事实和理由，对另一方再行起诉；2. 调解协议是双方自愿达成的，当事人不得上诉；3. 调解书具有强制执行的效力。调解书送达后，如发现确有错误，当事人可以申诉，人民法院应按审判监督程序处理。

根据《民事诉讼法》第八十八条、第八十九条第三款和第九十一条的规定，调解达成协议，必须双方自愿；调解书以双方当事人收到并签名后才发生法律效力。在调解书送达前一方反悔的，调解协议无效，法院应及时判决；调解书经双方当事人签收后，也可以反悔，但由于这时调解书已生效，如果反悔，只能依法申诉。但申诉的同时，调解内容必须执行。需要说明的是，根据最新的司法解释，适用简易程序审理的案件，调解内容可自双方当事人在调解协议上签字起生效。当然，属于这种情况的，法官会在当事人签字之前告知签字的效力。

医疗纠纷案件的撤诉

所谓撤诉是指人民法院受理案件之后至做出审判之前，原告以书面或口头形式向人民法院撤回其起诉的诉讼行为。申请撤诉是当事人处分自己诉讼权利的行为，必须在法律规定的范围内进行。

根据我国《民事诉讼法》的规定，申请撤诉应当符合下列条件：

1. 提出撤诉申请的人必须是原告、上诉人、法定代理人或者经过特别授权的委托代理人；有独立请求权的第三人也可以提出撤诉申请，但有独立请求的第三人申请撤诉不影响原告和被告之间的本诉讼的进行。其他诉讼参加人不能提出撤诉。

2. 申请撤诉必须自愿。撤诉是原告处分自己实体权利和诉讼权利的行为，除非原告有明确的意思表示，任何人不得强迫原告申请撤诉，审判人员也不得以任何借口动员原告申请撤诉。

3. 申请撤诉必须符合法律规定。申请撤诉的时间必须是在法院受理案件后宣告判决前。申请撤诉不得有规避法律的行为，不得违反现行法律、法规的规定，不得侵犯国家、集体或者他人的合法权益。

4. 裁定必须由人民法院做出。原告申请撤诉，应当向法院提交申请书。撤诉申请的写法比较简单，没有固定格式，只要把理由讲明白，有了文字依据就可以了。法院经审查认为符合撤诉条件的才会裁定准许原告人撤诉。法院不准许撤诉的也要以裁定形式告知原告人。

因此，患者及其家属在起诉后又申请撤回起诉的，只要符合法定条件，法院会准许的。但要提醒读者的是：撤诉就标志着此案已审结，如果再想解决，就得另行起诉，还须按新案缴纳诉讼费。因此，对撤诉应慎重，不能疏忽草率。根据最高人民法院关于适用《中华人民共和国民事诉讼法》若干问题的意见第一四四条规定，当事人撤诉或人民法院裁定按撤诉处理后，当事人以同一诉讼请求再次起诉的，人民法院应予受理。

医疗事故纠纷赔偿数额的计算

《医疗事故处理条例》第四十九条规定，医疗事故赔偿应当考虑下列因素后，确定具体赔偿数额：1. 医疗事故等级；2. 医疗过失行为在医疗事故损害后果中的责任程度；3. 医疗事故损害后果与患者原有疾病状况之间的关系。

具体赔偿的项目包括：医疗费、误工费、住院伙食补助费、陪护费、残疾生活补助费、残疾用具费、丧葬费、被抚养人生活费、交通费、住宿费、精神损害抚慰金等。

根据《医疗事故处理条例》第五十条的规定，这些费用的具体计算办法为：

1．医疗费：按照医疗事故对患者造成的人身损害进行治疗所发生的医疗费用计算，凭据支付，但不包括原发病医疗费用。结案后确实需要继续治疗的，按照基本医疗费用支付。

2．误工费：患者有固定收入的，按照本人因误工减少的固定收入计算，对收入高于医疗事故发生地上一年度职工年平均工资 3 倍以上的，按照 3 倍计算；无固定收入的，按照医疗事故发生地上一年度职工年平均工资计算。

3．住院伙食补助费：按照医疗事故发生地国家机关一般工作人员的出差伙食补助标准计算。

4．陪护费：患者住院期间需要专人陪护的，按照医疗事故发生地上一年度职工年平均工资计算。

5．残疾生活补助费：根据伤残等级，按照医疗事故发生地居民年平均生活费计算，自定残之日起最长赔偿 30 年；但是，60 周岁以上的，不超过 15 年；70 周岁以上的，不超过 5 年。

6．残疾用具费：因残疾需要配置补偿功能器具的，凭医疗机构证明，按照普及型器具的费用计算。

7．丧葬费：按照医疗事故发生地规定的丧葬费补助标准计算。

8．被抚养人生活费：以死者生前或者残疾者丧失劳动能力前实际抚养且没有劳动能力的人为限，按照其户籍所在地或者居所地居民最低生活保障标准计算。对不满 16 周岁的，抚养到 16 周岁。对年满 16 周岁但无劳动能力的，抚养 20 年；但是，60 周岁以上的，不超过 15 年；70 周岁以上的，不超过 5 年。

9．交通费：按照患者实际必需的交通费用计算，凭据支付。

10．住宿费：按照医疗事故发生地国家机关一般工作人员的出差住宿补助标准计算，凭据支付。

11．精神损害抚慰金：按照医疗事故发生地居民年平均生活费计算。造成患者死亡的，赔偿年限最长不超过 6 年；造成患者残疾的，赔偿年限最长不超过3年。

最高人民法院关于参照《医疗事故处理条例》审理医疗纠纷民事案件的通知中也规定，人民法院在处理医疗事故争议案件时，参照《医疗事故处理条例》的规定执行。这也就是说，人民法院审理医疗事故争议案件，在确定民事赔偿时，也应考虑这几方面的因素。除此之外，还要考虑医疗事故的等级，这也是确定赔偿数额的重要因素之一。虽然医疗事故等级越高，给患者造成的损害越大。但是具体到某一医疗事故赔偿上，不一定是事故等级越高赔的就越多。因为，每起案例都有其与众不同的地方，还可能存在一些减轻医务人员责任的情况，如患者原有疾病较严重等情况，这样的情况可以使医务人员的责任变轻。另外，医疗过失行为对后果的责任程度是确定赔偿时应考虑的一个重要因素。

此外，医疗事故损害后果与患者原有疾病状况之间的关系是确定赔偿的又一个重要因素。这一点也很重要，它可以进一步分析患者原有疾病状况对医疗事故损害后果的影响，可以确定医务人员过失行为在医疗事故损害后果中的责任大小，通过考虑这个因素，可以免除医疗主体不应承担的责任，体现了法律的公平性，也体现了以事实为根据．以法律为准绳的原则。

当然，医患双方选择协商解决，可以在赔偿数额计算上灵活一些，如在考虑患者或者医疗机构的实际情况时，赔偿的数额可能相对高一些或低一些。总之，具体情况具体分析。

医疗纠纷上诉状

提供一个医疗纠纷官司的上诉状供参考：

上诉状：

上诉人（原审原告）吴×，女，××年×月×日出生，汉族，××小学学生。现住××市××区。

法定代理人：吴××，系原告父亲。

委托代理人：×××，××律师事务所律师。

被上诉人（原审被告）：××市××医院，住所地×市×区×号。

法定代表人：××，该医院院长。

上诉人因医疗赔偿纠纷一案，不服××人民法院×年×月×日（×××）号民事判决书，现提出上诉。

上诉请求：请求法院撤销一审判决，并判决被上诉人赔偿我因医疗事故而造成的损失、精神损害赔偿金共计人民币××元。

上诉理由：××年×月×日，上诉人到被上诉人处就诊，被诊断为急性阑尾炎，在进行手术过程中，错误切除上诉人的右侧卵巢。后经某市医疗事故鉴定委员会鉴定，为三级乙类医疗事故。医疗事故发生后，上诉人遭受各类损失共计××元。一审法院在判决中，对各类损失数额的计算有误，另外，一审法院判决被上诉人赔偿的精神损害赔偿金过低。因此，请求二审法院依法予以改判。

此致

××××人民法院

附：证据目录×份

本上诉状副本×份

上诉人：×××

××年×月×日

对判决不服，如何上诉

根据《人民法院组织法》第二十条规定，基层人民法院根据地区、人口和案件情况，可以设立若干个人民法庭。人民法庭是基层人民法院的派出机构，是基层人民法院的组成部分，因此，它的判决和裁定，就是基层人民法院的判决和裁定。对人民法庭的判决和裁定不服，不能向基层法院上诉，而要向中级人民法院上诉。上诉状可以交人民法庭或基层人民法院，由其随一审卷宗一起转交给中级人民法院。

医疗案件的申请执行

发生法律效力的民事判决书、裁定书、调解书和其他应当由人民法院执行的法律文书，当事人必须履行。如果医疗方拒不履行，可以由审判庭移送执行局执行，患者方也可向法院申请执行。执行是指执行机构按照法律规定的程序，将已经发生法律效力的判决和裁定等法律文书的内容，采取强制的手段加以实现的活动。由于案件的性质不同，执行方法也不同。

申请执行要注意以下两点：一是应向第一审法院申请；二是申请执行时，要在法定期限内，还要递交《申请执行书》和据以执行的判决书、裁定书及有关材料。根据《民事诉讼法》第二一九条规定，案件的双方或者一方当事人是公民的，申请执行的期限为 1 年；双方当事人都是法人或者其他组织的，申请执行的期限为 6 个月。执行期限的计算方法是：从法律文书规定履行期间的最后一日起计算；法律文书规定分期履行的，从规定的每次履行期间的最后一日起计算。根据《民事诉讼法》第二一一条规定，对于双方当事人自行和解达成协议的执行案件，执行员应将协议内容记入笔录，并由双方当事人签名或盖章。如果一方当事人又反悔，不履行和解协议，法院可根据对方当事人的申请，再恢复对原生效的法律文书的执行。

医疗纠纷案件的审理期限

人民法院审理民事案件，其时间限制有以下四种规定：

1. 对于适用普通程序审理的一审案件，《民事诉讼法》第一三五条规定，审限为 6 个月。有特殊情况经院长批准，可延长 6 个月，如再需延长，则应报请上级法院批准。但调解期间、公告期间、鉴定期间、审理管辖权异议期间不应计算在内。

2. 对于适用简易程序审理的一审案件，审限为 3 个月。

3. 对判决上诉的二审案件，审限为 3 个月。有特殊情况需延长的，必须经院长批准。

4. 对裁定上诉的二审案件，审限为30天。

医疗诉讼案件的申诉

当事人认为人民法院已经发生法律效力的判决或裁定确有错误，可以申诉。当事人可以向原审人民法院申请再审，也可以向上一级人民法院申请再审。向上一级人民法院申请再审的，上一级人民法院经审查后认为下列情形之一的，可以指令下一级人民法院再审，也可以提审。

1. 有新的证据，足以推翻原判决、裁定的；
2. 原判决、裁定认定事实的主要证据不足的；
3. 原判决、裁定适用法律确有错误的；
4. 人民法院违反法定程序，可能影响案件正确判决、裁定的；
5. 审判人员在审理该案件时有贪污受贿，徇私舞弊，枉法裁判行为的。

对申诉案件，人民法院经复查认为，原判确有错误，由院长提交审判委员会讨论。如果审判委员会认为应该立案再审，那么，按法律规定，不能由原审的人员审理本案，必须另行组成合议庭。由原来一审法院再审之后做出的判决，是一审判决，当事人不服可以上诉；由原来二审法院再审的，所做的判决是终审判决，当事人不服不得上诉，但可以申诉。

医疗诉讼案件的再审

对已经发生法律效力的民事判决、裁定、调解提出再审申请，申请再审人应是原审当事人、法定代理人以及原审当事人的权利义务继受人。申请再审应当在民事判决、裁定、调解发生法律效力后两年内提出。

根据最高人民法院制定的《关于民事诉讼证据的若干规定》，再审程序中的“新的证据”是指原审庭审结束后新发现的证据。申请再审人以有新的证据证明原民事裁判认定的事实确有错误为由申请再审的，应当在申请再审时提出。经审查，如果申请再审人在申请再审时，提供的证据是在原审中应当提供但不提供或者故意隐瞒证据直至申请再审时才提供的，不得作为再审程序中的“新的证据”。

申请再审人对民事案件申请再审，是针对人民法院已经发生法律效力的判决、裁定、调解而提出的，故民事案件申请再审人提出再审请求不得超出原审诉讼请求。申请再审人在民事再审案件审理过程中，不得变更、增加诉讼请求或者提出反诉（原审已反诉的除外）。

申请再审应提交的材料

对民事案件申请再审，应当提交下列材料：1. 再审申请书，应当载明当事人的基本情况，申请再审的具体请求和依据的事实与理由，并应按照原审对方当事人的人数提交再审申请书副本；2. 原一、二审判决书、裁定书等法律文书，经过人民法院复查或再审的，应当附有驳回通知书、再审判决书或裁定书；3. 以有新的证据证明原裁判认定的事实确有错误为由申请再审的，应当同时附有证据目录、证人名单和主要证据复印件或照片；需要人民法院调查取证的，应当向人民法院提出书面申请并附有证据线索。

医疗纠纷官司的败诉原因

一些当事人虽然自己感觉有理，但却糊里糊涂打输了官司，或是未取得理想的结果，这就是因为他的一些诉讼行为不符合法律规定造成的。下面向读者介绍几种情形：

1. 起诉不符合条件：当事人起诉不符合法律规定条件的，人民法院不会受理，即使受理也会驳回起诉。当事人起诉不符合管辖规定的，案件将会被移送到有权管辖的人民法院审理。

2. 诉讼请求不适当：当事人提出的诉讼请求应明确、具体、完整，对未提出的诉讼请求人民法院不会审理。

当事人提出的诉讼请求要适当，不要随意扩大诉讼请求范围；无根据的诉讼请求，除得不到人民法院支持外，当事人还要负担相应的诉讼费用。

3. 逾期改变诉讼请求：当事人增加、变更诉讼请求或者提出反诉，超过人民法院许可或者指定期限的，可能不被审理。

4. 超过诉讼时效：当事人请求人民法院保护民事权利的期间一般为 2 年（特殊的为 1 年）。原告向人民法院起诉后，被告提出原告的起诉已超过法律保护期间的，如果属实，其诉讼请求不会得到人民法院的支持。

5. 授权不明：当事人委托诉讼代理人代为承认、放弃、变更诉讼请求，进行和解，提起反诉或者上诉等事项的，应在授权委托书中特别注明。没有在授权委托书中明确、具体记明特别授权事项的，诉讼代理人就上述特别授权事项发表的意见不具有法律效力。

6. 不按时缴纳诉讼费用：当事人起诉或者上诉，不按时预缴诉讼费用，或者提出缓缴、减缴、免缴诉讼费用申请未获批准仍不缴纳诉讼费用的，人民法院将会按自动撤回起诉、上诉处理。当事人提出反诉，不按规定预缴相应的案件受理费的，人民法院将不会审理。

7. 申请财产保全不符合规定：当事人申请财产保全，应当按规定缴纳保全费用而没有缴纳的，人民法院不会对申请保全的财产采取保全措施。

当事人提出财产保全申请，未按人民法院要求提供相应财产担保的，人民法院将依法驳回其申请。

申请人申请财产保全有错误的，将要赔偿被申请人因财产保全所受到的损失。

8. 不提供或者不充分提供证据：除法律和司法解释规定不需要提供证据证明外，当事人提出诉讼请求或者反驳对方的诉讼请求，应提供证据证明。不能提供相应的证据或者提供的证据证明不了有关事实的，可能面临不利的裁判后果。

9. 超过举证时限提供证据：当事人向人民法院提交的证据，应当在当事人协商一致并经人民法院认可或者人民法院指定的期限内完成。超过上述期限提交的，人民法院可视其放弃了举证的权利，但属于法律和司法解释规定的新的证据除外。

10. 不提供原始证据：当事人向人民法院提供证据，应当提供原件或者原物，特殊情况下也可以提供经人民法院核对无异的复制件或者复制品。提供的证据不符合上述条件的，可能影响证据的证明力，甚至可能不被采信。

11. 证人不出庭作证：除属于法律和司法解释规定的证人确有困难不能出庭的特殊情况外，当事人提供证人证言的，证人应当出庭作证并接受质询。如果证人不出庭作证，可能影响该证人证言的证据效力，甚至不被采信。

12. 不按规定申请评估、鉴定：当事人申请评估、鉴定，未在人民法院指定期限内提出申请或者不预缴评估、鉴定费用，或者不提供相关材料，致使争议的事实无法通过评估、鉴定结论予以认定的，可能对申请人产生不利的裁判后果。

13. 不按时出庭或者中途退出法庭：原告经传票传唤，无正当理由拒不到庭，或者未经法庭许可中途退出法庭的，人民法院将按自动撤回起诉处理；被告反诉的，人民法院将对反诉的内容缺席审判。

被告经传票传唤，无正当理由拒不到庭，或者未经法庭许可中途退出法庭的，人民法院将缺席判决。

14. 不准确提供送达地址：适用简易程序审理的案件，人民法院按照当事人自己提供的送达地址送达诉讼文书时，因当事人提供的自己的送达地址不准确，或者送达地址变更未及时告知人民法院，致使人民法院无法送达，造成诉讼文书被退回的，诉讼文书也视为送达。

15. 超过期限申请强制执行：向人民法院申请强制执行的期限，双方或者一方当事人是公民的为 1 年，双方是法人或者其他组织的为 6 个月。期限自生效法律文书确定的履行义务期限届满之日起算。超过上述期限申请的，人民法院不予受理。

16. 无财产或者无足够财产可供执行：被执行人没有财产或者没有足够财产履行生效法律文书确定义务的，人民法院可能对未履行的部分裁定中止执行，申请执行人的财产权益将可能暂时无法实现或者不能完全实现。

17. 不履行生效法律文书确定义务：被执行人未按生效法律文书指定期间履行给付金钱义务的，将要支付迟延履行期间的双倍债务利息。被执行人未按生效法律文书指定期间履行其他义务的，将要支付迟延履行金。

处理医疗纠纷的法律适用

《最高人民法院关于审理人身损害赔偿案件适用法律若干问题的解释》

（以下简称《解释》）于 2003 年 12 月 4 日公布，已于 2004 年 5 月 1 日起施行。

《解释》公布后，就《解释》对医疗纠纷如何适用，在司法界引起了广泛的争议。最高人民法院就该问题以答记者问的形式做了说明，最高人民法院提出了处理医疗纠纷案件适用法律的“二元化”的观点，即：被鉴定为医疗事故的，按照《医疗事故处理条例》来赔偿；经过鉴定，不属于医疗事故，但有医疗过错的，按照《解释》来赔偿。

鉴于人身损害赔偿司法解释对赔偿的标准做了一些调整，赔偿的数额比《医疗事故处理条例》规定的赔偿数额高，所以因医疗事故受到损害的患者，可能会以一般的医疗纠纷向法院起诉。在这种情况下，如果医疗机构提出不构成一般医疗纠纷的抗辩，并且经鉴定能够证明受害人的损害确实是医疗事故造成的，那么人民法院应当按照《医疗事故处理条例》的规定确定赔偿的数额，而不能按照人身损害赔偿司法解释的规定确定赔偿数额。

赔偿范围

1. 医疗费：按照医疗事故对患者造成的人身损害进行治疗所发生的医疗费用计算，凭据支付，但不包括原发病医疗费用。结案后确实需要继续治疗的，按照基本医疗费用支付。

2. 误工费：患者有固定收入的，按照本人因误工减少的固定收入计算，对收入高于医疗事故发生地上一年度职工年平均工资 3 倍以上的，按照 3 倍计算；无固定收入的，按照医疗事故发生地上一年度职工年平均工资计算。

3. 住院伙食补助费：按照医疗事故发生地国家机关一般工作人员的出差伙食补助标准计算。受害人确有必要到外地治疗，因客观原因不能住院，受害人本人及其陪护人员实际发生的住宿费和伙食费，其合理部分应予赔偿。

4. 陪护费：护理人员有收入的，按误工损失计算，包括工资和奖金；护理人员无工作的或者雇用护工的，参照当地护工从事同等级别护理的劳务报酬标准计算；护理期限的计算按照受害人经过治疗以后能否恢复生活自理能力为标准。

5. 残疾赔偿金：根据受害人丧失劳动能力程度或者伤残等级，按照受诉法院所在地上一年度城镇居民人均可支配收入或者农村居民人均纯收入标准，自定残之日起按20年计算。但60周岁以上的，年龄每增加1岁减少1年；75周岁以上的，按5年计算。受害人因伤致残但实际收入没有减少，或者伤残等级轻但造成职业妨害，严重影响其劳动就业的，可以对残疾赔偿金作相应调整。

6. 残疾辅助用具费：因残疾需要配置补偿功能器具的，凭医疗机构证明，按照普及型、适用型器具的合理费用计算。伤情有特殊需要的，可以参照辅助器具配制机构的意见确定相应的合理费用标准。辅助器具的更换周期和赔偿期限参照配制机构的意见确定。如果超过确定的护理期限、辅助器具费给付年限或者残疾赔偿金给付年限，赔偿权利人确需继续配制辅助器具的，人民法院应当判令义务人继续给付相关费用五至十年。

7. 丧葬费：按照受诉法院所在地上一年职工月平均工资标准，以6个月总额计算。

8. 被抚养人生活费：被抚养人生活费的计算，是根据抚养人因人身损害造成死亡或者伤残等丧失劳动能力的程度，再结合政府统计部门公布的受诉法院所在地上一年度城镇居民人均消费性支出和农村居民人均年生活消费支出标准计算；被抚养人系未成年人的，计算至18岁；被抚养人无劳动能力又无其他生活来源的，计算20年，但60周岁以上的，年龄每增加1岁减少1年，75周岁以上的，按5年计算。

9. 交通费：按照患者及陪护人员因就医实际发生的交通费用计算，凭据支付。计算费用的人数不超过2人。

10. 住宿费：受害人确有必要到外地就医，因客观原因不能住院，受害人本人及其陪护人员实际发生的住宿费，其合理部分凭据赔偿。

11. 营养费：确定营养费根据受害人伤残情况参照医疗机构的意见确定。

12. 死亡赔偿金：死亡赔偿金是指患者在因医疗事故而导致死亡的情况下，医疗机构应该一次支付给患者家属的赔偿金，其性质属于财产损失赔偿，而非精神损害抚慰金。死亡赔偿金按照受诉法院所在地上一年度城镇居民人均可支配收入或者农村居民人均纯收入标准，按20年计算。但60周岁以上的，年龄每增加 1 岁减少 1 年；75 周岁以上的，按 5 年计算。

13. 精神损害抚慰金：是指患者及其近亲属因发生医疗事故而遭受的身体上或精神上的痛苦加以抚慰而支付的赔偿金。目前，精神损害的赔偿还没有统一标准。

医疗事故赔偿费用，实行一次性结算，由承担医疗事故责任的医疗机构支付。

举案说法

医疗机构未向患者告知术后风险之诉

案情简介：

2004年7月23日，原告周某感觉左眼疼痛，便来到被告北京市某医院眼科部就诊。该医院主治医生陈某诊断原告周某患“左眼复发性结膜囊肿（术后复发）”，需要手术摘除。原告周某在该院接受了左眼脂肪瘤摘除术。出院后，原告周某感到左眼上睑下垂，不能睁眼，遂又到被告处就诊。该医院为原告周某实施了左眼上睑下垂矫正手术。术后，原告周某左眼能微睁，但仍受限。

此后，原告周某到北京市仁和医院就诊，被北京市仁和医院主治医生告知其左上睑下垂是由于左上睑提肌损伤所致。原告周晓庆才明白自己的病情是由于被告不当医疗行为所致，于是向北京市卫生行政部门提出医疗事故处理申请。卫生行政部门委托当地医学会进行医疗事故技术鉴定，鉴定结论认为：原告周某手术后左眼上睑下垂属于手术并发症，被告北京市某医院在手术过程中并无不当之处；被告北京市某医院手术前谈话记录不完善，但与治疗过程和结果无直接关联，最后鉴定为此医疗事件不属于医疗事故。

原告周某认为，2004年7月23日，自己由于眼部疼痛，到被告处接受诊治，双方已经形成了医患合同法律关系，被告就应当履行术前告知义务，但被告北京市某医院在手术前未向自己告知术后有关并发症，而且被告在为自己进行手术过程中还割断了上睑提肌，给自己肉体上和精神上造成了极大的痛苦，被告的医疗行为已经构成侵权，应当赔偿自己的经济损失和精神损失。于是原告周某依法向北京市朝阳区人民法院提起诉讼，要求被告北京市某医院承担过错的赔偿责任。赔偿内容包括：医疗费 5000 元、误工费 9000 元、残疾生活补助费 108000 元、精神损害抚慰金 10800 元，共计 131800 元。

被告北京市某医院认为，本医院在为周某进行手术前，已经将手术后可能出现的各类风险均告知了原告周某，医院已经履行了术前告知义务，而且原告周某也在手术通知单上签了字，因此，原告周某应当承担手术并发症的风险后果，根据《医疗事故处理条例》的有关规定，医院履行了术前告知义务，对于患者出现的术后并发症不承担责任，所以本医院不应承担责任。而且本医院在诊疗过程中并无不当，根本不存有任何医疗过失行为，更谈不上什么侵权行为，原告周某的诉讼请求根本就是无中生有，没有任何法律依据，请求法院依法驳回原告周某的诉讼请求，维护医院的合法权益。

法院判决：

北京市朝阳区人民法院在审理过程中查明了下列事实：被告北京市某医院在为原告周某实施左眼脂肪瘤摘除术前，未明确将术后可能产生上睑提肌断裂的并发症告知原告周某。该事实有被告北京市某医院在手术前与原告周某的谈话笔录为证。该笔录内容为：对手术中可能发生的问题予以说明：1. 手术中肿瘤界限不清，分离困难；2. 手术中出血，术后感染；3. 术后睑球粘连；4. 误伤眼球内其他组织，影响视力。

另外，法院查明原告周某因左眼脂肪瘤摘除术支付医疗费 3000 元；因左眼上睑下垂矫正术支付医疗费为 2000 元。原告周某月收入为 1500 元，有原告周某所在单位的工资证明材料佐证。受人民法院的委托，法医鉴定中心对原告周某的伤情进行了鉴定，结论为：原告周某左眼上睑重度下垂，容貌毁损，构成九级伤残，建议休息 6 个月。

北京市朝阳区人民法院经审理认为，被告北京市某医院在为原告周某实施医疗行为的过程中存有过错，而医疗行为是否有过错并非以是否构成医疗事故作为衡量标准。在本案中，被告北京市某医院未向原告周某告知手术后会产生目前的并发症，侵犯了原告周某对病情和手术后可能发生的不良后果的知情权，使原告周某遭受了重大的物质和精神损害，因此，被告北京市某医院应当对原告周某承担侵权赔偿责任。根据《医疗机构管理条例》第三十三条、《医疗机构管理条例实施细则》第六十二条、《医疗事故处理条例》第十一条、第四十九条、第五十条之规定，判决如下：

1. 由被告北京市某医院赔偿原告周某医疗费5000元；

2. 由被告赔偿原告经济损失9000元；

3. 由被告赔偿原告精神损失费6000元。

本案评析：

1. 由于医疗机构未完全向患者明示告知术后风险，致使患者丧失选择手术与否的机会。并造成严重后果，医疗机构应当就此承担民事侵权责任。

《医疗事故处理条例》第十一条规定："在医疗活动中，医疗机构及其医务人员应当将患者的病情、医疗措施、医疗风险等如实告知患者，及时解答其咨询；但是，应当避免对患者产生不利后果。"《医疗机构管理条例》第三十三条规定："医疗机构施行手术、特殊检查或者特殊治疗时，必须征得患者同意，并应当取得其家属或者关系人同意并签字；无法取得患者意见时，应当取得其家属或者关系人同意并签字；无法取得患者意见又无家属或者关系人在场，或者遇到其他特殊情况时，经治医师应当提出医疗处置方案，在取得医疗机构负责人或者被授权负责人员的批准后实施。"《医疗机构管理条例实施细则》第六十二条规定："医疗机构应当尊重患者对自己的病情、诊断、治疗的知情权利。在实施手术、特殊检查、特殊治疗时，应当向患者作必要的解释。因实施保护性医疗措施不宜向患者说明情况的，应当将有关情况通知患者家属。"根据上述法律规定可知，在医患关系中，患者享有的基本权利主要有两点：（1）充分了解医疗活动所含风险的权利；（2）获得适当合理医疗的权利（合理与否以现有医学水平及有关法规、操作规程为准）。基于此，在医疗活动中，医疗行为的实施者负有两项基本义务：（1）详尽告知患者手术及特殊医疗的风险，并征得患者对该治疗手段的同意；（2）进行适当、合理的治疗。医疗机构违反该基本义务时，应当承担相应的法律责任。

根据上述权利义务关系，在本案中，被告北京市某医院与原告周某之间的医疗活动存在两个独立的阶段，即手术前的告知阶段和手术实施阶段。被告北京市某医院在上述两个阶段的行为中是否存在过错是本案争议的焦点。

首先，就手术治疗过程而言，由于医疗手术具有较强的专业性，对该行为是否适当的判断，除依照一般常理以及当事人提供的证据材料外，还需由相关的权威部门做出公正的鉴定。在本案中，无论是从法院查明的事实看，还是从当地医学会的鉴定结论看，都无法证实被告北京市朝阳区红光医院在手术治疗过程中具有过错和不当行为；其次，关于术前告知行为，由于医疗机构对患者施行手术前应在有条件的情况下取得患者的同意。患者对手术的同意和对手术后果的接受应当建立在对手术风险充分认识的基础上，否则不能视为真正意义上的同意，医疗机构应当承担相应的责任。在本案中，被告北京市朝阳区红光医院与原告周某的术前谈话笔录中记载的前三点告知内容指向明确，但并未提及手术可能会影响上睑提肌，而原告周某上睑提肌断裂也不属于眼球内部伤害，所以，不在谈话记录第四点告知内容之内。当地医学会的鉴定结论明确指出该谈话记录不完善。由于医患双方当初动态的谈话不能再现，而谈话记录则可以认定为是医患之间谈话的静态留存。所以，根据谈话记录和当地医学会的鉴定结论认定当初医患双方的术前谈话内容不完善，其缺陷就在于没有将施行手术可能导致上睑提肌断裂的后果告知原告周晓庆。虽然被告北京市某医院在答辩中认为自己已将上睑提肌断裂的术后并发症告知原告周某，但其主张缺乏相应的依据佐证，不应当采信。基于此，被告北京市某医院在履行手术风险告知义务过程中有瑕疵。

综上所述，在本案中，由于被告北京市某医院未完全向原告周某明示术后风险，致使原告周某丧失选择手术与否的机会，并造成严重后果，所以，被告北京市某医院应当就此承担民事侵权责任。

2. 在本案中，被告北京市某医院侵犯了原告周某的知情权，应当承担相应的侵权赔偿责任。

在本案中，被告北京市某医院的医疗行为符合侵权责任的四个构成要件，而且同时已经侵犯了原告周某的知情权，因此，应当承担相应的侵权赔偿责任，具体分析如下：

（1）行为人行为违法，即行为人的行为（包括作为与不作为）违反了法律规定的义务，并侵犯了他人的合法权益。根据国务院颁发的《医疗事故处理条例》和《医疗机构管理条例》的规定，医疗机构施行手术时必须征得患者的同意。而且，医院在从事治疗患者疾病的工作过程中，应当依照《民法通则》的精神，遵循诚实信用原则，向患者如实告知治疗方案以及该方案将可能导致的后果。综合以上两方面的法律、法规的精神，可以确定明确告知患者手术真实情况是医院的法定义务。在本案中，原告周某作为患者，享有对治疗后果的知情权，在此基础上权衡利益轻重再选择是否接受治疗。此知情权虽然没有在《民法通则》中明确规定，但《民法通则》第九十八条规定："公民享有生命健康权。"该知情权应当是公民身体健康权的应有内涵。而且，该权利在《消费者权益保护法》中已经明确规定。《消费者权益保护法》第七条规定："消费者在购买、使用商品和接受服务时享有人身、财产安全不受损害的权利。消费者有权要求经营者提供的商品和服务，符合保障人身、财产安全的要求。"第八条规定："消费者享有知悉其购买、使用的商品或者接受的服务的真实情况的权利。消费者有权根据商品或者服务的不同情况，要求经营者提供商品的价格、产地、生产者、用途、性能、规格、等级、主要成分、生产日期、有效期限、检验合格证明、使用方法说明书、售后服务，或者服务的内容、规格、费用等有关情况。"第九条规定："消费者享有自主选择商品或者服务的权利。消费者有权自主选择提供商品或者服务的经营者，自主选择商品品种或者服务方式，自主决定购买或者不购买任何一种商品、接受或者不接受任何一项服务。消费者在自主选择商品或者服务时，有权进行比较、鉴别和挑选。"由此可见，知情权符合《民法通则》的基本立法精神，应受法律保护。因此，在本案中，被告北京市朝阳区红光医院未充分告知手术风险不但违背其自身法定义务，而且还侵犯了原告周某的法定权利，其行为具有违法性。

（2）行为人本身有过错。过错是行为人进行违法行为时故意或过失的心理状态。其中过失是行为人对自己行为的结果应当预见而没有预见，或者轻信可以避免。过错实际上是行为人对自己注意义务的违反。在本案中，被告北京市某医院在给原告周晓庆实施手术前，凭其专业能力应当能够预见手术可能发生的风险，然而被告北京市某医院却没有将该风险充分告知原告周晓庆，违反了基本的注意义务，其过错是显而易见的。

（3）有损害后果。根据法医鉴定中心对原告周某伤情做出的鉴定，原告周某构成九级伤残，精神上承受了巨大的痛苦，为此花费了一定的医疗费，并发生了误工损失，损害后果是十分明显的。

（4）侵权行为与损害后果之间存在因果关系。所谓因果关系是侵权行为和损害后果之间的内在联系。虽然，造成原告周某目前损伤的直接原因是被告北京市某医院的手术，属于手术的并发症，手术本身并无不当。但由于本案手术是在原告周某未充分了解手术后果的情况下实施的，原告周某丧失了选择手术与否的机会，从而丧失避免风险发生的选择权，致使医疗活动不恰当地进入手术过程，使得术后并发症——上睑提肌断裂的危险由理论上的可能性转化为现实的可能性。而该现实的可能性与手术过程的结合对原告周某导致的伤害就成为其丧失选择权的必然结果。所以，侵犯原告周某知情权与原告周某目前所受损害结果之间具有内在联系，双方之间为间接因果关系。

综上所述，被告北京市某医院侵犯了原告周某的知情权，应当承担相应的侵权赔偿责任。

青霉素皮试导致患者过敏死亡案

案情简介：

2004年7月19日13时15分，患者乔某因右耳疼痛到北京市某人民医院耳鼻喉科就诊。医院医生经检查后诊断为：耳前瘘管伴感染，投给青霉素、灭滴灵治疗。患者乔某按照医生的嘱咐携处方到门诊注射室做青霉素皮试。14时55分医院护士按照操作规程给患者乔某做完皮试后，让其在门口椅子上等20分钟看皮试结果。不一会儿，病人就出现异常现象。心跳、呼吸均已停止。经被告北京市某人民医院的医生奋力抢救，患者乔某于15时45分出现呼吸、心跳恢复。为了患者的治疗安全，北京市某人民医院经院长办公室集体研究决定，于18时50分将患者乔某转入北京市铁道医学院附属医院抢救治疗，经抢救无效，不幸次日下午死亡。

2004年11月28日，北京市某医疗事故鉴定委员会对患者乔某的死亡做出技术鉴定，结论为“该病例属于医疗过程中难以预料的意外，属医疗意外，不构成医疗事故”。

患者乔某的妻子王某认为，患者乔某于2004年7月19日下午独自一人去北京市某人民医院治疗中耳炎，在接受青霉素皮试后，因医生看护不周，导致患者乔某出现过敏反应，而且被告在抢救时措施不当，更为严重的是，被告为了推卸责任，竟将病危的患者乔某长途跋涉地转入路途遥远的北京市铁道医学院附属医院抢救治疗，最后导致患者乔某因抢救无效死亡。综上可见，被告北京市某人民医院在本医疗事故中负有不可推卸的责任，其行为已经构成侵权，应当依法承担患者乔某死亡的经济赔偿责任。经与被告协商未果，患者乔某的妻子王某以自己的名义依法向北京市某人民法院提起诉讼，要求被告承担赔偿责任，请求法院判令被告赔偿原告丧葬费、误工费、护理费、交通费、抚养费、赡养费、精神损失费等共计10万余元人民币。

被告北京市某人民医院辩称：1. 患者乔某是由于青霉素皮试过敏导致死亡，该病例不属于医疗事故，而属医疗意外；2. 将患者乔某转院治疗是经院长办公室集体研究决定的，而且本医院治疗设备有限，将患者转入有条件的医院接受治疗，是为了患者的安全着想，本院在这方面不存在有过错；3. 根据北京市顺义区医疗事故鉴定委员会2004年11月28日对患者乔某的死亡做出的技术鉴定，结论为“该病例属于医疗过程中难以预料的意外，属医疗意外，不构成医疗事故。”根据该事故鉴定可得知，对于患者乔某的死亡，医院是不存有过错行为的。综上，患者乔某的妻子王某提起的诉讼请求是没有法律依据的，请求法院依法驳回原告的诉讼请求。

法院判决：

北京市某人民法院对案件进行审理后认为，患者乔某因耳疾前往被告北京市某人民医院接受诊治，双方已经建立医患服务合同关系。在本案中，被告北京市某人民医院对患者乔某的死亡不应承担民事责任。因为被告北京市某人民医院在为患者乔石明治疗耳疾过程中，医生对其病情的诊断正确，用药也确当。医院的护士在为其做青霉素皮试过程中也严格按照操作程序进行。因此，本案中的被告北京市某人民医院在治疗患者乔某的耳疾过程中，是严格按照医疗操作规程用药治疗，不存在治疗过程中有故意或过失的行为。由于病人本人体内机能的原因产生了高度过敏反应，这种反应是医疗史上罕见的情况，在出现这种情况下，被告北京市某人民医院采取紧急抢救措施，并将其送往北京市铁道医学院附属医院进行进一步抢救。虽然终因抢救无效死亡，但是造成病人死亡的主要原因不是被告方的责任，是病人体内潜在的易发并发症的客观因素所引起的。因此该案中被告北京市某人民医院的治疗过程中没有过错，不应承担民事责任。据此，北京市某人民法院依照《医疗事故处理条例》第三十三条、《中华人民共和国民法通则》第一〇七条、《中华人民共和国民事诉讼法》第一二八条之规定，做出如下判决：驳回原告王某的诉讼请求。

本案评析：

该案中患者乔某因为注射青霉素皮试过敏导致死亡，经过医疗事故技术鉴定，鉴定结论为医疗意外。可以说本案是因医疗意外引起的赔偿争议案件。所谓医疗意外，又称为医疗意外事件，是指在医疗活动中由于患者的特殊体质或者异常病情而发生的难以预料和防范的不良后果。也即在医疗活动中，虽然发生了病员死亡、伤残、功能障碍的严重后果，但这些不良后果的发生，不是由于医务人员的失职行为或者技术过失直接造成，而是因为医务人员难以预料，或根据实际情况是难以避免的。构成医疗意外有如下几个要件：1. 必须客观存在病员死亡、残废或功能障碍等不良后果，即客观上发生了人身伤、病、残、亡事件；2. 上述不良后果是发生在医疗活动中，包括医务人员进行的诊疗护理活动，若这种后果的发生不在医疗活动中，则不属于医疗意外的讨论范围之内；3. 病员死亡、残废或功能障碍的不良后果之发生是医务人员难以预料、防范或避免的，即是意外。

因此，在医疗实践当中，由于个体差异的存在，同一种疾病在不同人身上表现出来的症状也不尽相同，在治疗中使用同样方法所获得的疗效也不尽相同。同时，由于医学的局限性，对一些疾病还难以及时予以确诊，对一些疾病还缺乏有效的治疗手段，有的则仅在探索阶段。这就意味着，医疗行为本身是有一定局限性和风险性的。在上述情况下如果造成患者人身损害，让医疗机构承担责任是不适当的。因为医疗机构与医务人员主观上没有过失，而过失是医疗事故的必备构成要件，这就是为何医疗意外不属于医疗事故的缘由所在。同时，对于医疗事故实行的是过错责任原则，无过错，则无责任，因此，医疗机构与医务人员对医疗意外事件发生不应承担责任。

综上所述，医疗意外事件的发生，是不能预见、不能防范或不能避免的。医疗意外的发生，也不是医护人员本身和现代医学科学技术所能预见、防范和避免的。也就是说，对于这些不良后果的发生，医务人员主观上不存在过失，而且对结果的发生是难以预料和无法控制的。但在医疗实践中，必须严格区分医疗意外与医疗事故。二者最主要的区别在于医疗意外中，病员死亡、残废、功能障碍等危害结果的发生起因于病员本身的特殊体质等医务人员无法预料或无法抗拒的原因，其中，医务人员不存在违反有关制度或操作规程等过失；而医疗事故正好相反，病员死亡、残废、功能障碍等危害结果的发生是由医务人员违反有关制度或操作规程等过失所致。

因此，在本案中，被告北京市某人民医院在为原告治疗中耳炎的医疗过程中，严格按照操作规程用药治疗，注射青霉素前按照规定为患者做皮试正是为了防范患者可能出现过敏情况。依据医学原理，严格按照操作程序进行的青霉素皮试是不可能导致患者严重过敏以致死亡的后果的。而该案中的患者因为正常的青霉素皮试导致过敏死亡，可以说是其本人自身特殊体质引起了异常的过敏现象，这不是医务人员和现代医学科学技术所能预见和避免的。构成医疗事故主观上要求有过失，医疗意外因为缺乏医疗事故构成的主观要件，不属于医疗事故。而且《医疗事故处理条例》第三十三条也规定了在医疗活动中由于患者病情异常或者患者体质特殊而发生医疗意外的不属于医疗事故。综上所述，该案属于医疗意外，作为被告的北京市某人民医院也就不应当承担患者死亡的赔偿责任，法院判决驳回原告的诉讼请求是正确的。

医疗过失造成卵巢切除之诉

案情简介：

2002年8月30日，原告童某（系未成年人）因腹泻、呕吐、发烧、腹痛等症状，被家人送到被告北京市石景山区京华医院（以下简称“京华医院”）处就诊，被告医院以原告患有“急性扁桃体炎”收其住院。同年9月3日，经医院专家集体会诊，初步确诊原告童某患“急性阑尾炎并阑尾周围炎”。尔后转入该医院外科继续治疗。次日，被告对原告进行阑尾切除手术。术后，将切除物送病理科检验。《病理检查报告》显示：送检物为卵巢组织两小块及粪石一粒，卵巢组织未见炎症反应，未见阑尾组织。原告童某于同年9月13日康愈出院。

2002年10月29日，原告经北京中医药大学某医院B超检查，报告单记明：左侧卵巢未见异常，右侧卵巢未探及。当日，又经首都儿科研究所附属儿童医院B超检查，诊断报告记明：左侧卵巢未见异常1.0+0.9cm，右侧卵巢未探及。2003年2月26日在北京市儿童医院及中国人民解放军海军总医院做的病理检查报告记明：北京京华医院病理号6943切片一张，切片中可见正常卵巢组织。在有了这些诊断结论后，原告童某的家属已经意识到被告医院已经将其爱女的右侧卵巢切除，便找到被告医院讨个说法，但被告医院拒绝承认本次事故，认为医院的医疗行为正当，没有医疗过失行为。原告童某的家人无奈之下，于2004年1月12日向北京市石景山区医疗事故鉴定委员会申请事故鉴定。

北京市石景山区医疗事故鉴定委员会于2004年5月14日对原告医疗问题做了技术鉴定，结论为属于三级医疗事故。原告童某的法定代理人不服此鉴定，认为爱女的右侧卵巢被切除，就意味着剥夺了爱女将来做母亲的权利，医院的医疗行为存有严重过错，而且给自己的爱女身体器官造成了很大的损害，应当属于二级医疗事故。于是向北京市医疗事故鉴定委员会申请重新鉴定，该鉴定委员会于2004年9月23日做出的鉴定结论为：本例属于三级医疗事故。

2004年5月20日北京市高级人民法院法医技术室出具的《法医学鉴定意见书》说明：被鉴定人原告在2002年9月4日的手术中被切除右侧卵巢组织。因卵巢在女性生长发育过程中占有较重要的地位，且被鉴定人尚处幼年阶段，所以本次手术将对其今后的生活质量产生较大影响，根据有关规定，原告的伤残程度为Ⅶ级。原告为此支出的费用有：医药费2143.19元、交通费1820元、通讯费1294．3元、公证费等1054．05元、资料费172元、咨询费1600元、雇工费9840元、鉴定费1200元。

原告的法定代理人无奈之下于2004年7月15日向北京市石景山区人民法院提起诉讼，诉称2002年8月30日，原告到被告处就诊，被诊断为急性阑尾炎，9月4日做手术，手术后主治大夫向其家属展示了两块切除组织及粪石一粒，并于当日将切除物送病理科检验，检验报告称：“送检物为卵巢组织两小块及粪石一粒，未见阑尾组织。”经法医鉴定，原告伤残等级为Ⅶ级。被告严重不负责任的医疗行为已经构成医疗事故，并给自己造成了很大的精神压力，现要求被告赔偿医药费3216．45元、护理费7500元、营养费37800元、公证费405．5元、彩扩费286．75元、通讯费3404．5元、复印费434．9元、咨询费4307元、所雇人的误工费12300元、交通费2648．2元、伤残补助费229142．6元、律师代理费30000元、今后检查治疗费117312元、精神损失费50万元等共计948757．9元。

被告医院认为，我院将患者由儿科转入外科是正常的，在手术中对炎症组织进行剥离时误切了右侧卵巢组织，但卵巢是否全部被切除尚不清楚，同意免除原告在我院的医药费，原告请求的合理部分可以负担，但对其不合理的请求不予负担。

法院判决：

北京市石景山区人民法院经审理认为，原告因患病前往被告处就医，被告对其进行诊治，双方建立了医患服务合同关系。医院作为提供医疗服务的一方，负有根据患者的实际情况治愈病患、保证患者人身安全、肢体及器官完整的基本责任和义务。医院误切原告右侧卵巢组织的行为经鉴定为三级医疗事故，造成原告残疾，侵犯了其健康权及肢体、器官完整权，故医院应承担对原告的人身损害赔偿责任。对因被告行为造成的原告合理的损失，被告应当予以赔偿。医院的侵权行为给原告带来的不仅是物质损失，还包括精神上的痛苦。由于卵巢组织对女性的生长发育起着重要作用，特别是原告尚处于幼年，右侧卵巢组织被切除将对今后的生活质量产生较大影响。尽管原告现在尚年幼，对卵巢组织被切除的后果尚无认识，但是随着原告年龄的不断增长和卵巢在女性生活乃至生命中的作用，原告会不断深化对自己一侧卵巢被切除而导致生理缺陷的社会意义的认识，这必将给原告带来越来越大的思想和精神痛苦。故应对其给予精神损害赔偿。据此，北京市石景山区人民法院一审判决如下：

1．由被告赔偿原告医药费、交通费、雇工费、复印费、彩扩费、公证费、通讯费、资料费、咨询费17923．54元；赔偿原告营养费900元；赔偿原告残疾者生活补助费91072．8元；

2．由被告赔偿原告精神损失费18万元。

判决后，被告京华医院不服，以赔偿数目过高，缺乏法律依据为由提出上诉。二审法院北京市第一中级人民法院经审理确认了一审认定的事实和证据，认为原审法院根据事实和有关法律规定做出的判决事实清楚，处理恰当，程序合法，故驳回上诉，维持原判。

本案评析：

1．医疗机构造成患者医疗事故后，应当承担赔偿的范围以及赔偿范围计算的标准。

我国《医疗事故处理条例》第五十条规定了医疗事故赔偿的项目和标准。按照该规定，医疗事故赔偿应当按照下列项目和标准计算：

（1）医疗费：按照医疗事故对患者造成的人身损害进行治疗所发生的医疗费用计算，凭据支付，但不包括原发病医疗费用。结案后确实需要继续治疗的，按照基本医疗费用支付。

（2）误工费：患者有固定收入的，按照本人因误工减少的固定收入计算，对收入高于医疗事故发生地上一年度职工年平均工资3倍以上的，按照3倍计算；无固定收入的，按照医疗事故发生地上一年度职工平均工资计算。

（3）住院伙食补助费：按照医疗事故发生地国家机关一般工作人员的出差伙食补助标准计算。

（4）陪护费：患者住院期间需要专人陪护的，按照医疗事故发生地上一年度职工平均工资计算。

（5）残疾生活补助费：根据伤残等级，按照医疗事故发生地居民年平均生活费计算，自定残之月起最长赔偿30年；但是，60周岁以上的，不超过15年；70周岁以上的，不超过5年。

（6）残疾用具费：因残疾需要配置补偿功能器具的，凭医疗机构证明，按照普及型器具的费用计算。

（7）丧葬费：按照医疗事故发生地规定的丧葬费补助标准计算。

（8）被扶养人生活费：以死者生前或者残疾者丧失劳动能力前实际扶养且没有劳动能力的人为限，按照其户籍所在地或者居所地居民最低生活保障标准计算。对不满16周岁的，抚养到16周岁。对年满16周岁但无劳动能力的，抚养20年；但是，60周岁以上的，不超过15年；70周岁以上的，不超过5年。

（9）交通费：按照患者实际必需的交通费用计算，凭据支付。

（10）住宿费：按照医疗事故发生地国家机关一般工作人员的出差住宿标准计算，凭据支付。

（11）精神损害抚慰金：按照医疗事故发生地居民年平均生活费计算。造成患者死亡的，赔偿年限最长不超过6年；造成患者残疾的，赔偿年限最长不超过3年。

需要说明的是，精神抚慰金具体年限的计算应当按照《医疗事故处理条例》规定的有关赔偿原则确定，并不是对每一例都计算为6年或者3年，6年或3年只是最长的计算年限。

2. 医疗机构误切女童卵巢构成医疗事故，医疗机构不仅应当承担患者的物质经济损失，而且还应当承担患者的精神损害赔偿责任。

该案中患者童某前往被告京华医院就医，双方已经建立了医患服务关系，医院负有治疗疾病并保证患者人身安全的义务。但被告在施行手术时，由于过错误将原告右侧卵巢组织切除，不仅违反了医患服务合同，而且侵害了原告的身体健康权。后经北京市医疗事故鉴定委员会鉴定为三级医疗事故。因此被告应当承担因医疗事故所产生的赔偿责任。审理本案的法院最后根据原告的实际支出，判令被告赔偿医药费、护理费、交通费、伤残补助费等，是正确的。

但是，该案的争议焦点是：被告是否应当支付原告精神损害赔偿费？所谓精神损害，是指实际存在的无形的精神压力与痛苦，通常表现为人格形象和人体特征的毁损所带来的不应有的内心卑屈和羞愧。精神损害赔偿分为两种，一是对公民名誉权、自由权等精神性人格权的非财产损害赔偿；二是对身体权、健康权、生命权等物质性人格权的非财产损害赔偿。一般认为，我国《民法通则》第一二〇条是对公民的姓名、肖像、名誉等精神性人格权的精神损害赔偿的法律依据。《民法通则》没有规定对物质性人格权的精神损害赔偿。但是由于公民的健康权、身体权与生命权遭受侵害后，不仅会造成财产上的损失，而且大多会造成受害人或其亲属精神上的创伤，为平复这样的精神损害，就要求法律运用财产补偿的方法给受害人或其亲属以救济。因此公民健康权、身体权与生命权受到侵害，受害人或家属有权要求精神损害赔偿。

在审判实践中，对侵害物质性人格权而要求精神损害赔偿的，还应区分具体情况来处理。应当考虑侵害的程度是否严重、是否确实给受害人造成精神痛苦、该痛苦与加害人的侵权行为之间的因果关系、对其物质损害的赔偿是否已能平复其所遭受伤害等情况进行综合分析，对确有必要给予精神损害赔偿的，可以酌情判处。在本案中，被告京华医院在治疗时误将原告的右侧卵巢切除，侵害了原告的身体健康权。由于卵巢组织对女性的生长发育起着至关重要的作用，因此被告的侵权行为将严重影响原告今后的生活质量，给其造成精神上的压力与痛苦，仅仅赔偿其物质上的损失已不能平复其所遭受的精神伤害。尽管现在原告为未成年人，对卵巢组织被切除的后果尚无认识，但随着原告年龄的增长与身体的发育，身体残疾给其带来的精神痛苦是必然会发生而无法避免的，因此必须给予一定的精神损害赔偿。

拒绝收治危急患者造成严重后果之诉

案情简介：

2003 年 4 月 25 日下午，原告田某和张某 8 岁的儿子张兵在玩耍时不慎吞下笔帽，当时呼吸急促，脸色发白。田某夫妇见情况不妙，立即将孩子送往某人民医院进行抢救。在耳鼻喉科，一位实习医生开了透视单，透视结果很快便出来了，证明是气管异物。实习医生知道情况严重，立刻去找值班大夫任某。但任某离开了自己的岗位，此时并不在医院，而在不远处的家中看电视。实习医生将情况说明之后，任某很不高兴："没有床，不能救，叫他们走。"后来孩子的大舅也赶到任某的家中哀求。约 20 分钟后，任某穿上白大褂，不急不忙地赶到了医院。此时，孩子的病情更为险恶了。他不停地蹦跳，脸色青紫，呈现出缺氧状态。但任某没有对孩子立即进行检查和治疗，连科室的门都未进，靠在门框上，只对孩子的父母说："我说过了，没有床，你们走吧。"孩子的父母苦苦哀求，甚至不惜下跪，任某仍是无动于衷，不予救治。田某夫妇无奈之下只好抱着儿子前往山西医学院第一附属医院。在途中，孩子停止了呼吸，心跳也无法探测到。到山西医学院第一附属医院后，因情况紧急，来不及进手术室或病房，医生就在地板上进行手术，医生用一把连消毒都来不及做的剃胡子的普通刀片切开孩子的喉部，再用一个普通的钳子将那个卡在孩子喉咙处一个多小时的笔帽取了出来。笔帽虽然取出，但因为窒息的时间过长，孩子仍然没有心跳和呼吸。经过人工呼吸，20 分钟后，孩子的心跳渐渐恢复，但仍没有呼吸。继续抢救十几个小时后，孩子的呼吸才慢慢恢复正常。但孩子仍然因为脑部长时间缺氧，而成了植物人。

事发后，任某拒绝治疗，贻误抢救时机造成严重后果的行为在当地引起了强烈的义愤。省人民医院也对任某做出了内部处分：停职检查，劝其调离，并为田某一家支付了一定的医疗费用。省人民医院于 2004 年 9 月向省医疗事故鉴定委员会提出申请，要求进行医疗事故鉴定，以澄清责任。省医疗事故鉴定委员会的鉴定结论是：这一事件属医疗意外而不构成医疗事故。2004 年 11 月，田某向山西省人民检察院控告医生任某犯有玩忽职守的渎职罪，同时以人身侵权为由，将省人民医院和医生任某告上法庭，要求支付医疗费用。

法院判决：

山西省太原市中级人民法院经审理认为，抢救危急患者是医疗机构的职责所在，这既是《执业医师法》和《医疗机构管理条例》等卫生管理法律、法规赋予医疗机构及其工作人员的法定义务，也是作为医务工作者执业道德规范的基本要求。医疗机构无正当理由拒绝收治危急病人，本身即构成了过失，而且收治病人的行为也应当属于医疗活动的范畴，按照《医疗事故处理条例》的规定，医疗机构拒绝收治危急病人并造成患者严重不良后果的，其医疗行为构成医疗事故。在本案中，原告田某之子误吞笔帽前往被告处抢救，被告负有抢救的义务，而被告山西省第一人民医院拒绝收治生命垂危的患者，导致患者变成植物人这一严重后果，医院的行为构成医疗事故。因此，医院具有不可推卸的责任，应当承担患者的经济损失和精神损失。根据《医疗事故处理条例》第二条、第四条、第四十九条、第五十条，《中华人民共和国民事诉讼法》第一二八条之规定，判决如下：

由被告赔偿原告经济损失15万元，精神损失6万元。

本案评析：

1. 医疗事故的认定以及医疗事故的构成要件

患者在医疗机构就诊医疗的过程中，可能会与医疗机构发生各种各样的纠纷，这些纠纷不一定都属于医疗事故。例如，患者到医院看病，因楼道走廊地面有水迹导致摔伤骨折，遂与医院发生纠纷。因患者摔伤不是医疗活动所致，故不能归为医疗事故。那么，什么叫医疗事故呢？根据《医疗事故处理条例》第二条规定："本条例所称医疗事故，是指医疗机构及其医务人员在医疗活动中，违反医疗卫生管理法律、行政法规、部门规章和诊疗护理规范、常规，过失造成患者人身损害的事故。"例如，某患者甲因咽痛伴随发热到某医院就诊，医生诊断为扁桃体发炎，处方肌注青霉素。后来注射室护士要为甲做皮试时，甲对护士说自己以前注射青霉素从未有过过敏现象，做皮试也是多挨一针，况且做皮试太疼了，这次就别做皮试了，保证没问题。护士在其一再要求下，就没做皮试而直接给甲注射了青霉素。结果甲发生过敏性休克，终因抢救无效死亡。在这个案例中，责任人是医院的护士，属于医务人员；患者甲到医院就诊看病，护士按照大夫的处方为甲注射青霉素，属于医疗活动；护士不经过做皮试而直接给患者注射青霉素，显然属于违反相关法律规定的行为；对于不经过做皮试而直接给患者注射青霉素，护士在主观上轻信不会发生患者过敏死亡的情况，这属于过失；护士的过失行为导致患者甲死亡的严重后果。这个案例可以说是典型的医疗事故。

因此，构成医疗事故需要哪些要件？根据《医疗事故处理条例》第二条规定的医疗事故的概念，医疗事故的构成要件包括以下几个方面：

（1）医疗事故的责任主体必须是医疗机构及其医务人员

其中医疗机构是指依照《医疗机构管理条例》的规定取得《医疗机构执业许可证》的机构，主要是各级各类医院，也包括卫生防疫站、保健站和取得《医疗机构执业许可证》的县级以上城市从事计划生育技术服务的机构；医务人员是指经过考核和卫生行政机关批准或承认并且依法取得执业资格的医疗卫生专业技术人员，包括医生、护理人员和其他技术人员。医疗事故发生在医疗机构及其医务人员的医疗活动中，这说明不但对责任主体有严格的限制，并且要求事故是发生在主体合法的医疗活动中。例如某医院的一名护士丁某星期日在家休息，其邻居王某因感冒带着自己在药店购买的注射药液和一次性注射器到丁某家，请丁为其注射。结果丁在注射时不慎将针头折断在王某体内，后经手术才取出。在这个案例中，虽然主体是医务人员，但治疗不是发生在合法的医疗活动中，因此不属于医疗事故。

（2）主体行为的违法性

导致发生医疗事故的直接原因就是主体行为的违法，即医疗机构及其医务人员违反了卫生管理法律、行政法规、部门规章和诊疗护理规范、常规。我国目前已经颁布实施的医疗卫生管理方面的法律、行政法规主要有：《中华人民共和国执业医师法》《中华人民共和国药品管理法》《中华人民共和国传染病防治法》《中华人民共和国母婴保健法》《麻醉药品管理办法》《医疗机构管理条例》《血液制品管理办法》等。卫生部门以及相关部门还制定了一大批部门规章和诊疗护理规范、常规，如《医院工作制度》《医院工作人员职责》《中华人民共和国护士管理办法》《临床输血技术规范》等。这些法律、行政法规、规章、规范是医疗机构和医务人员的工作依据和准则，在医疗活动中应当严格遵守。违法行为可分为作为和不作为两种基本形式：作为是指主体以积极的行为去实施法律规范所禁止的行为；不作为是指主体有义务实施并且能够实施某种行为，而消极地不去实施自己应当履行的义务的行为。一般情况下，医疗事故都是因为主体的作为造成患者人身损害。也有以不作为形式表现的，比如医务人员应当履行救死扶伤的法定义务，如果急诊室的值班医生在遇有危重患者时拒绝进行抢救而造成严重不良后果，这就是一种情节比较恶劣的不作为形式，如果导致患者不良后果的，医院的不作为就构成医疗事故。

（3）过失造成患者人身损害

发生医疗事故，其后果就是主体的违法行为过失造成患者人身损害。医务人员对于造成患者人身损害这一后果的发生在主观上是一种过失的心理态度。这里所说的过失，是指医务人员应当预见自己的行为可能产生造成患者人身损害的后果，因为疏忽大意而没有预见或者已经预见而轻信能够避免的心理态度。如果是医务人员不能预见的情况，比如医疗意外，则不构成过失。过失分为疏忽大意的过失和过于自信的过失。疏忽大意的过失是指医务人员应当预见自己的行为可能产生造成患者人身损害的后果，因为疏忽大意而没有预见，以致产生这种后果的心理态度。例如某医院外科病房护士，在给患者打针时，误将应注射给患者甲的青霉素注射给了患者乙，而患者乙从未注射过青霉素，结果导致乙发生过敏性休克，经抢救无效死亡。该护士在注射青霉素前没有按规定核对患者的姓名和床号，注射时她应当预见到可能会打错针以致发生严重后果，但由于疏忽大意而没有预见到，以致产生患者死亡的严重后果。该护士在主观上属于疏忽大意的过失。过于自信的过失是指医务人员已经预见到自己的行为可能会使患者产生不良后果，但轻信能够避免以致发生这种不良后果的心理态度。在本案中该护士对患者死亡这一后果所持的心理态度就是过于自信的过失。过失和故意是相对的，如果是医务人员的主观故意造成患者人身损害的结果，那么就不是医疗事故了，而是构成了故意伤害罪或者故意杀人罪。另外过失行为要造成患者人身损害的后果，如果仅仅有过失，尚未造成对患者的人身损害，还不构成医疗事故。所以是否有人身损害的后果，也是判断是否属于医疗事故的一个至关重要的标准。关于人身损害的程度，《医疗事故处理条例》并未做明确的限定，但根据《医疗事故处理条例》第四条的规定，应包括患者死亡、重度残疾、中度残疾、器官组织损伤导致严重功能障碍的，轻度残疾、器官组织损伤导致一般功能障碍的以及其他明显人身损害后果的。

（4）医务人员的过失行为和患者人身损害之间具有因果关系

医务人员的过失行为和患者人身损害之间是否具有因果关系，也是判定医疗争议是否属于医疗事故的一个重要方面。如果仅有过失行为，未造成患者人身损害，或者仅存在患者人身损害的后果，但医疗机构和医务人员并没有过失，都不能判定为医疗事故。只有查明医务人员的过失行为和患者人身损害后果之间存在着因果关系时，医疗机构和医务人员才承担相应的法律责任。并且这种因果关系的判定，还关系到追究医疗机构和医务人员的责任确定和对患者的具体赔偿数额等问题。在一般的医疗案件中，这种因果关系并不难判断，例如外科医生在为患者做手术时，因为粗心大意将手术用的纱布遗忘在患者的腹腔内，导致患者腹腔感染出现腹膜炎，这属于简单的一因一果关系。但是在许多案件中，由于患者病情的复杂性、体质的差异性和医务人员的技术水平以及其他一些人为的原因，事故的发生多属于多因一果，要查明事故的因果关系就需要科学的分析和论证，确定主体的责任程度。

上述四个条件是构成医疗事故的必备条件，缺少任何一个条件，均不构成医疗事故。

2. 患者上医院求诊，医院的医生不接受患者求诊导致患者死亡，医院应当承担责任。

在本案中，医生任某对田某的儿子没有实施任何救治行为，并一再要求他们去别的医院。从表面上看，一方面，任某没有实施救治行为，因此医疗单位与患者之间的合同没有成立，从而医院就不用承担违约责任；另一方面，任某没有主动作为，没有实施侵权行为从而医院也不用承担侵权责任。似乎这一起从道德上看来极不合理的事件，从法律上看来是合理的。其实不然。无论从合同法上，还是从侵权法上去分析，医院都应当承担责任。

从合同法上进行分析，医院应当承担缔约过失责任。缔约过失责任规定于我国《合同法》第四十二条，是指在合同缔结过程中，一方当事人违反了以诚实信用原则为基础的先契约义务，造成了另一当事人的损害，因此应承担法律后果。缔约过失责任属于广义的合同责任。它发生在合同缔结的过程中，只要当事人之间已由一般民事主体间的关系进入特定的权利义务关系中即可。在本案中，田某夫妇抱着儿子进入人民医院，他们与医院之间已经进入了特定的权利义务关系之中，虽然由于医生任某的拖延，双方并没有最终订立合同，但双方之间的这种特定关系仍然是存在的。缔约过失责任的基础是由诚实信用原则派生出来的先契约义务。所谓先契约义务，是指在合同成立前的缔约过程中，当事人依据诚实信用原则而应负的通知、协力、保护及保密等义务。就医疗单位和患者之间而言，最重要的就是一种保护义务。医疗单位有义务保护患者及其家属在医院中的一定的安全。本案中任某袖手旁观就是违反了医疗单位的这种保护义务。因为任某违反了这种保护义务而使患者最终耽误了救治的时机，造成患儿成为植物人的恶劣后果，任某在这一事件中具有重大的过失。作为一名有经验的医生，在明知气管异物是急诊中的急诊，必须争分夺秒地进行抢救的情况下，仍然进行拖延，他对事件的最后发生具有不可推卸的过失。综上，医生任某实施的行为已经符合了承担缔约过失责任的构成要件。基于任某实施的是职务行为，其责任由医院最终承担，即医院需承担缔约过失责任，应对田某和张某的损害进行赔偿。赔偿一方面表现为对医疗费的支付，另一方面植物人属于严重残废，医院还应对此进行赔偿。

以上是从合同法上进行分析，从侵权法上而言，医院应当承担侵权责任。承担侵权责任以具有侵权行为为前提。侵权行为是侵害他人合法权益的行为，一般而言，侵权行为都是一种积极的作为，即实施某种行为。但并非所有的侵权行为都是积极的作为。不作为同样可能构成侵权行为，但这种不作为的侵权行为的成立一般以负有某种特定的法定义务为前提。在本案中，医生任某虽然没有实施救治行为，不构成作为的侵权行为，但正是他这种不作为，构成了侵权行为。因为对医生来说，尤其是对正在医院中值班的医生来说，他有一个法定的义务，即救治前来治疗的患者。这种法定义务是由医生特定的职责所要求的，不能以任何借口加以免除。而本案中，任某身为值班医生，以“没有床”为由拒绝对患儿进行治疗，姑且不论床的问题是真是假，仅是他的这种不救治行为本身就构成了侵权行为。再加上任某实施侵权行为时的过失及因其侵权行为给患儿及其家属带来的损失，医院应为其职工任某的行为承担侵权责任，对田某夫妇进行损害赔偿。医疗费及对残疾的赔偿自不待言，此外，医院还应当给予田某夫妇以精神损害赔偿。儿子成为植物人，作为父母，精神上自然会遭到打击，精神上的损害也是必然存在的，给予适当的精神损害赔偿费也是合情、合理、合法的。

综上，医院构成了缔约过失责任和侵权责任的竞合，田某夫妇可以在这两种责任中选择一种要求医院予以承担。应该说，要求医院承担侵权责任对田某夫妇而言更为合适一些，因为要求医院承担侵权责任，可以获得一定的精神损害赔偿。但无论田某夫妇选择何种责任要求医院承担，医院所应当赔偿的都不应当仅仅是医疗费而已，还包括其他方面的经济损失。

未依法履行转诊义务医疗机构赔偿案

案情简介：

原告张某从建筑工地的脚手架上摔下，被送到山东省某人民医院接受治疗，入院症状为：腰部疼痛，双下肢活动障碍，无恶心呕吐现象。经腰椎 CT 检查及 X 线检查，拟诊为“胸 12 骨折伴截瘫”。因当时山东省某人民医院骨科没有病床，急诊给予留置导尿、镇痛后，转到山东省某人民医院的协作医院某黄光医院观察治疗（某黄光医院没有相应的骨伤治疗条件）。3 日后，原告张某由某黄光医院转回山东省某人民医院骨科接受治疗。入院后经体征检查，初步诊断为：（1）胸 12 腰 1 脊椎爆裂骨折——脱位伴完全性截瘫；（2）胸11—12 肋骨骨折；（3）右侧腰 1—5 横突骨折。山东省某人民医院给予留置导尿、脱水剂、激素等治疗。此后，在化验检查中发现血钾含量低，给予了补钾治疗。经术前准备，在家属签字同意后，山东省某人民医院在全身麻醉情况下为原告张某实施了胸 12、腰 1 后路切开复位、椎管减压、植骨、钢板内固定手术。术后给予抗炎、补液、输血等治疗。

原告张某出院后，脐平面以下深浅感觉消失，双下肢肌力为 0—，经鉴定为二级伤残。原告张某向当地卫生行政部门提出医疗事故处理申请。卫生行政部门委托当地医学会进行医疗事故技术鉴定，鉴定结论为：山东省某人民医院手术的指征明确，手术方式正确，脊椎损伤预后，由脊椎损伤的原始程度起主导作用，与手术时间的早晚无直接因果关系，不属于医疗事故。但山东省某人民医院未将原告张某病情的严重性和预后向患者完全交代清楚。原告张某对鉴定结论不服，向卫生行政部门提出再次鉴定申请。卫生行政部门委托省医学会进行再次鉴定。省医学会做出的再次鉴定结论认为：1. 根据首诊医师病历记载及 CT 检查，可以确诊原告张某患有脊椎骨折伴脊椎损伤。山东省某人民医院将原告张某转到不具备此病医疗条件的医疗机构，违反了首诊医师负责制，同时也不利于对原告张某的治疗，属于医疗过失行为。原告张某住院治疗后，山东省某人民医院择期手术及手术方案是恰当的，未违反医疗常规。2. 脊椎损伤有原发性损伤及继发性损伤。原告张某到山东省某人民医院急诊时，未做脊椎核磁共振扫描检查，脊椎原发损伤程度不明确，但根据首诊病历记载及 CT 检查可以判断脊椎原发损伤是非常严重的。原告张某当日检查提睾反射存在，目前提睾反射未引出，有可能存在继发性脊椎损伤。脊椎一旦损伤无法修复，手术治疗仅起清除血肿、解除压迫、骨折固定等作用。原告张某目前截瘫主要是由原发损伤所致，转院过程中可能发生的继发性损伤属于轻微医疗责任。

原告张某向当地人民法院提起诉讼，认为：自己摔伤后即到山东省某人民医院治疗，山东省某人民医院没有及时做手术，延误对自己的治疗，造成自己终身残疾，要求山东省某人民医院赔偿误工费、护理费、残疾生活补助费、残疾用具费、住院伙食补助费、被抚养人生活费、精神损害抚慰金等共计 20 万元。

山东省某人民医院认为，该院在收治原告张某入院后，即对原告张某的生命体征进行了各种检查，原告张某的残疾不是该院的医疗行为所引起的。当时因病床不够才临时将原告张铁林转到某黄光医院，但有病床后及时将其转回治疗，并择期手术，手术不存在延误的问题。原告张某手术的指征明确，手术方式正确。因此，该院在对原告张某的治疗中不存在过错，请求人民法院依法判决驳回原告张某的诉讼请求。

法院判决：

山东省某人民法院经审理认为，根据两级医学会的鉴定结论，原告张某目前截瘫主要是由原发损伤所致，与手术时间的早晚无直接因果关系，转院过程中可能发生的继发性损伤属于轻微医疗责任。山东省某人民医院手术的指征明确，手术方式正确，本案不属于医疗事故。因此，原告张某所受的人身损害后果的主要责任应当由原告张某自行承担。山东省某人民医院未将原告张某病情的严重性和手术后的风险向患者完全交代清楚。在没有治疗条件的情况下，未依法履行其转诊义务，即及时将原告张某转到或者劝导其转到有治疗条件的其他医院，而是将原告张某转到没有治疗条件的协作医院观察治疗，使原告张某丧失了及时治疗的条件和时机，并且在转院的过程中有可能造成继发性损伤，但被告却违反职业道德不去预见此种情况的发生，因此，山东省某人民医院的行为违反了相关的医疗法律、法规的规定，主观上具有过错，应当对原告张某的人身损害承担次要责任。最后，人民法院依法判决由被告山东省某人民医院赔偿原告张某经济损失 12000 元。

本案评析：

《医疗机构管理条例》第三十一条规定："医疗机构对危重病人应当立即抢救。对限于设备或者技术条件不能诊治的病人，应当及时转诊。"上述法律规定确立的是医疗机构的转诊义务。所谓转诊义务，是指医疗机构对其专业领域之外的患者或者超出治疗能力的患者及时转送到有治疗条件的其他医疗机构的义务。转诊义务是医疗机构的一项法定义务。转诊义务之所以产生，是从医疗机构必须对患者忠诚、最大限度为患者利益考虑这一前提派生的。因为患者对医疗机构的治疗效果都抱有合理的期待，在自己不存在相应的治疗能力的情况下，不能满足患者的合理期待时，医疗机构理应将患者转到有治疗条件的其他医疗机构，以最大限度地保护患者的生命健康，满足患者的期待权。但在现实生活中，出于竞争的需要，有的医疗机构并不向患者交代病情的严重性，甚至是有意识地隐瞒自己的医疗能力的缺陷和患者病情的严重性，目的就是留住患者在本院治疗。这些都是违反法定转诊义务的行为，应当严格禁止。

在本案中，原告张某在摔伤后到山东省某人民医院接受治疗，虽然当时是按照急诊收治并按急诊进行处置、检查，并无不当，但根据当时各种检查可以得出原告张某的损伤程度已经是极为严重的结论，在当时山东省某人民医院骨科限于客观条件无法将原告张某及时收治入院的情况下，山东省某人民医院应当尽说明的义务，对患者或其家属说明病情的严重性，建议患者及时转院。如患者或其家属不愿转院，也应该向他们说明医院目前的困难和不及时转院的后果，如患者坚持不转院，对由此造成的后果医院方可免责。

但在本案中，在山东省某人民医院进行 CT 检查已经发现“胸 12 骨折伴截瘫”的情况下，该院医生理应意识到有可能会因此造成继发性脊椎损伤，在山东省某人民医院没有治疗条件的情况下，应当及时将原告张某转院或劝导其转院，但山东省某人民医院没有履行上述职责，而是将原告张某转到没有治疗条件的协作医院——某黄光医院进行观察治疗，使原告张某丧失了及时治疗的条件和时机，并且在转院的过程中可能造成继发性损伤。山东省某人民医院违反了医疗法律、法规的规定，主观上具有过错，应当承担相应的损害赔偿责任。但在因医疗机构未尽法定义务而追究其民事责任时，不能一概而论地均由医疗机构对患者承担全部赔偿责任，而应该实事求是地分析医疗机构违反该义务的行为在造成损害后果中的原因，从而准确确定医疗机构应承担的侵权赔偿数额。

在本案中，原告张某由于高空坠落导致脊椎损伤，根据现代医学理论，脊椎损伤的治疗效果由脊椎损伤的原始程度起主导作用，与治疗时间的早晚无直接因果关系。因此，原告张某最终的伤残主要是由脊椎爆裂骨折——脱位伴完全性截瘫这一本身的严重病情引起的，也即损害后果的主要原因力是其本身的病情，而不是医院的过失。因此，原告张某所受的损害应当由其本人承担主要责任，由山东省某人民医院承担次要责任。

医疗机构未采取相应措施之诉

案情简介：

2004 年 7 月 31 日上午 8 时 55 分，原告焦某某之妻马某某因患感冒发烧到被告北京市大兴区新华医院（以下简称“被告医院”）就诊。在该医院门诊输液、用药治疗过程中，患者马某某于当日 13 时 23 分猝死，死时出现全身青紫现象。经患者马某某门诊病历显示曾有多种药物过敏史。原告焦某某对其妻死亡的原因曾向该医院领导提出质疑，但被医院领导推诿去找主管医生。当晚，原告焦某某将妻子的尸体运至殡仪馆。8 月 6 日，被告医院对马某某死亡做出如下鉴定结论：1. 诊断意见：高热原因待查，猝死原因待查。2. 非医疗事故。原告焦某某对此结论提出异议，于是原告焦某某与被告一起向北京市医学会申请医疗事故技术鉴定。但由于治疗的药品、残液、器械未作封存，且 48 小时内未做尸检，丧失了鉴定条件，故原告焦某某的鉴定申请未被北京市医学会受理。8 月 14 日原告焦某某无奈之下将妻子尸体火化，共花去丧葬费 1650 元、交通费 180 元。后原告焦某某向北京市大兴区人民法院提起诉讼，要求被告医院依法承担其妻死亡的经济损失。

原告焦某某认为，我妻子马某某因感冒发烧到被告医院接受治疗，病人在用药后出现危险，加之被告医院抢救不及时，致我妻子猝死。后要求医院对事故做出结论，但医院却故意销毁所用药品、残液，并推诿扯皮，故意错过尸检时间，且拒不提供有关治疗材料，导致丧失鉴定条件，致使北京市医学会无法鉴定。从上述医院的行为可知，被告医院存有全部医疗过错，为了掩人耳目，被告医院故意销毁所用药品、残液，导致鉴定条件丧失，更能说明医院的医疗行为存有严重过失。因此，被告医院应当承担损害赔偿损失，故诉求法院判决被告赔偿经济损失和精神损失 102115 元。

被告医院认为，患者马某某就诊出现病危时，我方医院已经采取积极抢救措施，虽未抢救成功，但抢救程序并无不当。患者死亡后，我方询问原告有无异议，原告未提出异议，但 8 月 4 日，我方才接到原告书面异议，但此时已超过尸检规定时间，并非我方故意拖延错过有效解剖时间。综上，我方医院不存有任何过失，故我方不应承担赔偿责任。

法院判决：

北京市大兴区人民法院经审理认为，原告之妻到被告医院就诊治疗，双方之间形成医患关系。被告医院在为马某某输液、用药治疗中，患者出现异常并导致猝死。在死亡原因不明情况下，被告应当预见可能发生医疗事故或事件，本应妥善封存保留治疗所使用的药品、残液及器械，并在原告对死因提出质疑的情况下，及时申请提出尸检，但其却未采取相关措施，导致丧失鉴定条件，且在庭审时仍拒绝提交相关原始材料，故对本案纠纷负有主要责任。原告在其妻死因不明并存有疑问的情况下，亦应在48小时内提出尸检要求，而未提出，也负有次要责任。依照《中华人民共和国民法通则》第一一九条和《医疗事故处理条例》第十六条、第十七条、第十八条之规定，判决如下：

1. 由被告赔偿原告之妻死亡补偿费23646. 07元。

2. 由被告赔偿原告精神损害抚慰金7000元。

3. 被告赔偿原告之妻丧葬费1650元，交通费180元，共计1830元（该项被告已支付）。

4. 原告的其他诉讼请求不予支持。

本案评析：

1. 发生医疗事故后，医务人员应当履行报告义务以及封存和启封有关病历资料。

《医疗事故处理条例》第十三条规定："医务人员在医疗活动中发生或者发现医疗事故、可能引起医疗事故的医疗过失行为或者发生医疗事故争议的，应当立即向所在科室负责人报告，科室负责人应当及时向本医疗机构负责医疗服务质量监控的部门或者专（兼）职人员报告；负责医疗服务质量监控的部门或者专（兼）职人员接到报告后，应当立即进行调查、核实，将有关情况如实向本医疗机构的负责人报告，并向患者通报、解释。"《医疗事故处理条例》之所以明确规定医疗事故或事件发生后要立即报告，是因为：

（1）发生医疗事故或事件后，应尽最大可能减轻事故或事件给患者带来的不良影响。立即报告科室负责人和医疗服务质量监控部门或者人员，便于及时组织力量，采取积极有效的补救措施，以减轻事故或事件的最终后果。

（2）掌握第一手资料和证据，是对医疗事故或事件做出准确鉴定和判断性质以正确处理的前提条件。这就要求医疗机构妥善保管各种与医疗事故或事件有关的原始资料及封存保留现场，以防止发生有关责任人员涂改、伪造、隐匿、销毁原始资料或破坏现场与实物的情况。只有立即报告，医疗机构才有可能及时派人员保管各种对查明案情所需的资料和封存保留现场，以避免发生某些不利于医疗事故或事件的鉴定和处理的情况。

（3）发生或者发现医疗过失行为，医疗机构及其医务人员应当立即采取有效措施，避免或者减轻对患者身体健康的损害，防止损害扩大。

（4）医疗事故或事件发生后，医疗机构和患者或其家属对事故或事件的性质及其发生的原因往往发生争议，难以统一认识，这样就要求进行技术鉴定或尸检。只有立即报告，医疗机构才能及时进行调查、处理，特别是对死亡事故或事件，及时进行尸检，以确保尸检结果的准确性。

根据《医疗事故处理条例》第十六条的规定，患者有权和医疗机构一起共同封存和启封的是主观性病历资料。主观性病历资料是记录医务人员对患者病情、治疗进行分析、讨论的主观意见的资料，从这些资料中可以反映出医务人员对患者疾病及其诊治情况的主观认识以及医务人员针对患者的疾病所采取相应医疗方案、治疗措施等行为的主观动机。因此，在医患双方发生争议需要进行医疗事故技术鉴定时，这部分病历资料对于判定是否属于医疗事故以及医疗机构的责任程度具有极为重要的作用。根据《医疗事故处理条例》第十条的规定，主观性病历资料不能复印或复制。这样，在病历资料由医疗机构保管的情况下，为了保证病历资料的真实性，防止在发生争议后病历资料被涂改或修改，对病历资料进行封存是十分必要的。同时，为了避免医患双方对病历资料真实性的质疑，也为了体现对患者权利的保护，在封存主观性病历资料的时候必须要医患双方共同在场。为慎重起见，封存时在场的医患双方当事人应具有完全民事行为能力，并且要保证双方人员均在 2 人以上。为了充分保证患者一方对病历资料的权利，在对封存的主观性病历资料进行启封时，也要有患者一方的人员在场。

《医疗事故处理条例》第十七条规定："疑似输液、输血、注射、药物等引起不良后果的，医患双方应当共同对现场实物进行封存和启封，封存的现场实物由医疗机构保管；需要检验的，应当由双方共同指定的、依法具有检验资格的检验机构进行检验；双方无法共同指定时，由卫生行政部门指定。疑似输血引起不良后果，需要对血液进行封存保留的，医疗机构应当通知提供该血液的采供血机构派员到场。"所谓疑似输液、输血、注射、药物引起不良后果，主要是指引起患者死亡、残疾、组织器官损伤、功能障碍以及其他明显人身损害的结果。当怀疑输液、输血、注射、药物等引起人身损害后果时，在医患双方共同在场的情况下，应立即对输液器、注射器、残存的药液、血液、药物以及服药使用的器皿等现场实物进行封存，同时需要封存的还有同批同类物品，以便检验时做对照检验。封存物品送检启封时，也要双方当事人共同在场，在场的双方当事人应具有完全民事行为能力，均保证在 2 人以上。为了保持封存物品的初始状态，保证检验结果的客观、真实、公正，封存物品的保存需要具备一定条件，如无菌、冷藏等，因此规定了由医疗机构保管封存物品。

需要特别注意的是，如果疑似输血引起不良后果，需要对血液进行封存保留。这是因为血液本身不能像药品一样批量生产，而且血液的质量涉及医疗机构和采供血机构中的多个环节，包括了血液采集、检验、分离、包装、贮存、运输、使用等，而输血引起不良后果可能由上述任何一个环节引起。因此，为了保证结论的客观、公正、实事求是，明确责任，对疑似输血引起不良后果需要对血液等标本进行封存时，医疗机构还应当通知提供该血液的采供血机构派员到场。如短时间不能到达现场的，应先由双方当事人共同对血液和输血器具进行密封，并在适宜条件下暂存，待采供血机构人员到场后，由三方共同封存。

2. 在本案中，被告医院未采取相应措施，致使本案丧失鉴定条件。导致鉴定机构没有出具医疗事故技术鉴定结论。当事人向法院起诉索赔。法院对本案应当受理。

在医疗损害赔偿案件当中，医疗事故鉴定解决的不是医疗损害赔偿争议本身，解决的是医疗单位应否负赔偿责任的证据问题，即医疗事故技术鉴定结论属“鉴定结论”这种证据。任何证据都必须经过庭审质证予以核实，并根据与待证事物的关联性而决定是否作为定案的依据。由此可见，证据的产生或者取得方式，只涉及证据的来源、证明力大小和公信力如何，而不应当对案件的立案受理产生影响，也不能作为民事案件受理上的前置程序。最高人民法院《关于对医疗事故争议案件人民法院应否受理的复函》指出：“当事人仅要求医疗单位赔偿经济损失而向人民法院提起诉讼的，法院应当依照民事诉讼法的规定，按民事案件立案受理。”可见，提请医疗事故鉴定委员会鉴定是选择性的，而不是必要性的。本案原告仅要求赔偿损失，并选择了民事诉讼，那么只要符合《民事诉讼法》第一〇八条规定的起诉条件，法院就应当受理。如果当事人在没有申请鉴定的情况下法院不予受理，强调必须经过鉴定法院才能立案，将鉴定作为法院立案受理的前置程序，则不利于保护当事人的合法权益。综上，在本案中，被告医院未采取相应措施，致使本案丧失鉴定条件，导致鉴定机构没有出具医疗事故技术鉴定结论，当事人向法院起诉索赔，法院对本案应当立案受理。

在本案中，另一争议的焦点问题是被告医院是否应当承担原告的赔偿责任。根据本案的具体事实，被告医院已经销毁所用药品以及所用药品的残液，客观上已经丧失了鉴定条件，根本不可能再做出医疗事故鉴定，就只能根据被告医院在医患关系中的义务以及在医疗中的职责来具体评定其医疗行为是否正当。在本案中，被告医院对患者在医疗过程中发生猝死，有封存保管现场实物的义务和及时申请尸检的义务，但被告医院不仅不履行上述义务，反而及时销毁所用药品以及残液，导致鉴定机构无法做出科学的鉴定结论，同时也导致马某某死因不明，从被告医院的不作为的行为中，可以推定其具有过错，因为这是义务人不履行义务必须要承担的风险后果。根据《医疗事故处理条例》第十八条第三款规定：“医疗事故争议双方当事人可以请法医病理学人员参加尸检，也可以委派代表观察尸检过程。拒绝或者拖延尸检，超过规定时间，影响对死因判定的，由拒绝或者拖延的一方承担责任。”同时，由于医院是专业单位，在处理专业问题上必须尽专业人员的注意义务，患者及其家属没有这种注意的义务，因此，不能要求本案原告也尽相同的注意义务，并以原告未尽到这种注意义务而使其负有一定的责任。根据本案事实，应当说原告已尽到了一个普通人的注意义务，不应承担尸检超过规定时间所造成的责任。综上，在本案中，被告应当对自己的不作为的行为承担原告的赔偿责任。

医疗机构未经死者家属同意擅自解剖尸体之诉

案情简介：

患者刘某因患疾病到被告湖北省新华人民医院（以下简称“新华人民医院”）住院治疗。2002年12月，患者刘某因败血症、多脏器功能衰竭死亡。被告新华人民医院在对患者刘某进行治疗期间，曾会同其他医院的专家对患者刘某的病情进行会诊。在会诊时，专家对患者刘某的病情有不同意见。在此期间，患者刘某的病情恶化。患者刘某的家属怀疑新华人民医院的诊断和治疗有误，向院方提出：在患者刘某死后，有外医院专家参加和患者刘某的家属在场，对患者刘某的尸体进行解剖检验，以查明死因。被告新华人民医院对患者刘某家属的要求未给予明确答复。在患者刘某死亡的当天，被告新华人民医院在没有办理完备尸检手续的情况下，由该院医务人员对患者刘某的尸体进行解剖检验，并取出心、肝、肺等脏器留作研究之用。患者刘某的家属在得知患者刘某的尸体被解剖后，甚为不满，与院方发生争执，遂于2003年8月向当地人民法院提起诉讼，原告在起诉状中诉称：被告新华人民医院在死者没有遗嘱、未经家属同意、未办理合法手续的情况下，擅自将患者刘某的尸体解剖并取出了部分脏器作为标本，被告新华人民医院的行为已经构成侵权，应当依法承担赔偿责任。现要求法院判决被告新华人民医院返还死者的遗体及脏器，赔偿因侵权而造成的经济损失和死者家属的精神损害抚慰金并向死者家属赔礼道歉。

被告新华人民医院认为，我院对患者刘某的尸体进行解剖，是因其家属在患者刘某病危时多次要求，并经领导批准，手续是完备的，符合尸体解剖规则。患者刘某家属提出解剖尸体时自己必须在场，因不符合医院医疗工作制度，我院领导当即予以否决，当时患者刘某的家属未表示有异议，应视为默认。我院取出患者刘某尸体的脏器是检验死因的必经程序，没有改变患者刘某的亲属对患者刘某的尸体的支配权。因此，不能将正常的病理解剖认定为侵权。患者刘某的家属无端指控我院侵权，损害我院名誉，给我院造成了经济损失，故反诉要求患者刘某的家属承认错误、赔礼道歉、停止侵害，并支付患者刘某遗体的停放费。

法院判决：

湖北省蕲春县人民法院经审理认为，患者刘某的家属对死者刘某的尸体享有处分权。在本案中，患者刘某的家属对被告新华人民医院对患者刘某进行的诊断和治疗有异议，向新华人民医院提出患者刘某死后进行尸体解剖的要求，同时又提出有外医院的专家在场和患者刘洪的家属在场的条件。但新华人民医院既未答应患者刘某家属提出的条件，也未按照有关规定办理尸体解剖手续，在患者刘某家属对该院的诊断和治疗提出异议的情况下，擅自对患者刘某的尸体自行进行解剖，并将死者尸体内的心、肝、肺等脏器取出，其行为不符合《医疗事故处理条例》的有关规定，也违反了卫生部发布的《解剖尸体规则》，侵犯了患者刘某家属对患者刘某尸体的处分权。被告新华人民医院应当将从患者刘某尸体内取出的脏器全部返还给患者刘某家属。而且被告新华人民医院的侵权行为给患者刘某家属精神上造成了损害，应当给予适当的精神损害赔偿。被告新华人民医院提出的反诉请求证据不足，理由不充分，不予支持。最后人民法院判决被告新华人民医院依法赔偿死者家属经济损失和精神损失合计 2 万元，并返还从尸体内取出的脏器。

本案评析：

1. 在本案中，被告新华医院在未经死者家属在场的情况下解剖死者尸体。其行为构成擅自解剖尸体。

根据我国现有法律、法规和规范性文件的规定，尸体解剖检验共有三种：法医学解剖检验、医疗事故或事件解剖检验和病理解剖检验。这三种尸体解剖检验的性质、目的都不相同，具体实施的主体和程序以及死者亲属的权利也不同。在本案中，被告新华人民医院对患者刘某的尸体进行解剖后，取出心、肝、肺等脏器留作研究之用，因此，其对患者刘某的尸体进行的解剖检验属于病理解剖检验。根据卫生部发布的《解剖尸体规则》第二条的规定和后来卫生部对该条的解释，病理解剖检验仅适用于“有科学研究价值者”，即“为罕见的疾病或疾病发展过程与常规不符的”等疾病时可以进行解剖。但在施行病理解剖检验时，“一般应先取得家属或单位负责人的同意。但对享受国家公费医疗或劳保医疗并在国家医疗卫生机构住院病死者，医疗卫生机构认为有必要明确死因和诊断时，原则上应进行病理解剖，各有关单位应积极协助医疗卫生机构做好家属工作。”但在本案中，患者刘某的家属提出对患者刘某的尸体进行解剖检验，目的是要弄清楚新华人民医院对患者刘某病情的诊断和治疗是否有误，因此他们提出尸检时要由外医院的专家和患者刘某的亲属在场，但新华人民医院予以拒绝。在本案中，被告新华人民医院就没有遵守《医疗事故处理条例》和《解剖尸体规则》的有关规定，擅自解剖死者的尸体，其行为违背了《解剖尸体规则》第二条的相关规定，是一种侵权行为。

综上所述，在本案中，被告新华医院在未经死者家属在场的情况下就解剖死者尸体，其行为已经构成擅自解剖尸体。

2. 在本案中，被告新华医院擅自解剖尸体并留取死者脏器，其行为已经构成侵权。应当依法给予死者家属经济赔偿和精神赔偿，并返还死者的脏器。

在本案中，患者刘某的家属主张的是对患者刘某的尸体的权利。这里涉及一个问题：死者的脏器能否成为民事权利的客体以及亲属对死者的尸体享有何种权利。首先，应当看到人具有社会属性和自然属性这两方面的属性。人活着的时候，是生命的载体，具有人格权，享有民事权利，其社会属性占主导地位。因此，活着的人不能作为民法上的物，不能成为民事权利的客体，而只能作为民事主体参与民事活动。但人一旦生命结束，其民事权利能力终止，社会属性消灭，其尸体就转化成了一种纯自然的物。作为尸体的一部分的脏器，在科学发展的今天，可以用来制作标本供教学和科研之用，体现出一定的价值，这样死者的脏器就能成为民事权利的客体。同时，由于亲属与死者之间存在着血缘关系，与死者有着一种难以割断的亲情。因此，死者死后，其亲属对死者尸体享有所有权，他们可以根据死者的遗嘱或本人的意愿，将尸体献给某一医疗单位作为教学或科研之用，也可以将死者尸体火化之后留存骨灰或依良俗安葬，以寄托亲属对死者的哀思。由此可见，如何处理死者的尸体，其权利属于亲属，其他任何单位或个人无权擅自处理。

根据《民法通则》第一二〇条的规定，只有侵害公民人身权利的姓名权、肖像权、名誉权，受害人才可以请求精神损害赔偿。但在本案中，被告新华人民医院擅自解剖患者刘某的尸体并留取脏器，侵犯的是患者刘某的家属对患者刘某尸体的所有权，这种所有权就其属性来说是财产所有权，但是，侵害这种财产所有权毕竟与侵害一般的财产所有权不同。患者刘某病逝后，作为其家属本身就很悲痛，在这种情况下，被告新华人民医院不仅擅自解剖患者刘某尸体，还从尸体内取出脏器留作标本，破坏了尸体的完整性，这对患者刘洪家属在感情上无疑是雪上加霜，使他们更加悲痛，精神上受到严重损害。因此，患者刘某家属提出精神损害赔偿的请求，应当依法予以支持。

综上所述，在本案中，经查证被告新华人民医院确未经死者家属同意，即擅自解剖患者刘某的尸体并留取脏器，其行为侵犯了患者刘洪家属对患者刘某尸体的所有权。患者刘某的家属要求返还尸体和脏器并赔偿精神损失的诉讼请求，应当予以支持。在本案中，被告新华人民医院反诉请求证据不足，理由不充分，应当不予支持。

患者知情同意权之诉

案情简介：

2000年8月27日，原告罗某被诊断为“局限型B期前列腺癌”。同年10月13日在北京市朝阳区某医院施行双侧睾丸切除术，术后服用缓退瘤。后经咨询北京肿瘤医院专家，专家建议罗某前往被告北京市肿瘤防治研究所（以下简称“肿瘤所”）医治。原告罗某在专家的建议下，于2000年11月19日住进被告肿瘤所接受治疗。自进被告肿瘤所之日起至同年12月14日，罗某由被告肿瘤所的医生出具处方，确定中子剂量，照射野和定位设备，在被告中国科学院高能物理研究所（以下简称“高能所”）处利用35兆赫（MEV）质子直线加速器快中子治癌研究装置进行快中子治疗，由被告高能所工程技术人员操作设备，双方共同完成对罗某的治疗。

治疗结束后，罗某会阴部皮肤色素沉着明显，肛门口皮肤有湿性剥皮。2001 年 1 月 10 日至同年 2 月 18 日，罗某再次住进被告肿瘤所，当时的病历记载，罗某的会阴部及肛门部位湿性反应脱皮及少量渗出物。同年 7 月，罗某出现持续低热，大便黏液带血，小便不畅。2001 年 8 月 22 日，罗某住进广安门医院治疗，入院时查体见会阴部皮肤干燥发黑，肛门分泌物呈黏液脓样带血丝，骶尾部皮肤破溃有脓性分泌物，经治疗于同年 12 月 5 日出院。

2002 年 1 月，原告罗某在被告肿瘤所施行横结肠造瘘术。2 月至 5 月间，原告罗某为治疗骶尾部皮肤破溃，分别在解放军三〇四医院、海淀区皇苑医院进行中西医治疗。2002 年 5 月，罗某再次住进被告肿瘤所治疗，在此期间，发现罗某腹股沟深溃疡，同年 8 月 1 日进输尿管造瘘术。同年 10 月 12 日，被告肿瘤所为罗某彻底清除坏死的盆腔脏器后将其左腿高位截肢。

2003 年 3 月，罗某经北京市高级人民法院技术室鉴定，鉴定结果为：罗某劳动能力完全丧失，伤残率为百分之九十。罗某住院期间已支付医药费 261872. 3 元，该款由原告罗某所在单位支付，护理费 48380 元，住院期间取暖费 4689. 98 元，交通费 13747 元，购置空调费 5630 元。此外，被告肿瘤所在罗某住院期间垫付住院床位费、特护费、雇护工费及购置电动防褥疮垫、翻身架、尿垫、轮椅共 46687. 07 元。快中子治疗过程中，由肿瘤所收取罗某治疗费 3600 元，后转被告高能所 2800 元。

原告罗某就该案向北京市第一中级人民法院提起诉讼，要求二被告承担医疗损害赔偿责任。原告罗某诉称，自己因患前列腺癌到二被告处接受放疗，致身体出现严重的放射性烧伤症状，虽保住了性命，但左腿高位截肢致残，阴茎、阴囊被切除，结肠、直肠、膀胱被烧毁，结肠和双侧输管造瘘，大小便改道，骶骨处有一永久性窦道，每天有脓性分泌物排出。二被告在非医疗机构进行治疗性人体实验，给自己人身造成了不应有的损失，对损害后果依法应承担连带赔偿责任，要求二被告赔偿经济损失和精神损失费共计人民币 116. 54 万元。

被告肿瘤所辩称，对罗某所进行的快中子治疗是高能所的科研项目，也是在该所内由其专家鉴定组确定治疗方案和实施治疗的，治疗医生虽是我所人员，但他们是以专家鉴定组成员的身份进行治疗活动的，治疗费用也是由高能所收取。故对于罗某造成放射性烧伤的主要责任应由高能所承担。我所并对罗某进行了大量的抢救工作，费用支出达35万元，该部分损失亦应由高能所承担。

被告高能所辩称，我们仅提供快中子治癌临床研究的设备，病人是由专家鉴定组各位医生所在的肿瘤所收治，对患者进行快中子治癌的剂量也是由收治医生签字，填写处方，高能所的任务是按医生处方规定提供准确的中子剂量，照射野和定位设备，进行操作。且专家鉴定组的活动日程为长聚长散，不具备独立承担责任的资格。同时，罗某还在北京肿瘤所、广安门医院、解放军三〇四医院、海淀区皇苑医院做过治疗，要求对罗某身体损伤的根本原因作出鉴定。综上，我所不同意赔偿损失。

法院判决：

北京市第一中级人民法院对该案进行审理后认为，进行快中子治疗是一种高科技、高风险的活动，有关放射防护部门及专家鉴定组制定了治疗程序及要求，要求向患者或家属告知可能发生的并发症，同时要求患者签署自愿接受快中子治疗意见书，但罗某的病历无此项内容的记载，罗某也未填写意见书，被告肿瘤所、被告高能所亦未能提供有关证据，二被告侵犯了患者的知情权，对罗某的经济损失应承担相应的责任。对罗某进行快中子治疗系由肿瘤所的医生开具处方，高能所的工程技术人员操作设备，双方共同完成的。因此，高能所、肿瘤所已构成共同侵权，对罗某的经济损失应承担连带赔偿责任。肿瘤所以治疗医生是以专家鉴定组成员的身份参加治疗活动，自己只承担次要责任以及高能所以其仅提供了快中子治癌临床设备，拒绝承担责任的抗辩均不能成立。所列罗某的赔偿数额，应以对罗某造成的实际损失及伤残补助标准为限。对精神损害赔偿，因欠缺法律依据，不予支持。据此，根据《医疗事故处理条例》第二条、第四十九条、第五十条，《中华人民共和国民法通则》第一一九条之规定，判决如下：

1. 罗某在北京肿瘤医院的住院费、特护费、雇工费及肿瘤所为罗某支付的电动防褥疮垫、翻身架、尿垫、轮椅费由肿瘤所及高能所各负担二分之一；

2．肿瘤所及高能所各赔偿罗某补助费、护理费、住院期间补助费、营养费、交通费、住院期间取暖费、购置轮椅费经济损失91364．17元；

3．上述一、二项，肿瘤所及高能所承担连带责任，均于本判决生效后三十日内执行；

4．驳回罗某的其他诉讼请求。

一审宣判后，罗某以精神损失应当得到赔偿为由提出上诉。

北京市高级人民法院经审理认为，法律保护高科技的发明、发展和应用。核医学的临床试验应当经过国家卫生主管部门及相关机构的批准，并制定严格的医疗责任和制度。经高能所和相关医疗部门共同推荐试用的快中子治癌措施及其设备，已经过国家级鉴定，北京市放射卫生防护所亦同意开展该项目的临床试验。自试验至今已实际形成了临时性的医疗试验组织——专家鉴定组，亦实际形成了由医疗单位组织患者，由高能所操作设备的非正规的治疗过程。但是，该专家鉴定组相应的医疗制度、责任尚未确立，对患者的医疗损害责任不清、无章可循。罗某因医治前列腺癌被肿瘤所医生推荐使用快中子治癌方案，且该医生又是快中子治癌专家鉴定组成员，故应当认定其与该医学试验组织有工作上和组织上的关系。该组织（专家鉴定组）成员分别来自不同单位并代表各自单位，故高能所和肿瘤所作为该组织的上级主管部门是法律上应当承担该组织对患者造成损害的赔偿责任人。高能所以该所仅提供快中子治疗设备而不承担责任上诉请求，无法律依据，不予支持。因肿瘤所和高能所对罗某进行快中子放疗前未告知其可能发生的并发症，侵犯了患者的知情权，因此给罗某造成的肢体脏器等损害属于医疗过错责任，并应当由高能所和肿瘤所共同承担赔偿责任。其中，具体实施选择快中子治疗方案、收治住院、行使处方权等医疗行为的肿瘤所承担主要责任，共同参加快中子临床应用的高能所应承担次要责任。高能所以其仅提供快中子治疗设备而不应承担赔偿责任的上诉请求，无法律依据，不予支持。原审法院认定高能所和肿瘤所对罗某的损害后果构成共同侵权并应共同承担赔偿责任是正确的，应予维持，但对民事责任的划分不妥，应予以调整。罗某上诉要求高能所、肿瘤所赔偿其精神损失一节，因快中子治癌尚属医疗科研的试验阶段，且其前列腺癌经快中子放射治疗后已基本稳定，四年未见复发，应属于治疗前列腺癌基本成功，故精神损害尚不构成，对罗某的该项诉讼请求不予支持。据此，依据《中华人民共和国民事诉讼法》第一三五条第一款第一、二项之规定，判决如下：

1. 撤销一审判决第一、二项；

2. 维持一审判决第三项；

3. 罗某在北京肿瘤医院的住院费、特护费、雇工费及肿瘤医院为罗某支付的电动防褥疮垫、翻身架、尿垫、轮椅费由肿瘤所负担60%，由高能所负担40%；

4. 罗某伤残补助费、护理费、住院期间补助费、营养费、交通费、住院期间取暖费、购置轮椅费经济损失由肿瘤所赔偿109637元，由高能所赔偿91364．17元。

本案评析：

1. 关于高能所和肿瘤所对罗某实施快中子治疗的行为属性

在本案中，肿瘤所与高能所对罗某进行快中子治疗符合合法医疗行为的要件，属于合法医疗行为。表现有二：其一，肿瘤所作为主体之一有明确的防治肿瘤的行医资质；其二，快中子治癌措施及相应设备作为放射性治疗措施与仪器，已经过国家级鉴定，且经作为主管部门的北京市放射卫生防护所同意开展临床试验，已经国家许可。进而，由于快中子治癌尚未广泛应用于临床，技术有待成熟，且该技术的持有者高能所是以高能物理为研究领域的科研机构，并非医疗机构，故应属试验性医疗。这一属性从北京市放射卫生防护所同意开展快中子治癌临床试验研究的事实上亦可得到明确。

由此，肿瘤所与高能所系一方为医疗机构、一方为持有技术及仪器的科研单位，双方共同进行试验性治疗的合作关系。至于快中子治癌专家鉴定组由高能所组织，其成员为肿瘤所医生，在职能上负责提出治疗方案，开具处方，这种组织方式和人员组成表明，该专家鉴定组是双方进行合作的具体组织形式，其虽无独立承担民事责任的能力，但隶属于高能所与肿瘤所，应由双方共同对其行为承担责任。这种合作关系还表现在其他两个方面：其一，在具体医疗进行上，由双方共同完成，即由肿瘤所收治病人，由专家鉴定组医生提出治疗方案，开具处方，由高能所技术人员负责操作。其二，在收费上，由双方分享治疗费用。正因如此，高能所与肿瘤所对罗某因快中子治疗行为所受损害，应作为本案被告共同承担责任。高能所以其仅提供快中子治疗设备而不应承担赔偿责任的诉讼请求，显然缺乏事实与法律依据。

2. 在医疗活动中，患者享有知情同意权，医疗机构与医务人员在医疗活动中应当履行告知义务

所谓知情同意权，是指病人有权知晓自己的病情，并可以对医务人员所采取的医疗措施决定取舍的权利。从完整意义上说，知情同意权包括了了解权、被告知权、选择权、拒绝权和同意权的权利，是患者充分行使自主权的前提和基础。根据《医疗事故处理条例》第十一条规定："在医疗活动中，医疗机构及其医务人员应当将患者的病情、医疗措施、医疗风险等如实告知患者，及时解答其咨询；但是，应当避免对患者产生不利后果。"《医疗机构管理条例》第二十六条规定："医疗机构必须将《医疗机构执业许可证》、诊疗科目、诊疗时间和收费标准悬挂于明显处所。"第三十条规定："医疗机构工作人员上岗工作，必须佩戴载有本人姓名、职务或者职称的标牌。"第三十三条规定："医疗机构施行手术、特殊检查或者特殊治疗时，必须征得患者同意，并应当取得其家属或者关系人同意并签字；无法取得患者意见时，应当取得其家属或者关系人同意并签字；无法取得患者意见又无家属或者关系人在场，或者遇到其他特殊情况时，经治医师应当提出医疗处置方案，在取得医疗机构负责人或者被授权负责人员的批准后实施。"《医疗机构管理条例实施细则》第六十二条规定："医疗机构应当尊重患者对自己的病情、诊断、治疗的知情权利。在实施手术、特殊检查、特殊治疗时，应当向患者作必要的解释。因实施保护性医疗措施不宜向患者说明情况的，应当将有关情况通知患者家属。"

上述法律、规定即是对医疗机构告知义务和病人知情同意权的确认与保护。因此，公民患病时生命和身体健康受到自然因素的威胁，到医疗机构救治，作为患者，医疗机构的医疗活动与其生命健康权益息息相关，所以患者应对自己的病情以及医疗机构的各种医疗活动享有知情权。

相应地，医疗机构和医务人员就负有向患者告知的义务。为保护患者的

知情同意权，医疗机构应当履行以下告知义务：（1）就诊医疗机构和医务人员基本情况和医学专长，包括医疗机构的基本情况、专业特长，医务人员的职称、学术专长、以往医疗效果等；（2）医院规章制度中与其利益有关的内容；（3）医疗机构及其医务人员的诊断手段、诊断措施。包括使用 CT、B 超、X 光等诊断仪器和对体液的化验等诊断方法的准确性，有无副作用，副作用的大小，检查结果对诊断的必要性、作用等；（4）所采用的治疗仪器和药品等的疗效、副作用等；（5）手术的成功率、目的、方法、预期效果、手术过程中可能要承受的不适和麻烦以及手术不成功可能想象到的后果、潜在危险等；（6）患者的病情，即患者所患疾病的名称、病因、病情发展情况、需要采取何种治疗措施以及相应的后果等；（7）患者所患疾病的治疗措施，即可能采用的各种治疗措施的内容、通常能够达到的效果、可能出现的风险等；（8）告知患者需要支付的费用。《医疗机构管理条例》规定，医院应该公布收费项目与收费标准。因此，医院应当按照规定公布各项收费标准。特别是在患者住院治疗时开具贵重药物和非公费药物、非医疗保险药物，应当告知患者，接受患者的监督。在患者出院时，应当主动出具住院治疗消费明细表，让患者了解医疗消费的真实情况。患者有权检查医疗费用，并要求逐项做出解释。在由第三方支付医疗费用终止前，医疗机构有义务通知患者；（9）出现医疗纠纷的解决程序。

可见，向患者告知是医疗机构和医务人员的法定义务。在医疗活动中，对于患者的咨询，医疗机构和医务人员应及时解答，履行告知义务，让患者知道自己的病情；知道自己得了什么病、处于病情发展的什么时期；知道自己在做何种检查项目；知道自己在治疗的过程中可能出现的并发症以及其他医疗风险；知道自己为配合治疗应该注意的事项等等。因为在医疗活动中，相对于患者一方而言，医疗方在许多方面都处于优势。无论是对医学知识水平的掌握，还是在对疾病诊治的决策、治疗方案的认识理解和接受能力方面，医疗机构和医务人员都是处在一个主动的优势地位，患者往往是被动接受。医务人员是拥有医学知识的专业人士，又掌握患者的健康状况，应当为治疗患者的疾病、解除患者痛苦做出最佳选择，但这并不意味着患者没有一点自主权。在诊治疾病的过程中，患者的意愿也应得到尊重，并且在不影响治疗的前提下，医务人员应当将患者的病情、医务人员所采取的诊疗措施以及在治疗过程中存在的医疗风险如实地告诉患者，使患者及时了解与自己疾病有关的诊断、治疗、预后等方面的信息，以便其能够行使他本人对疾病诊治的相应权利。

联系到本案，对于实施快中子放射治疗试验，基于其高度风险性，主管部门明确规定要由患者签署自愿接受快中子治疗意见书，快中子治癌专家鉴定组所制定的治疗程序及安全措施中亦明确要求在治疗前要向患者、家属或患者组织代表介绍快中子治疗的意义、目的、疗效以及可能发生的并发症，由患者决定是否接受治疗并签字入档，由此已明确确定了二被告的告知义务。而从理论上讲，由于该治疗属于试验性医疗，其技术的成熟性有待确定，医疗单位应当承担更严格的告知义务。而在本案中，二被告均未履行告知义务，过错明显，因此应当对罗某在接受该医疗中因其风险性所造成的损害承担责任。

3. 在本案中，肿瘤所和高能所共同侵权的责任分担问题

在本案中，被告肿瘤所和被告高能所属于共同侵权行为，双方对外显然应当承担连带责任，但内部责任如何分担，则是一个值得研究的问题。就此一、二审认识不尽一致，一审认定双方应平均分担责任，二审则认定肿瘤所应承担较大的责任。这里关键是要明确二者在共同过错的各自责任。各国实践中主要有三种做法：其一是根据过错程度确定责任范围，即对损害的发生过错重者，多承担赔偿责任，轻者，少承担赔偿责任。其二是根据因果关系确定各自应承担的责任，即或在各人所造成的损害能够确定的情况下由其对自己所造成的损害部分负责，或考察各行为人对造成损害后果的原因强弱并依此确定责任分担。其三是平均分摊，即不考虑过错以及行为对损害后果的因果关系强弱。一般认为，除非共同侵权人的过错程度不明确，难以确定各行为人的行为对损害后果所起的作用，一般不宜采取平均分摊的办法。换言之，平均分摊应当是最后选用的一个做法，系没有办法的办法。之所以如此，是因为该办法虽然简便迅速，使当事人能够预知结果，但与过错责任原则的要求相悖，且不能使案件的处理做到公平合理。进而，又由于共同侵权行为之下的损害往往不可分，因此主要的两类办法也就是根据过错程度确定责任

范围和根据各行为人对造成损害的因果关系的强弱来确定责任范围。我国司法实践中一般采用的是根据过错程度确认责任范围的做法。这一做法与过错责任这一归责原则相一致，且能够体现公平正义的要求。

结合本案，一审、二审均未对双方责任分担进行明确表述，这是个不足。但一审采取平均分摊办法，有所不当。实际上，由于肿瘤所与高能所系合作进行医疗试验，双方未履行告知义务，致罗某因接受快中子治疗而受损害，双方过错程度宜结合具体治疗中双方所起作用确定。二审正是立足该治疗过程，确定在治疗中起较大作用的肿瘤所承担主要责任，起较小作用的高能所应承担次要责任，由此调整了双方的责任分担，是合理的。

医疗机构未尽注意义务之诉

案情简介：

2004年6月23日，张某因突发右手痉挛伴不自主动作到被告河北省某市第一医院看急诊。经检查，脑电图正常，头颅CT为双侧基底节区多发性脑梗塞，后给予脑明、脑康复等治疗后有所好转。为进一步治疗，张某办理了住院手续。入院诊断为“多发性脑梗塞，高血压三期”。张某自述有5年高血压病史，十二指肠溃疡史10年，曾有8次出血史，否认有冠心病、糖尿病史。入院一周后，张某接受Hlotler检查、检测，当晚7时左右入睡。次日凌晨，医务人员发现张某已死亡多时。Hlotler监测结果显示：当晚22时25分心电图正常，22时26分ST段抬高、结性逸搏心率，22时30分ST明显抬高，恢复窦型性心率，22时33分QRS波明显增宽，22时37分心脏停止跳动。

经尸检报告表明：1. 冠状动脉粥样硬化性狭窄Ⅲ—Ⅳ级，左旋支狭窄Ⅳ级伴斑块出血，左心室侧壁中下部和左室前乳头肌急性梗塞伴左侧壁两个破裂孔，急性心包填塞，急性心内膜炎和出血性心外膜炎，心肌肥大伴灶性心肌坏死后修复灶和纤维化灶，脑动脉粥样硬化Ⅱ—Ⅲ级和小动脉硬化，伴基底节区有腔隙性梗塞，侧脑室室管膜下、基底节区小动脉和节细胞有钙化，主动脉粥样硬化Ⅳ级，伴溃疡形成和有血栓附壁；2. 全身小动脉硬化Ⅳ级，伴溃疡形成和有血栓附壁；3. 胰出血性坏死伴脂肪坏死；4. 左冠状动脉起始端异位后主动脉窦，其中膜与主动脉窦共壁；5. 肺瘀血水肿，伴有骨健检等。

张某死后，其家属认为是医院的医疗过失行为所致，于是向当地人民法院提起诉讼，其家属在起诉状中诉称：张某因“多发性脑梗塞，高血压三期”到被告医院住院治疗。张某入院时心电图报告显示窦性心动过缓，ST 异常。鉴于张某的病情，被告医院对张某进行一级护理。入院一周后，张某主诉胸闷、气不畅，但被告医院医护人员疏于职责，对张某的病情未引起足够重视，对已经存在的心脏病也没有对症治疗，属于明显的漏诊漏治。当晚，张某病情突然加重，值班医护人员未能及时巡视病人，延误了抢救时机，导致张某在得不到应有急救措施的情况下痛苦地离开了人世。被告医院医护人员在张某死亡后数小时才发现。可见，被告医院的严重过失是造成张某死亡的直接原因，请求人民法院依法判决被告医院赔偿张某的医疗费、丧葬费、家属的精神损害抚慰金等各项物质和精神损失共计 20 万元。

被告医院认为，张某入院时，医院的诊断是明确的，对张某的治疗方案也是正确的。当时张某并没有冠心病的症状，我方医院并不存在漏诊漏治的行为。张某猝死的原因是急性心肌梗塞且心脏破裂，即使抢救及时，患者也是不可能抢救过来的。在医学上这类疾病抢救成功率极低。我方医院医生观察不仔细、巡视不及时，未能及时发现患者病情骤变与恶化，给患者家属带来痛苦，我方医院表示歉意。但我方医院的行为与张某死亡之间没有因果关系，因此，不能同意张某家属的诉讼请求，但我方医院可从人道主义的角度给予张某家属以适当的补偿。

法院判决：

河北省某市人民法院经审理认为，在本案中，被告医院对患者的死亡不存有任何过错，患者的死亡系自己的病情恶化和发展所致，因此，被告医院不应承担赔偿责任。而且本案患者的医疗费用均为正常的医疗费用，患者家属在经济上不存在直接损失，因此，对其要求赔偿经济损失的诉讼请求不应当支持。但被告医院的过错导致患者及时被救治的机会以及生命延续的可能性丧失，造成患者生命利益的损害，应当给予患者家属精神损害赔偿。赔偿数额应当参考现有的医学技术、患者可能被抢救成功的概率、给患者家属造成的精神伤害的严重程度等因素，合理地确定，不应一概予以高额赔偿。据此，河北省某市人民法院最后依法判决：

1. 患者死亡前发生的费用由患者自行承担；
2. 被告依法赔偿死者家属精神损失费8000元。

本案评析：

在本案中，被告医院应当对患者张某进行一级护理，但护士没有按照规定履行职责，对患者进行巡视和适当护理，而是在患者死亡数小时后才发现患者已经死亡。但从尸体检查的结果看，张某死亡的原因是急性心肌梗塞伴左侧壁两个破裂孔等原因所致。对于急性心肌梗塞并发心脏破裂的病人，心肌梗塞的症状不明显，因心脏破裂而会迅速死亡，即时死亡率极高。心脏复苏往往不成功，即使复苏成功，也难以维持稳定的血流动力学状态，以后的存活率更低。虽然医院有过错，但患者死亡的最直接的、最主要的原因是自身疾病的本身。虽然被告医院医务人员没有按照一级护理的要求进行护理，但张某当时的病情相当凶险，即使及时抢救，抢救成功率也极低。对于死亡率极高的疾病，医院的不作为过错与患者损害之间的因果关系的举证显得非常困难。假设必要的医疗措施得到实施的情况下，患者的病情可能发生好转，也就是说，如果义务履行后，不良结果可以避免的话，医务人员的不作为过错与患者的损害后果之间存在因果关系。

但不可否认的是，这类疾病的发展决定了即使在最佳时机获得救助，患者身体康复的可能性仍然难以确定。所以，不能绝对地以疾病的抢救成功率作为衡量医院责任大小的标准，但也不能完全不考虑现实的医疗水平、医疗技术，应当将医疗技术作为确定医院责任的一个参考因素。疾病无法医治或者死亡率极高并不能免除医院的法定救助义务，即使患者身患绝症，医院仍然要极力抢救，否则就违背了医院的宗旨。同样，对于死亡概率极高的疾病，虽然医院的过错与患者死亡之间存在因果关系，但是患者死亡的直接原因仍然是疾病本身，在这种情况下，让医院承担患者完全的经济责任和精神损害赔偿责任有失公允。因此，在医院的过错发生之前，医院对患者的治疗是正常的诊疗行为，该部分费用是其医治疾病的正常费用，不应当由医院赔偿，而因医院的过错导致发生额外的抢救或者其他费用则是患者的经济损失，应当由医院赔偿。因此，在本案中，由于医院未履行法定义务而失去了最佳抢救时机，或者未能延长患者的生命，当然会给患者家属带来精神上的痛苦，应当赔偿精神损害抚慰金。但精神损害抚慰金的数额应当根据实际情况确定。患者的疾病是可以救治的，而医院未救治，导致患者生命的丧失与患者身患绝症无法救治而医院未救治给患者家属带来的精神痛苦是不一样的。在确定精神损害抚慰金数额时应当将患者疾病本身的状况作为考虑因素。在本案中，患者支付的费用均是为治疗其疾病的正常费用，应当自行负担，所以，患者在经济上没有直接损失。但是由于医院未及时抢，导致患者丧失医疗机会，丧失延长患者生命的可能性，同时也造成了死者家属的精神痛苦，因此被告医院应当给予死者家属一定的精神抚慰金。

综上所述，在本案中，患者的医疗费用均为正常的医疗费用，患者家属在经济上不存在直接损失，因此，对其要求赔偿经济损失的诉讼请求法院应当不予支持。但被告医院的过错导致患者及时被救治的机会以及生命延续的可能性丧失，造成患者生命利益的损害，应当给予死者家属一定的精神损害赔偿。但精神损害赔偿数额应当参考现有的医学技术、患者可能被抢救成功的概率、给患者家属造成的精神伤害的严重程度等因素合理地确定，不应一概予以高额赔偿。在本案中，人民法院最后依法判决被告医院赔偿死者家属精神损失 8000 元是适当的，也是符合法律规定的。

延误诊疗导致患者猝死案

案情简介：

2004 年 8 月 27 日，患者张某吃完午饭后感觉到腹部十分疼痛，以为食物中毒，便请同乡赤脚医生程某前来诊看确定病因以便治疗，赤脚医生程某经诊断后初步判断患者张某并非食物中毒而是胃炎导致其腹部疼痛，于是帮助患者张某打了阿托品、庆大霉素，并嘱咐患者张某如果其腹部疼痛不减就应该前往医院诊治。下午 14 时左右，患者张某感觉到腹部越来越疼痛，在父亲张国荣的陪同下，来到被告北京市大兴新华医院（以下简称“大兴新华医院”）处挂了急诊。由值班的中医内科医生接诊，值班医生在询问患者张某病情后，便对患者张某进行把脉、量血压、体检，检查病因工作完毕后便在病历上记载患者主诉及检查体征：“腹平软，左上腹压痛，肠鸣音活跃……”此时，患者的父亲张国荣催促值班医生给患者张某打点滴，以减轻患者的痛苦。值班医生则认为在未确诊的情况下，不能随意用药，并向患者的父亲张国荣提出患者在未确诊的情况下最好住院观察，等确诊后会尽力对张某进行医治。患者的父亲张国荣听后觉得医生办事不力、敷衍了事，随即决定带其子到其他医院进行诊治，便将患者张某带走，同时把大兴新华医院医生尚未写完的病历卡也带走。16 时 30 分左右，患者父亲张国荣将张某送到北京市海淀区空军总医院进行医治，此时患者张某因剧烈疼痛已昏迷，经空军总医院的主治医生组织抢救后无效死亡，死因为猝死。

患者父亲张国荣认为，2004 年 8 月 27 日其子张某午饭后感到腹部剧烈疼痛，于是带其子张某到被告大兴新华医院处挂急诊求助治疗，被告的接诊医生服务态度恶劣，消极怠慢医治并提出不合理的医治意见，对患者不及时采取治疗措施，导致患者死亡，对此被告负有不可推卸的过错责任，其行为已构成对患者生命健康权的侵犯，应当赔偿自己的经济损失和精神损失。

2004 年 9 月 12 日，患者的父亲张国荣找到被告大兴新华医院的相关负责人，要求医院赔偿其丧子之痛所遭受的物质损失和精神损失共计 20 万元，但遭到医院的拒绝。2004 年 11 月 23 日，患者的父亲张国荣以自己为原告向北京市大兴区人民法院提起诉讼，要求被告大兴新华医院赔偿医疗费、丧葬费、护理费、误工费、死亡补偿费、生活费、精神损失赔偿金共计 205764 元。

被告大兴新华医院认为，患者张某在就诊时，当班医生对患者已经进行了及时、正当的检查，但因患者病情复杂，依常规检查难以确诊，要求患者立即住院观察治疗，其处理措施是正确的。但原告刚愎自用拒绝了医生的要求，并将患者带离医院，不予积极配合医院的治疗，才导致患者猝死的事件发生。而且医院在此事件中处理程序正当不存在任何过错，其后果应由原告自行承担。因此，原告的诉讼请求于法无据，要求法院对原告的诉讼请求予以驳回。

另悉，在诉讼过程中，原告张国荣对被告大兴新华医院的值班医生建议患者住院这一事实没有异议，但指出是被告值班医生要求他们17时30分来办住院手续。被告对此予以否认。

法院判决：

北京市大兴区人民法院对该案进行审理后认为，患者张某在其父张国荣的陪同下到被告大兴新华医院处挂急诊求治，双方存在合法的医疗服务关系。在服务中，被告值班医生随即采取的一系列检查措施并未违反医疗常规，且鉴于患者病情比较复杂，在常规检查难以确诊的情况下，被告值班医生建议其住院观察的措施亦属正当。虽庭审时双方对医嘱患者住院时间说法不一，但综合被告大兴新华医院制定的门诊与住院的内部责任分工制及患者办理住院的条件，被告亦依有关规定及时做出患者住院观察的诊断，被告值班医生确无让患者延至下午再来住院的必要和动机。况且原告亦无法证明被告在建议住院时确有附加时间，以致延误抢救时间，原告主张依法不能成立。在治疗过程中，原告方并未给予被告必要的治疗配合，先是要求医生给患者打点滴，当医生讲明患者病因不明，不能随便用药这一符合医疗规范的意见后，又擅自决定转院治疗，并拿走病历卡，由此原告单方自愿中止了患者与医院的医疗服务关系，导致患者在转他院抢救无效后死亡。现原告以被告对患者未及时采取措施导致患者死亡为由，要求被告承担侵权责任，从查明的事实及确认的证据来看，被告在与患者建立了医疗服务关系后，接诊的值班医生采取的种种诊断措施并无医疗上的过错，患者的死亡结果与被告的行为并无因果关系。故原告的诉讼请求缺乏事实依据，本院不予支持。

根据所认定的事实、证据和上述判案理由，北京市大兴区人民法院于2005年5月20日依照《医疗事故处理条例》第三十三条第五项、《中华人民共和国民事诉讼法》第六十四条第一款之规定，判决驳回原告张国荣的诉讼请求。案件受理费560元，由原告张国荣负担。

本案评析：

1. 因患者家属的原因延误诊疗导致患者猝死。其责任应当由患者家属自行承担，医院不应承担赔偿责任

在医疗活动中，进行医疗的主体是医疗机构及其医务人员，可以说医疗方处于主体性的支配地位，采取什么样的治疗方案和治疗措施都需要由医疗方决定，患者一方处于被动地位。虽然如此，在医疗活动中，也需要患者及其亲属对医疗方的医疗行为积极配合。本案的争议就涉及这一点。

作为医院的值班医生，对于来医院就诊的急诊患者有积极救治的义务。在本案中，患者因为腹痛到被告医院挂急诊号看病，被告的值班医生对患者进行了检查措施并且建议患者住院观察。在当时的情况下，应该说被告已经尽到了应当履行的相关义务。原因在于，该案患者病情的表面症状是腹痛，依据医学原理引发腹痛的原因是复杂和多样的。案件审理过程中，经过原告与被告双方确认，当时的情形为患者神智清晰，虽主诉腹痛但病情还不属于十分危急，被告的值班医生经过对患者进行常规检查后，基于患者病因不明一时不能确诊，建议其住院观察。针对当时的情形，应当说被告的值班医生采取的措施在医学上也是认可的。后来患者猝死，足以说明患者病情复杂并且具有隐蔽性，被告的值班医生建议患者住院的措施也符合医学原理。可以说医疗方在本案中的医疗行为是适当的，不存在过失。

在医疗活动中，对患者的医疗诊治护理一方面需要医务人员的精心工作，另一方面也需要病患者及其家属的积极配合。从一定意义上讲，患者及其家属的积极配合，是充分发挥特定治疗措施取得良好疗效的重要保证。但在医疗实践中，有些患者及其家属往往做不到这一点，例如患者或其家属不如实向医务人员陈述有关病史、不按照医嘱服药、不接受医生的合理治疗措施、擅自离院出走或者擅自采取其他治疗手段等。患者一旦因此发生意外情况或者延误治疗抢救时机而产生不良后果的，也可能会引起医患之间的医疗争议，对此类因延误诊疗而导致的医疗争议如何定性和处理，关键要分析延误诊治的原因和确定责任方。如果是因为医疗方的过失引起延误诊疗造成患者人身损害，责任在医疗方，属于医疗事故。如果是因为患者方原因延误诊疗导致

不良后果的，不属于医疗事故，所造成的损害后果由患方承担。因此，在本案中，就存在这样的事实，患者家属在被告的值班医生对患者进行诊断的过程中，对医生所采取的医疗措施根本就不信任，自己向医院的医生提出不符合医学原理的治疗措施，要求在病情尚未确诊的情况下为患者打点滴，并且对医生的治疗措施缺乏配合，不仅不采纳医生让患者住院观察的建议，反而自己擅自决定到其他医院接受治疗，并拿走了医生尚未写完的病历卡。从这些事实上来看，应当说患方的行为是单方终止与医疗方的医疗服务关系。患者的死亡除了自身病情发展的原因外，患者一方的不配合行为导致延误对患者进行救治的时机也是一个原因。因此，就本案的事实情况而言，患者的父亲不积极配合医院的建议，擅自带离危急患者去其他医院诊治，最后导致患者猝死。可见，在本案中，医院对患者的死亡不具有任何过错因素，患者死亡的事实与医院之间没有任何因果关系，因此，患者死亡的责任只能由自己承担。本案法院最后确认对患者的死亡被告不承担赔偿责任，并依法判决驳回原告的诉讼请求是正确的，也是符合法律规定的。

2. 在医疗纠纷诉讼中，医院享有的医疗事故的抗辩事由

根据《医疗事故处理条例》第二条规定："本条例所称医疗事故，是指医疗机构及其医务人员在医疗活动中，违反医疗卫生管理法律、行政法规、部门规章和诊疗护理规范、常规，过失造成患者人身损害的事故。"第三十三条规定："有下列情形之一的，不属于医疗事故：(1) 在紧急情况下为抢救垂危患者生命而采取紧急医学措施造成不良后果的；(2) 在医疗活动中由于患者病情异常或者患者体质特殊而发生医疗意外的；(3) 在现有医学科学技术条件下，发生无法预料或者不能防范的不良后果的；(4) 无过错输血感染造成不良后果的；(5) 因患方原因延误诊疗导致不良后果的；(6) 因不可抗力造成不良后果的。"由此可知，构成医疗行为侵权需要满足下列的条件：患者受到损害；患者的损害是由医疗行为引起的，两者之间存在因果关系；医疗机构在实施医疗行为时在主观上存在过错；行为具有违法性。因此，在医疗行为被确认为是引起损害后果的原因时，如果能够排除医疗机构的主观过错，那么，医疗机构的医疗行为同样不构成侵权行为，也就不存在医疗事故。正因为如此，《医疗事故处理条例》第三十三条规定了不属于医疗事故的几种情

形，即医疗事故的抗辩事由：

（1）在紧急情况下为抢救垂危患者生命而采取的紧急医学措施造成不良后果的

在患者生命垂危的时候，抢救行为具有急迫性，此时，很难要求医疗人员做出全面的、非常准确的判断，因此，在这种情况下，为了抢救患者的生命而采取的紧急医学措施所造成的不良后果，不应当构成医疗事故，否则将不利于对病人生命的抢救。其具体构成要件为，第一，必须是情况紧急，患者存在生命危险，这种危险迫在眉睫。第二，此时的紧急医疗措施应当限于是迫不得已的。如果抢救人员知晓该抢救措施可能给患者造成损害，则采取该种紧急措施应当是别无选择的。也就是说，在抢救的时候没有任何其他更好的救助措施可以实施。如果在救助的时候，明显存在对患者来说可能更好的救助措施，那么医疗人员没有采取更好的医疗措施，而采用了给患者造成损害的医疗措施，此时，医疗机构应当对患者的损害后果承担相应的责任。

（2）在医疗活动中由于患者病情异常或者患者体质特殊而发生医疗意外的

本项规定属于医疗意外事件。所谓医疗意外事件，是指由于患者的特殊体质或者异常病情而发生的难以预料和防范的不良后果。这在医疗事故中是经常会遇到的。当然，本条的使用必须遵循一定的前提条件，即在发生医疗意外事件之前，医护人员应当尽到了所有的合理注意义务，履行了相应的医疗手续，依然无法发现所采取的医疗措施可能会给患者造成损害。也就是说，医疗人员必须是仅仅对不良后果的发生无法预料和无法预防，对于其他的任何事件主观上均不存在过错。

（3）在现有医学科学技术条件下，发生无法预料和不能防范的不良后果的

按照本项规定的本意，这是关于医疗意外事件的规定。医疗机构要想根据本项的规定免责，必须证明：①在现有医学科学技术条件下，发生的医疗事故是无法预料的；②在现有医学科学技术条件下，发生的医疗事故是不能防范的。不能证明上述情况的，则要承担医疗事故赔偿责任。

（4）无过错输血感染造成不良后果的

在医疗过程中，如果医疗人员在给患者输血时履行了相应的操作手续，尽到了合理的注意义务，依然发生了不良后果，医疗机构不需要承担责任。

（5）因患方原因延误诊疗导致不良后果的

这里所谓的患方原因，即侵权法作为抗辩事由之一的“受害人的过错”。所谓受害人的过错，是指受害人故意或过失的行为是他所受损害的原因。因患方原因延误诊疗导致不良后果的，医疗机构不承担责任。因为患方的“损害”与医疗机构的“行为”没有因果关系。

（6）因不可抗力造成不良后果的

不可抗力在大多数国家的合同法和侵权法上都被承认为一种抗辩事由。一般说来，一种客观情况要被确认为不可抗力，必须具备三个基本条件：第一，它必须独立存在于人的行为之外，既非当事人的行为所派生，亦不为当事人的意志所左右；第二，它必须构成损害结果发生事实上的原因；第三，当事人按其现有的能力和应有的谨慎与勤勉不能对这种客观情况及其后果加以控制或克服。这三个条件，体现了不可抗力在法律上的三大属性，即客观性、因果性和相对性。因此，医疗机构在援引不可抗力免责的时候，需要完全符合不可抗力的适用条件，不能随意扩大不可抗力的适用范围。

综上所述，在本案中，原告张国荣将其子张某送到大兴新华医院进行治疗时，由于不接受医院医生的合理治疗意见擅自决定转院医治，导致患者张某延误诊治而猝死身亡，原告张国荣的行为属于《医疗事故处理条例》第三十三条第五项所规定的情况。因此，医院可以以此规定对抗原告张国荣的诉讼请求，这也是医院不承担责任的依据。在本案中，受诉法院审理后根据此规定判决驳回原告的诉讼请求是符合法律规定的。故在本案中，原告张国荣丧子之痛所产生的一切经济损失只能由自己承担。

救护车发生交通事故致使病人死亡案

案情简介：

2004年8月27日，患者张秉志因脑部出血陷入休克昏迷，其家属焦急万分之时立即拨打了被告北京市丰台区人民医院120。接诊患者张秉志的救护车在返回的途中，不幸与张某驾驶的拖拉机发生猛烈相撞，经北京市丰台区交警大队现场勘察，认定被告北京市丰台区人民医院负交通事故的全部责任。患者张秉志被送到被告北京市丰台区人民医院后，经诊断为脑干出血，左耳后皮挫伤（在交通事故中造成），当日在被告北京市丰台区人民医院死亡。有关部门对患者张秉志死亡原因进行分析认为，死者原患脑血栓后遗症多年，脑干出血致人死亡的概率达85%以上，根据死者上车前即发生昏迷的情况，脑干出血及多器官功能衰竭为死亡的主要原因，而交通事故不是死亡的主要原因。

患者张秉志的家属认为，由于交通事故加重了患者张秉志的伤害，并延误了救治时间，与患者张秉志的死亡之间存在因果关系。而且交通事故是被告北京市丰台区人民医院造成的，因此，被告北京市丰台区人民医院对于患者张秉志的死亡负有不可推卸的责任，应当承担死者家属的经济赔偿责任和精神损害赔偿责任。但遭到医院的拒绝。患者张秉志的家属无奈之下于2004年9月2日依法向北京市丰台区人民法院提起诉讼，要求被告医院赔偿自己的经济损失和精神损失共计10万元。

被告北京市丰台区人民医院则认为，根据有关部门的分析，患者张秉志自身的病情是导致其死亡的直接的、主要的原因，交通事故只是次要的原因。因此，被告北京市丰台区人民医院只能根据自身过错程度承担次要责任。而死者家属却提出10万元的赔偿责任，其提出的赔偿数额过大，且没有法律依据，故请求法院依法驳回原告的不合理的诉讼请求。

法院判决：

北京市丰台区人民法院经审理认为，在120救护车接诊前，死者即已昏迷，根据有关部门的分析，得出了死者上车前的病变致人死亡的概率高达85%，是导致其死亡的主要原因的结论。在120救护车接诊的过程中发生了交通事故，使患者张秉志头部伤害扩大并耽误了治疗时间，对死者的病情是有影响的。因此，患者张秉志的死亡，被告北京市丰台区人民医院有不可推卸的责任，但应承担次要责任。在本案中，原告提出的诉讼请求明显过高，没有法律依据，对于过高的诉讼请求本院不予支持。最后法院依法判决被告赔偿原告经济损失6000元，依法驳回原告的其他诉讼请求。

本案评析：

1. 在本案中，医疗机构的救护车在抢救病人的返途中发生交通事故。病人不幸死亡，交通事故的发生对病人的死亡具有一定的影响作用。因此，医疗机构应当承担赔偿责任。

本案属于医疗服务合同纠纷，应由被告北京市丰台区人民医院承担事故的次要责任。具体理由如下：

（1）当事人双方之间构成医疗服务合同关系。在本案中，病人拨打120寻求医疗服务，120方应允并出车接病人就诊，双方合意性质明显。拨打电话为要约，120出车接诊为承诺，双方以行为方式缔结了事实上的合同关系。根据《合同法》第十条规定：“当事人订立合同，有书面形式、口头形式和其他形式。”对于“其他形式”是否包含行为方式，并没有相应的解释，但在此应当作扩大解释。医院接诊后，并不就双方的权利和义务详加规定，因此，此时双方的合同关系因事实过程而成立，不一定依照某种缔约方式而成立。但在此应当考虑当事人之间的真实意思，才能认定形成事实上的合同关系。

（2）关于合同的内容。因为没有明确书面或口头的约定，此类合同内容的确定，必须考察双方的主观目的。病人拨打120，其目的是为获取有效的诊断和治疗，并享受有关服务。而院方除了承担一定公益性质的服务外，以提供医疗服务为手段获取利润是其主要的目的，故双方间的合同关系应是以伤员运输、诊断治疗及提供相应的护理、住宿等为主要内容。以上几个方面的内容使本案中的合同关系形成一种混合合同关系，双方的权利义务关系应先依据合同法分则中的运输、服务等内容并依诚信原则加以确定，而后再依据社会的一般理念及伦理标准予以补充。此案纠纷发生在患者运输阶段，在此阶段安全运送是院方的合同义务。所以，应最大限度地保证当事人的安全，这就要求车辆在行驶时负有更高的谨慎注意义务，如不能急刹车、防止过大的震动等。但在本案中，院方却因人为因素发生了交通事故，当然震、碰难免，而且在本案中处理事故所需的时间实际上延误了病人的治疗，院方的违约行为明显。

（3）本案应以合同违约处理。本案发生侵权责任和违约责任的竞合，当事人有权进行选择。最高法院《关于印发〈民事案件案由的规定〉的通知》中指出，结案时可以法院查明的当事人间的实际存在的法律关系作为确定案由的依据。此案如果以侵权责任作为判决的理由，则患者张秉志的家属负有举证责任，但很明显其难以证明患者张秉志死亡与交通事故间的因果关系，因为病人不是健康正常的人，在致其死亡的各种因素中，哪一个是在事故中造成的，患者张秉志的家属无法举证。在这种情况下，法院则应当驳回其请求。但如以违约责任作为处理的理由，则在有违约行为的前提下将举证责任分配给了院方，让院方积极地去寻找证据及有关的鉴定资料，只有院方提供了相应的证据，才能减轻或免除其责任。

（4）院方的责任不宜过重。根据有关部门的分析，死者原患脑血栓后遗症多年，脑干出血致人死亡的概率达85%以上，根据死者上车前即发生昏迷的情况，脑干出血及多器官功能衰竭为死亡的主要原因，而交通事故不是死亡的主要原因。因此，被告北京市丰台区人民医院应当承担事故的次要责任。

2. 医疗事故发生后，医疗机构赔偿受害人家属经济损失的范围

《医疗事故处理条例》第五十一条规定：“参加医疗事故处理的患者近亲属所需交通费、误工费、住宿费，参照本条例第五十条的有关规定计算，计算费用的人数不超过2人。医疗事故造成患者死亡的，参加丧葬活动的患者的配偶和直系亲属所需交通费、误工费、住宿费，参照本条例第五十条的有

关规定计算，计算费用的人数不超过 2 人。”

根据上述的法规规定可知，患者亲属因为参加医疗事故处理、参加死亡患者丧葬活动所造成的经济损失，属于一种间接性反射性的经济损失。在我国以往的司法实践中，一般情况在解决赔偿问题时，不考虑受害人在处理和解决争议过程中增加的损失部分，只是近几年部分地区在实践中进行了一些探讨，但确实并无统一的规定。《医疗事故处理条例》在总结医疗事故处理工作正反两个方面经验教训的基础上，根据我国的民法原则精神，结合医疗事故处理实际，从充分保护患者和医疗机构的合法权益的目的出发，做出了对因参加医疗事故处理和参加死亡患者丧葬活动给死亡患者亲属带来的经济损失，适当赔偿的明确规定。

（1）对参加医疗事故处理的患者亲属损失赔偿

①发生损失的原因，必须是参加医疗事故处理造成损失或者额外经济支出。参加医疗事故处理是指应卫生部门、负责组织鉴定工作的医学会或者发生医疗事故的医疗机构的要求，参加法定的医疗事故处理必经程序的活动，包括亲属与医疗机构进行协商，应要求参加医疗事故技术鉴定陈述争议事实，应卫生行政部门要求参加赔偿调解等。如果当事人的自行上访、咨询、起诉或者非经邀请自行到卫生行政部门、医学会、医疗机构查问、咨询等不属于参加医疗事故处理，不应计入赔偿范围。

②发生损失的主体，必须是具有患者近亲属身份资格的公民，近亲属的范围根据我国民法和行政诉讼法的有关规定，应当包括配偶、子女、父母、兄弟、姐妹、祖父母、外祖父母、孙子女、外孙子女。作为近亲属参加医疗事故处理，一般应当是具有抚养、赡养关系的上述亲属，如果当事人没有上述关系人，但与其他亲属具有直接抚养、赡养关系，也可以作为近亲属参加医疗事故处理。由于法定近亲属关系的范围较大，可以以参加医疗事故处理的近亲属应当有合法的授权、具备参加医疗事故争议处理的资格加以限定。

③可以赔偿的范围，根据《医疗事故处理条例》规定只包括交通费、误工费、住宿费三项内容。但是不是每一个赔偿都有这三部分内容，要根据具体案件的实际情况具体处理。例如：居所地与医疗机构同在一个省市，参加处理的近亲属也在该地区，就没有住宿费和远程交通费的问题。不直接参加

医疗事故处理的近亲属的上述损失，不属于赔偿范围；当事人及近亲属均在医疗事故发生地居住，但是从外地请来律师或有关人员代理参加医疗事故处理时所支付的费用不在赔偿范围内。

④可以赔偿的人数限制，上述人员中可以参加医疗事故争议处理的人数，按照《医疗事故处理条例》的规定不超过两人。

⑤对经鉴定不属于医疗事故的，其参加该争议处理过程的任何损失都不予赔偿。

（2）关于对参加死亡患者丧葬活动的亲属的损失赔偿

①发生损失的原因，是参加医疗事故致死患者的丧葬活动发生的损失。但是丧葬活动必须符合有关规定，不能超出一定的范围，未直接参加死者的丧葬活动或派代表参加丧葬活动的支出不属于赔偿范围。

②发生损失主体，必须是死亡患者的配偶或直系亲属。直系亲属与近亲属的差别很大，直系亲属依法律规定，只包括患者的父母和患者所生的子女，其他人不属于直系亲属范围。医疗事故赔偿费仅计算死者配偶或父母子女专程参加丧葬活动发生的费用支出，不是专程参加丧葬活动发生的费用不负责赔偿，如其子女恰好出差、探亲在医疗事故发生地，其有关支出费用不能计算在赔偿范围之内。

③赔偿的项目是交通费、住宿费、误工费三项，其计算方法和要求适用《医疗事故处理条例》第五十条的规定。

医疗机构是否侵犯患者名誉权之诉

案情简介：

原告杨某某从2004年3月25日开始发烧，在其他医院医治无效的情况下，于同年4月1日在北京市海淀区某人民医院急诊后住进该院，樊某某为其主治医师。对杨某某的初诊结果为：1. 发烧待查：（1）上呼吸道感染；（2）出血热待排；2. 急性左心衰；3. 早期肝硬化。杨某某人院后因高烧数日不退被报病危。4月6日，北京市海淀区某人民医院对杨某某的血样分别进行了 HIV—DNA 检测结果为阳性。依据此结果，经诊断分析，排除了患者是出血热、伤寒等及血液系统的疾病后，诊断结论为：怀疑艾滋病病毒感染。按照有关艾滋病防治的规定，北京市海淀区某人民医院对杨某某实行了隔离治疗，并向北京市海淀区卫生防疫站报送了传染病报告卡，在该报告卡“艾滋病”一栏内填写了“√”号。同日下午，因杨某某处于高烧不退、病情危重的状态，由樊某某向杨某某所在单位的有关领导及杨某某的亲属通报了该结果，并要求他们对此保密。

北京市海淀区卫生防疫站在收到北京市海淀区某人民医院的艾滋病例报告后，对杨某某又做了血样检测，结果 PA 为阴性，等于否定了北京市海淀区某人民医院的结论。由于双方检测结果不一致，双方经协商后将杨某某的血样于 4 月 9 日送至中国预防医学科学院艾滋病检测中心检测，但经过十余天未见结果。4 月 21 日，北京市海淀区某人民医院又将杨某某的血样送往中国人民解放军军事医学科学院艾滋病检测实验室。4 月 22 日，北京市海淀区某人民医院收到中国预防医学科学院艾滋病检测中心的电传结果报告单，报告结果为 HIV 抗体为阴性。但此报告单与国家卫生部印制使用的统一格式的报告单不同，报告单上既无被检人姓名，也无检验人签名。

4 月 25 日，北京市海淀区某人民医院收到中国人民解放军军事医学科学院艾滋病检测实验室的确认报告：P15/17 抗体阳性；怀疑 HIV—1 感染，建议复查。

2004 年 5 月 14 日，杨某某出院。其出院结论为：1．发热待查，不能排除艾滋病病毒感染；2．急性左心衰治愈；3．呼吸衰竭治愈；4．消化道出血治愈；5．慢性乙肝好转。杨某某出院时，扣除已预缴的 7000 元的医疗费外，尚欠北京市海淀区某人民医院 20030．22 元医疗费，其中 11080．60 元为艾滋病病毒感染诊断检测费用。杨某某出院后前往上海市卫生防疫站进行了检查，该站于 5 月 20 日做出检查结果，否认杨某某为艾滋病病毒感染。

另悉，杨某某所在单位的有关领导在接到北京市海淀区某人民医院的病情通报后，即在职工会上通报了杨某某的病情，引起单位职工的恐慌。单位经与北京市海淀区某人民医院联系，北京市海淀区某人民医院于 2004 年 4 月 7 日派人对曾探视和护理过杨某某的人员以及杨某某的妻子等 75 人进行了血液检查。2004 年 6 月 10 日，北京市海淀区某人民医院向北京市海淀区卫生防疫站又报送了传染病报告卡订正卡，注明杨某某的病名应订正为："发热待查"。

原告杨某某向北京市海淀区人民法院起诉，诉称自己于 2004 年 4 月 1 日起在北京市海淀区某人民医院住院治疗，北京市海淀区某人民医院及主治医生樊某某无根据地将本人诊断为艾滋病病毒携带者，造成了很大的社会影响，使自己无法正常工作和生活，侵犯了自己的名誉权。要求判令两被告消除影响、赔礼道歉，并赔偿精神损害损失及其他经济损失 15451．30 元。

法院判决：

2004 年 9 月 12 日北京市海淀区人民法院依法委托国家卫生部对原告检测，经该部指定在北京市艾滋病监测中心检测，检测结论排除了原告为艾滋病病毒感染者。

北京市海淀区人民法院对该案进行审理后认为，北京市海淀区某人民医院非国家确定的艾滋病确认单位。该院在将原告诊断为艾滋病病毒感染者后，在有权威的艾滋病检测单位否认该结论情况下仍坚持自己的观点，使原告精神蒙受伤害，已构成侵权。故原告要求精神损害赔偿、经济损失赔偿，依法应予准许。被告樊某某在没有任何法律依据的情况下通报原告病情，造成泄密，在一定范围使原告声誉受到影响，已构成侵害他人名誉权，故原告要求消除影响、赔礼道歉的理由成立，依法应予支持。北京市海淀区某人民医院除应赔偿原告的经济损失外，还应适当对原告的精神损害予以赔偿；樊某某应在限定范围向原告赔礼道歉、消除影响。根据《中华人民共和国民法通则》第一〇一条、第一三四条第一款第七、九、十项及第二款之规定，判决如下：

1．自本判决生效之日起一个月内，北京市海淀区某人民医院向杨某某赔偿精神损害损失 1 万元，经济损失 5453．30 元，两项共计 15453．30 元；

2．北京市海淀区某人民医院为杨某某诊断艾滋病病毒感染的费用 11080．60 元自负；

3．自本判决生效之日起一个月内，北京市海淀区某人民医院及樊某某以书面形式在杨某某所在单位范围内向杨某某公开赔礼道歉，消除影响。

一审宣判后，北京市海淀区某人民医院与樊某某不服，向北京市中级人民法院提起上诉，其上诉理由为原判认定事实有误，适用法律不当。医院已全力医治杨某某之病，使其转危为安，没有传播、散布杨某某病情损害其名誉的事实。请求撤销原判。

北京市第一中级人民法院经过审理认为，北京市海淀区某人民医院对杨某某疾病的检查、诊断、治疗和按规定逐级上报，是履行正常的医疗职责的行为，也是对患者和社会负责。樊某某在杨某某病危的情况下，向其所在单位有关领导及其亲属通报初诊病情，并未向其他人散布。故北京市海淀区某人民医院及樊某某的行为是正常的医务活动，没有违反有关法律、法规和规章制度，事实上也不存在侵害杨某某名誉权的问题。北京市海淀区某人民医院及樊某某的上诉理由正当，依法应予支持。杨某某所诉北京市海淀区某人民医院及医生樊某某侵犯其名誉权，并要求赔偿损失之理由，不能成立。杨某某拖欠北京市海淀区某人民医院医疗费应予支付，否则，北京市海淀区某人民医院就杨某某拒付医疗费问题可以另行起诉。原判认定事实有误，适用法律不当，应予改判。根据《中华人民共和国民事诉讼法》第一五三条第一款第二、三项之规定，北京市中级人民法院判决如下：1. 撤销一审判决；2. 驳回杨某某之诉讼请求。

本案评析：

1. 在医疗活动中，患者享有的人格利益。

人格权，是指以民事主体作为法律上的人所必须具备的以人格利益为内容的民事权利。我国《宪法》规定，中华人民共和国公民的人格尊严不受侵犯。《民法通则》也对公民的人格权做了规定。依据法律规定，人格权包括生命健康权、姓名权、名誉权、肖像权、隐私权。因此，公民在患病时，作为患者个人和医疗机构相比，属于弱势群体。但作为法律上独立的个体，患者在医疗活动中享有完全的人格权益。《医疗事故处理条例》针对的是患者在医疗活动中遭受的人身损害，注重对公民生命健康权的保护。除生命健康权以外，患者的其他人格权也应受到尊重和保护。在医疗实践中，侵犯患者的隐私权、肖像权、名誉权虽然不构成医疗事故，但是会引起医患纠纷和侵权诉讼。所以对患者除生命健康权之外的其他人格权益也应引起重视。在医疗活动中，患者主要享有以下的人格利益：

（1）患者享有隐私权。隐私权是指自然人享有的对属于其个人的与公共利益无关的个人信息、私人活动和对私人领域进行支配的一种人格权。隐私权包括了公民个人的私人活动、私人信息和个人领域，内容十分广泛。各国法律一般都明确承认隐私权，保护公民的隐私不被非法披露。我国法律虽然没有明文规定隐私权，但根据最高人民法院的司法解释，在司法实践中已经承认并保护隐私权。《执业医师法》第二十二条也规定了保护患者的隐私权是医师在执业活动中应履行的义务。公民作为患者到医疗机构就诊求医，由于医务人员诊治疾病的需要，患者会向其公开一些不愿让外人知道的个人信息、私人活动或者私有领域，比如患者生理上的缺陷、有损患者个人名誉的疾病、患者本人不愿他人知道的隐情等。这些隐私是患者针对医疗机构公开的，知情的医务人员应为患者保守秘密，未经患者同意，不得向他人披露。患者向医疗机构公开的隐私，不论是否关系到患者的名誉，医疗机构都负有保密的义务。尊重和保护患者的隐私权，这既是医务人员的职业道德的要求，也是法律规范的要求。例如卫生部制定的《医务人员医德规范及实施办法》中明确规定，为患者保密，不泄露患者隐私和秘密。《艾滋病监测管理的若干问题》第二十一条也规定了不得将艾滋病患者或感染者的姓名、住址等情况公布或传播。

（2）患者享有名誉权。非法宣扬患者隐私，一般情况下都会侵犯到患者的名誉权。所谓名誉权是指公民对自己在社会生活中所获得的社会评价应当受到保护的权利。名誉直接关系到公民在社会上的地位和尊严，关系到他人对自己的信任与尊重程度，关系到民事权利及其他权利的得失。如果一个人的社会评价被降低，就会对他的社会活动产生影响。在医疗活动中，由于医务人员在疾病诊治过程中的特殊地位，可能会因为各种原因造成侵害患者名誉权的事情发生。侵害名誉权，侵权者要承担相应的民事责任。依照《民法通则》第一二〇条的规定，名誉权受到侵犯，当事人有权要求停止侵害，恢复名誉，消除影响，赔礼道歉，并可以要求赔偿损失。曾有这样一个案例：一对青年恋人到指定的医疗机构进行婚前身体检查，医生给女青年进行检查时，让男青年在屏风外面等候。在检查中发现女青年下腹部有类似“妊娠纹”的花纹，便违反有关规定，对该未婚女青年询问生育史，女青年否认有生育史，医生还提出了疑问，一直追问女青年。医生和女青年之间的这番谈话被屏风外的男青年听到，虽然医生在体检表上写了“正常”，但男青年仍然产生了怀疑。嗣后，与该女青年解除了婚约。很快，女青年周围的人都风闻到此事，她所到之处均引起窃窃私语，未婚女因曾生育，其男友解除婚约被传的满城风雨。后应女青年的要求，该医院邀请专家对其进行了重新检查，结果证实其下腹部花纹系由胖变瘦所形成。该女青年以侵害名誉权为由，向法院提起诉讼。最后法院判决进行婚检的医院一次性赔偿该女青年精神抚慰金、经济损失费等计 5000 元。上述案例是典型的医疗机构侵犯患者名誉权的案件，像这样的案件在现实的生活当中屡见不鲜。因此，为避免侵犯患者的名誉权，就要求医务人员在医疗活动中，遵守职业道德，尊重患者人格，谨言慎行，对可能关系到患者名誉的疾病不随便发表意见和不妄加评论。对在诊疗过程中接触到的事关患者名誉的隐私要严格保密。

（3）患者享有肖像权。肖像权是指公民对以在自己的肖像上所体现的利益为内容的权利。在法律意义上讲，肖像是指通过照相、录像、绘画、雕塑等视觉艺术使公民的外貌特征再现的作品。肖像以图形标记自然人的特征，其反映的形象与该公民的外貌特征存在一致性、同一性，没有头、面部而只有躯干或四肢的写照不能称其为肖像。《民法通则》第一〇〇条规定：“公民享有肖像权，未经本人同意，不得以营利为目的使用公民的肖像。”因此，侵犯肖像权的行为，体现在没有法律根据，又未经本人同意，擅自制作或者使用他人肖像的行为。虽然《民法通则》仅规定未经本人同意不得以营利为目的使用公民肖像，但一般认为即使非以营利为目的，也侵犯了公民的肖像权。在医疗实践中，有时为了收集病例经常需要利用摄影、摄像等方式对患者进行记载，如果在论文、著作中发表，或者为了宣传教育而在公开场合播放或张贴，就有可能侵害患者的肖像权。例如，某医院皮肤科为了宣传医学科普知识和向公众介绍本院的疗效，将曾在该院治病的李某的头面部正位彩色照片印在宣传单上四处散发，并将放大的照片张贴于候诊室橱窗内。李某感到自己患病时的面部照片不雅，有损他的形象，并且于再次就诊时被其他来看病的人认出而围观、询问。于是多次要求医院停止使用自己的照片。但医院认为李某的情况是该医院治愈的典型病例，表现其病情状况的记载用于医学宣传是正当的，不属于侵权，因而拒绝李某的要求。后李某以侵犯肖像权为由诉至法院。后经法院调解，医院停止使用李某的照片，销毁尚未发出的传单，并向李某赔礼道歉。因此，在医疗活动中，为避免侵权，应尽量不使用患者的肖像，如果需要使用患者的肖像时，应首先征得患者同意。比如，一个医学研究成果，需要使用患者面部照片，如果该成果所涉及的问题与患者眼部没有关系，则应在发表的照片上尽量用特殊的方法蒙住患者的眼部，以使患者的身份不易被辨认。

2. 在本案中，医疗机构虽然误诊患者感染艾滋病并向其单位通报，但医疗机构并没有到处传播而且主观上并没有侵害患者名誉权的过错，因此。本案中的医疗机构并未侵犯患者的名誉权。

在本案中，原告认为被告在没有确凿根据的情况下，把怀疑自己是艾滋病感染者这一病情通知单位领导，进而在单位同事中扩散，从而影响了自己的正常工作和生活，侵犯了自己的名誉权。那么，原告的主张是否成立？根据最高人民法院《关于审理名誉权案件若干问题的解答》中的规定，构成侵犯名誉权需要具备以下要件：（1）确有名誉被损害的事实；（2）行为人的行为具有违法性；（3）行为与损害后果之间有因果关系；（4）行为人主观上有过错。综上，该案一审法院认定被告侵犯了原告的名誉权，判决两被告承担侵权责任。后案件经过二审法院，二审法院认定被告没有侵犯原告的名誉权，改判撤销了一审的判决，驳回了原告的诉讼请求。依据该案件的事实，被告在对当时属于危重患者的原告进行血样检测后，怀疑其为艾滋病病毒感染者，按照卫生部下发的《艾滋病检测管理的若干规定》，采取了向卫生防疫机构报告、初诊、隔离治疗等措施。为便于治疗和隔离的配合，加之患者当时处于病危状态，在这种紧急情况下，被告北京市海淀区某人民医院和医生樊某某依照规定向患者的家属和单位领导通报患者的病情，这是符合法律规定的合法行为。被告的行为与患者涉及其隐私的病情被泄露和扩散没有必然的因果关系。因为被告仅向患者家属和单位领导通报了患者的病情，并且要求被通报人保密，这种通报属于被告正常的工作。由此可见，被告北京市海淀区某人民医院和医生樊某某的一系列行为都是按照法律、法规的规定进行的，是履行医疗机构的法定义务，也是对社会和患者负责的行为。可以说，被告在主观上没有侵害患者名誉权的过错，客观行为也没有违法性，因而不能认定被告侵害了原告的名誉权。二审法院做出的判决是正确的。

但是，该案件中患者的病情被进一步扩散原因在于患者单位的领导没有尽到保密义务，责任在于患者单位的领导。如果原告要追究对自己名誉权的侵权责任，应当根据具体情况由患者所在单位的领导承担责任，不过这与该案件没有因果关系。

需要说明的是，对待医疗活动中存在的类似情况，如果医疗机构及其医务人员不严格按照法律法规的规定进行处理，以致造成涉及患者隐私的病情被扩散，影响到患者的名誉，就会侵犯患者名誉权。

医院虚假广告给患者造成损失之诉

案情简介：

患者王某在睡觉的时候有打鼾的毛病，每当晚上睡觉的时候，家人感到痛苦万分，经常因王某如雷贯耳的打鼾声导致失眠，给生活和工作带来了极大的不便，同时也影响了家庭的和睦。患者王某本人也感到十分痛苦，到处寻医治疗也没有良好效果。2004 年 9 月 27 日，王某在报纸上看到河北省某市华光医院（以下简称“华光医院”）治疗打鼾“效果显著，安全可靠”的广告后，便决定去该医院作激光切除悬雍垂（即小舌）的手术。术前，王某担心该医院的治疗效果，曾多次向主治医生询问手术的效果及安全性，医院的主治医生胸有成竹地承诺说“成功率达 100%”，但是没有告诉患者王刚手术可能出现的并发症。术后，患者王某的鼾症丝毫不减，且进食发呛，头痛、缺氧，睡眠呼吸困难甚至暂停。几经治疗无效后，患者王某到北京找到专家，经检查，他成了重度阻塞性呼吸暂停综合征患者。同时，他被告知目前的症状系小舌切除、软腭贴后壁造成的。在得知鼾症的科学诊治情况后，患者王某认为，华光医院在术前有责任向自己讲清手术的潜在风险并签订手术风险合同，但实际上，华光医院连病历都没给他建立，并在没有检测仪器查明病情的情况下便草率给他做了手术，由此给他造成了终身痛苦，患者王某要求进行医疗事故鉴定并给予赔偿。但市、省级医疗事故鉴定委员会都一致认为，手术诊断明确，符合手术指征，患者王某所出现的情况是术后并发症，属病情或体质特殊，难以预料，不属医疗事故。

患者王某不服此鉴定结论并认为，华光医院以虚假的广告承诺引诱患者前往其医院治疗鼾症，并且不为患者建立病历，其行为违反了《医疗广告管理办法》《医疗机构管理条例》的有关规定。最可恨的是，自己前往该医院接受治疗时，主治医生自吹自擂该医院的成功率为100%，对于其他注意事项以及手术后会出现的风险从未提起。自己在受蒙蔽之后接受了该医院的治疗。术后，自己打鼾的毛病不仅没有医治好，反而还添上了嗜睡、吞咽困难甚至呼吸暂停的毛病，如今只能每天戴着呼吸治疗仪睡觉，给自己的精神上增加了许多痛苦。综上，华光医院的欺骗行为已经侵犯了自己的身体健康权，依法应当承担自己所遭受的经济损失和精神损失。但患者王某的赔偿要求遭到了华光医院的拒绝，患者王某无奈之下于2005年4月23日依法向河北省某市人民法院提起诉讼，请求法院依法判令被告华光医院赔偿自己经济损失2万元以及精神损失3万元。

被告华光医院认为，本医院在医治患者的时候一直追求“信誉第一”的宗旨，根本没有做虚假承诺的广告引诱患者前来医治。患者王某的病例比较特殊，而且患者王某术后所出现的症状，属病情或自己的体质特殊发展而成，本医院对这种后继发展的结果难以预料，且本医院在治疗过程当中，治疗程序和措施正当，不存有任何过失行为，因此，本医院不应承担患者王某的一切损失。而且，经过市、省医疗事故鉴定委员会的鉴定结果，均认为本案不属于医疗事故。综上，患者王某向法院提起的诉讼请求于法无据，请求法院依法驳回原告的诉讼请求。

另悉，根据北京协和医院睡眠呼吸疾患诊治中心黄席诊教授介绍，鼾症患者全国达1.3亿人，有关治疗程序和措施正在受到重视，但诊治还很不规范。鼾症患者中发生睡眠呼吸暂停的有阻塞型、中枢型和混合型三种，从发病机理看，涉及肌肉、神经等多种因素，与高血压、糖尿病、外伤等几十种因素有密切关系。一般情况下，治疗需要借助呼吸暂停的专门仪器检查，明确诊断后对症施以药物或物理、手术等不同方法，手术因其术后效果难以保证，存在一定风险，应谨慎进行，且较适用于轻度患者。目前在国外仅有20%的患者选择手术治疗。黄席诊教授认为，对此虽有一个认识的过程，但医院应该在检查确诊的前提下，填写最起码的门诊病历和手术凭据，并如实讲明并发症情况，更不应该在广告中误导。患者王某表示，人有1/3的时间是在睡眠中度过的，现在他每晚处在呼吸治疗仪的噪声中，这给他的精神造成了很大的痛苦，生活受到了直接的影响。据患者王某估算，今后更换呼吸治疗仪的费用需要3000多元。

法院判决：

河北省某市人民法院经审理认为，原告王某前往被告华光医院接受治疗，双方建立了医患法律关系。被告负有如实告知患者病情、治疗措施和术后风险的义务以及为患者建立病历资料的义务。在本案中，被告华光医院在为原告治疗的过程中，虚假承诺成功率为100%，其虚假承诺的行为已经违反《医疗广告管理办法》的有关规定。而且被告在治疗期间，未为原告建立病历资料，在手术前也未履行告知术后可能产生并发症的风险问题，导致原告在受蒙蔽的情况下接受了治疗，被告的行为已经违反了法律法规的有关规定，侵犯了原告的身体健康权，应当依法承担责任。根据《医疗广告管理办法》第三条、第五条，《医疗事故处理条例》第十一条、第五十条，《中华人民共和国民事诉讼法》第一二八条之规定，判决如下：

1. 由被告赔偿原告经济损失15478元；

2. 由被告承担原告今后更换呼吸治疗仪的费用3248元。

本案评析：

1. 在本案中，被告华光医院所做的医疗广告违反了《医疗广告管理办法》的有关规定。

本案是一起因患者信赖医院所做的广告，并信赖医院所做的承诺，而最后导致手术无效并引发并发症所引起的医疗损害赔偿纠纷案件。在现在的医疗市场上，医疗广告形形色色，鉴于此，国家工商局、卫生部公布实施的《医疗广告管理办法》相关条文规定：“医疗广告内容必须真实、健康、科学、准确，不得以任何形式欺骗或误导公众。”“医疗广告内容仅限于机构名称，诊疗地点，从业医师姓名，技术职称、服务、商标、诊疗时间、诊疗科目、诊疗方法，通信方式。”“医疗广告禁止出现下列内容：……保证治愈或者隐含保证治愈的；宣传治愈率，有效诊疗效果的。”

因此，在本案中，被告华光医院治疗打鼾的效果从实际治疗的效果来看并不理想，而其在广告中却说“效果显著，安全可靠”“成功率达 100%”，显然与《医疗广告管理办法》要求的医疗广告内容必须真实，不得以任何形式误导公众的规定不相符。并且被告华光医院在广告中所做的“效果显著，安全可靠”“成功率达 100%”是在宣传诊疗效果，其行为违反了上述《医疗广告管理办法》第七条的禁止性规定。因此，在本案中，被告华光医院所做的医疗广告违反了《医疗广告管理办法》的有关规定，误导了患者，其虚假的宣传行为对于消费者来说，已经构成了一种欺骗和欺诈的行为。

2. 在本案中，医疗机构没有书写最基本的医疗文书，其行为违反了《医疗事故处理条例》和有关医疗法律、法规的规定。

病历资料是指患者在医院诊治过程中接受问诊、查体、诊断、检查、治疗、护理等医疗过程的所有医疗文书资料，包括医务人员对病情发生、发展、转归的分析、医疗资源使用和费用支付情况的原始记录，是经医务人员、医疗信息管理人员收集、整理、加工后形成的具有科学性、逻辑性、真实性的医疗档案。因此，在医疗活动中，由医疗机构制作和保管的病历资料是记录医疗行为和医疗过程的重要文书，是医疗事故技术鉴定和处理医疗事故争议的重要资料。因此，必须保证病历资料的客观、真实、完整，这就要求医疗机构对病历资料实行科学管理。因此，《医疗事故处理条例》对于医疗方在病历资料管理活动过程中的义务做了以下要求：

（1）医疗机构应当按照国务院卫生行政部门规定的要求书写病历资料。医务人员在书写病例时，要使用医学术语，做到文字通顺简练，字迹清晰，没有错别字、自造字及非国际通用的中、英文缩写，涉及的数字要使用阿拉伯数字，重点内容以不同颜色书写或标记，内容不得随意涂改。整个病历的内容达到真实完整，重点突出，条理清晰，具有逻辑性和科学性。

（2）医疗机构应当按照国务院卫生行政部门规定的要求妥善保管病历资料。病历资料属于医药卫生科技档案，是国家档案资料的重要组成部分。《中华人民共和国档案法》《中华人民共和国档案法实施细则》和《医药卫生档案管理暂行办法》中对于档案、病历的保管都做出了规定。按照这些法律法规的规定，医疗机构要按照统一领导、分级管理的原则，设置专业部门、配备专职人员负责病历资料的收集、整理、分类、质量检查、统计分析、检索、保管等工作，并提供设备、设施等支持条件，建立病历保管、统计、借阅等相关管理制度。

（3）因抢救急危患者，未能及时书写病历的，有关医务人员应当在抢救结束后 6 小时内据实补记，并加以注明。按照诊疗常规，门诊病历应即时书写，在患者每一次就诊的同时就应书写完成。急诊病历应在接诊的同时或处置完成后即时书写。住院病历中入院记录或住院病历应在患者入院后 24 小时内完成，首次病程记录和术后首次病程记录要及时记录。在抢救急危患者时，医务人员的首要任务是争取时间，抢救患者生命。在这种情况下，时间就是生命，必须抓紧一分一秒去实施各种抢救措施全力抢救患者，很多情况下，医生根本顾不上也没有时间去书写有关记录，因此，医务人员在不能及时书写有关病历资料时，可以在抢救结束后 6 小时内及时补记患者被抢救时的初始生命状态和抢救过程的病历记录，完整、真实地记录客观情况。

（4）严禁涂改、伪造、隐匿、销毁病历资料。医务人员在正常书写病历资料时由于笔误或者其他正当理由，需要修改病历记录时，应严格按照《医院工作制度》中规定的要求进行修改。这属于对病历记录的正常修改，与涂改病历记录不同。涂改病历是指为了逃避责任或者是为了谋取不正当利益，在病历记录书写完成后为掩盖原病历记录的真实性而违背客观事实对病历记录所进行的涂抹和修改。《医疗事故处理条例》严禁涂改病历资料的行为。除了涂改病历资料之外，《医疗事故处理条例》和《执业医师法》还都对伪造、隐匿、销毁病历资料的行为做了禁止性规定。医务人员要坚持注重客观、认真负责的原则，实事求是地如实记录病历资料。伪造、隐匿、销毁病历资料是违法行为。

（5）当患者希望得到病历资料时，医疗机构负有为其提供复印或复制服务的义务。对于这种服务，医疗机构可以按照规定收取工本费。

综上所述，在本案中，被告华光医院在给患者王某治疗的过程中，根本没有给患者王某建立病历，也就是说连最根本的医疗文书都没有书写，违反了《医疗事故处理条例》的有关规定。根据《医疗事故处理条例》第五十六条规定："医疗机构违反本条例的规定，有下列情形之一的，由卫生行政部门责令改正；情节严重的，对负有责任的主管人员和其他直接责任人员依法给予行政处分或者纪律处分：（1）未如实告知患者病情、医疗措施和医疗风险的；（2）没有正当理由，拒绝为患者提供复印或者复制病历资料服务的；（3）未按照国务院卫生行政部门规定的要求书写和妥善保管病历资料的……"因此，患者王某可以向卫生行政主管部门投诉，要求卫生行政主管部门根据《医疗事故处理条例》第五十六条第一款、第三款之规定，对被告华光医院的主管人员给予行政处罚或者纪律处分。

3. 在本案中，被告华光医院没有尽到应尽的忠实义务，应当赔偿因此给患者造成的经济损失。

在我国现实生活中，我们一般都不否认，患者到医院就诊时与医院达成了一种合同关系。这种合同关系的性质，有的认为是委任合同关系，有的认为是劳务合同关系，我国司法界和法律界通说一般认为其属于服务合同。这种服务合同中的条款一般不是患者与医院之间有明确的意思表示，而是属于默示条款。默示条款指的是合同本身虽未规定，但在纠纷发生时由法院确认的，合同中应当包括的条款。这种默示条款可以根据不同的判断标准分为三类：一类是事实上的默示条款即合同中未明确规定，但根据当事人的意思必然包括在内的条款；另一类是法律上的默示条款，即那些虽然当事人并无此意，但法律规定应当包括的条款；第三类是习惯上的默示条款，即根据习惯和惯例应包括在合同中的条款。还应注意的是医疗服务合同中的默示条款与法律上的有关默示条款还有所不同，它不必在发生纠纷时才由法院确认，而是在诊疗护理过程中医务人员依据国家法律、行政法规、规章以及医疗技术法规自觉地遵循，患者囿于医学知识并不知道医务人员的所作所为的正确与否，只是基于对医务人员的信任由其作为，只有在身体受到损害后才请求救济。因此，医疗服务合同中的默示条款是上述第二类和第三类的综合，所不同的是，在医疗服务合同中，习惯上的默示条款主要表现为医疗技术法规条款。

由上述默示条款的理论，依据我国《民法通则》《消费者权益保护法》《执业医师法》《医疗机构管理条例》和《医疗事故处理条例》等法律、法规的规定，与本案密切相关的是：患者享有知情同意的权利和医院应尽的忠实义务。患者享有的知情同意的权利主要有：（1）患者有权了解和认识自己所患疾病，包括检查、诊断、治疗、处理及预后等方面的情况；（2）有权参与涉及其医疗计划的一切决定。除法律、法规另有规定外，没有患者自愿的、有行为能力和理解的同意不进行任何处理，这种同意应以书面的形式向患者提出，由患者或其亲属签字。在本案中，医院应尽的忠实义务主要有：医院应当向患者提供有关医疗服务的真实信息，不得作引人误解的虚假宣传，对患者就其提供的医疗服务的内容、方法、效果、不良反应和副作用等问题提出的询问，应当做出真实明确的答复。

综上，在本案中，被告华光医院没有让患者充分行使其知情同意权并且华光医院没有尽到应尽的忠实义务。具体体现在：（1）当患者王某多次询问手术的效果及安全性，行使知情权时，医生只告诉其“成功率100%”，而没有告诉其手术后可能出现的并发症，这说明华光医院没有让患者王某行使知情权；并且没有真实、明确地对患者工某的询问做出答复，没有尽到应尽的忠实义务。（2）华光医院“效果显著、安全可靠”的广告以及医生的许诺“成功率100%”给患者造成了误导，违反了医院应尽的忠实义务。

因此，在本案中，如果华光医院如实告知患者王某手术后可能出现的并发症，使患者王某对医疗信息有充分的了解，患者王某就可能选择其他的治疗方法，如药物治疗。而实际上，华光医院为了营利，在手术前没有对患者王某讲明手术可能导致的不良后果，使患者王某由于不知情而无法对是否采用激光切除悬雍垂手术做出正确选择，是在受了误导才做出采用激光切除手术的决定，从而导致了原本可以避免的并发症，所以被告华光医院应对患者王某因手术而受到的损失进行赔偿。

患者家属不积极配合医院救治导致患者死亡之诉

案情简介：

2004年5月6日晚，患者杨某酒后从楼梯上摔下，导致头颈部疼痛，四肢麻木，活动受到限制，其家属发现之后立即将患者送往被告某医院（以下简称“被告医院”）救治，经被告医院初步拟诊为“脊椎外伤”；头颅、颈部CT，腰椎摄片均未发现异常。2004年5月7日凌晨1时，被告医院对患者杨某进行骨科会诊，检查发现患者杨某四肢腱反射消失，双乳头平面以下感觉消失，被诊断为“颈髓损伤”，由骨科留院观察并作头部牵引及对症处理。

2004年5月8日11时，被告医院将患者杨某收入骨科病房进行治疗观察。2004年5月9日凌晨2时，患者杨某出现恶心、呼吸轻度困难，被告医院的医生给予持续吸氧等对症处理，患者杨某病情才有所好转。12时，患者杨某诉腹胀、呕吐，经被告医院外科会诊，拟诊胃肠道麻痹，予以禁食、胃肠减压。由于患者杨某不能忍受插胃管的痛苦，多次插胃管均未成功，患者家属见到杨某痛苦不堪，遂拒绝被告医院实行胃肠减压。22时许，患者杨某突然呼吸微弱、脉搏消失，经抢救无效于23时52分死亡。死亡诊断“颈椎损伤，高位截瘫，呼吸衰竭”。但尸解报告为“胃内容物吸入导致呼吸窘迫综合征”。

患者杨某的家属认为是因“呼吸窘迫综合征”死亡，而非“颈椎受伤，高位截瘫”引起呼吸衰竭死亡，并认为被告医院对死亡诊断不明确，延误了有效治疗，要求追究被告医院的医疗事故责任。被告医院医疗事件处理小组经讨论认为杨某医疗事件不属医疗事故。原告对此结论不服，依法向北京市医疗事故技术鉴定委员会申请鉴定，该委员会鉴定书认为：1. 根据病员杨某的病史、临床表现，CT片，“颈髓损伤，颈椎延伸性损伤”的诊断明确。根据尸解报告，病员死亡原因是胃内容物吸入导致呼吸窘迫综合征。2. 胃肠道麻痹是颈髓损伤的常见并发症。被告医院的有关医务人员对颈髓损伤实行局部牵引及激素、脱水剂等药物治疗，处理正确。3. 病员杨某死亡系病程演变所致。根据医患双方提供的资料，认定医务人员过失直接造成病员死亡的依据不足。最后该鉴定委员会做出结论为：被告医院的医疗事件不属于医疗事故。

患者杨某的家属认为，2004 年 5 月 6 日晚，自己的直系亲属杨某不慎从楼梯上摔下，被送至被告处急诊，当即以“颈髓损伤（颈髓震荡）”留院观察。2004 年 5 月 8 日，转入被告的骨科病房。2004 年 5 月 9 日 2 时 30 分左右，患者杨某出现恶心、呼吸稍快等症状，被告的医生给予吸氧处理，但吸氧所用的氧气袋却压力不足，需要家属不断用手挤压；午后，患者杨某出现腹胀、肠鸣音减弱等症状，需做胃肠减压，被告明知患者杨某已作颈部牵引，插胃管困难仍盲目插管，使患者杨某咽部受刺激呕吐不止，直接造成多次误吸胃内容物；当晚 7 时许，患者杨某出现呼吸困难，直至 23 时过后，被告才陆续到位实施抢救，而抢救用的氧气瓶是由患者杨某的家属自己到楼上搬下来的，且吸痰器插座没有电，由此延误了抢救时间，患者杨某于 23 时 52 分死亡。当时，被告做出的死亡诊断为“颈髓损伤伴高位截瘫”，死亡原因为“呼吸、循环衰竭”。而经尸解死亡原因为“胃内容物吸入导致呼吸窘迫综合征”。鉴于上述情况，可以说明杨某的死亡应属医疗事故，与被告在治疗、护理中的失误、失责，对导致病危的原因判断错误有关，被告医院应当承担责任。因此，患者杨某的家属于 2004 年 10 月 23 日依法向北京市石景山区人民法院提起诉讼，要求被告医院赔偿经济损失费和精神损失费合计人民币 15 万元、丧葬费人民币 5000 元、鉴定费人民币 300 元、律师费人民币 5000 元，诉讼费由被告医院承担。

被告医院认为，医院对患者杨某病情诊断明确，治疗措施符合诊疗常规，患者杨某死亡的原因是胃内容物吸入导致呼吸窘迫综合征，系病情演变所致，与被告的医疗行为无因果关系，而且医院在抢救患者杨某的时候已经尽了最大的努力，在抢救的过程中医院并没有任何过错和失职，因此，原告的诉讼请求没有尊重客观事实，更没有法律依据，故不同意原告的诉讼请求，请求法院依法驳回原告的所有诉讼请求，以维护医院的名誉和利益。

法院判决：

北京市石景山区人民法院经审理认为，患者杨某前往被告医院接受治疗，双方已经形成了医患法律关系。当患者杨某出现生命危急时，被告医院采取了予以禁食、胃肠减压的治疗措施，并对患者实施插胃管治疗，但由于患者不能忍受，多次插胃管均未成功，患者家属此时也拒绝行胃肠减压，并按被告医院要求履行了拒绝进行胃肠减压的签字手续。至此可以认定，被告医院已经履行了知情告知权，而原告则行使了对医疗服务的选择权，同时也充分认可了不行胃肠减压的后果，但应当承担拒绝后果的义务。因此，医院对患者杨某病情诊断明确，治疗措施符合诊疗常规，患者杨某死亡的原因是胃内容物吸入导致呼吸窘迫综合征，系病情演变所致，与被告的医疗行为无因果关系，故被告医院不应承担赔偿责任，故原告的诉讼请求本院不予支持。根据《中华人民共和国民事诉讼法》第一二八条之规定，判决如下：驳回原告的诉讼请求。

本案评析：

1. 在本案中，患者杨某的家属不积极配合医院的救治。由此对患者杨某造成的损害，应由原告自行承担。被告不具有过错责任。

在医疗服务过程中，医患关系是相互依存的。医务人员的权利、义务与患者的权利、义务是密切联系的。医务人员的权利往往成为患者的义务，而患者的权利，往往是医务人员的义务。医疗服务活动是需要医务人员与患者相互配合才能顺利开展，达到患者就医的目的。医疗服务活动具有其特殊性。首先，医疗服务活动的从事者具有一定的裁量权；其次，医疗服务活动在某些情况下也是一种“可允许范围内的”医疗伤害行为。在医疗服务活动中，患者拥有知情同意或拒绝的权利，当然也应承担相应的医疗风险或拒绝后果的义务。因此，为了给予患者及时、正确的治疗，患者就应该积极与医务人员合作，这也是治愈疾病，恢复与维持健康状况的重要基础。

在本案中，患者由于颈髓损伤，在治疗两天后，出现了胃肠道麻痹的并发症。根据医学文献和专家鉴定都认为胃肠道麻痹是颈髓损伤的常见并发症，如不采取胃肠减压，十分容易造成胃内容物吸入导致呼吸窘迫综合征。被告医务人员采取了禁食、胃肠减压的治疗措施，对患者实施插胃管治疗，医院的治疗措施是正确、适当的。但由于患者不能忍受，多次插胃管均未成功，患者家属拒绝行胃肠减压，并按被告医院要求履行了拒绝进行胃肠减压的签字手续。至此可以认定，被告医院已经履行了知情告知权，而原告则行使了对医疗服务的选择权，同时也充分认可了不行胃肠减压的后果，承担了拒绝后果的义务。

但在诉讼审理中，人民法院对患者权利和义务的行使也作了如下阐述。由于医疗行为具有高度专业性、技术性的特点，医疗人员作为专家对医疗方案的提出及实施具有一定的裁量权，而患者对医生提出的医疗方案具有是否接受的选择权。在特定情况下，医生有依照法律采取强制治疗的权限，如患者自愿放弃接受医生拟定的强制医疗方案，必会对治疗效果产生一定的不利后果。作为常理，因此患者在做出拒绝接受某一治疗方案决定时，应充分考虑以上因素。当然，患者对产生后果不明的情况下可向医疗单位进行询问，医疗单位应当给予准确的答复，无须医疗单位通过书面或者特别的方式告知患者。本案中，被告要求患者杨某家属履行拒绝进行胃肠减压的签字手续，足以证明了被告已向患者杨某强调了插胃管的重要性，原告对此仍拒绝插胃管，并履行了签字手续，应认定其已充分认知了不行胃肠减压的后果，由此对患者杨某造成的损害，应由原告自行承担，被告不具有过错责任。

2. 在本案中，患者的家属不能以“死亡诊断与尸解结论”的差异，要求医院承担赔偿责任。

在本案中，被告医院做出的死亡诊断为“颈髓损伤伴高位截瘫”，死亡原因为“呼吸循环衰竭”。但经尸解死亡原因为“胃内容物吸入导致呼吸窘迫综合征”。导致被告医院做出的死亡诊断与尸解死亡原因做出的结论不一致，从而导致原告认为患者的死亡与被告对导致病危的原因判断错误有关，应属医疗事故。那么，在本案中，患者的家属能否以“死亡诊断与尸解结论”的差异，要求医院承担赔偿责任呢?

从法律上分析，在医疗纠纷损害赔偿案件中，医院承担民事责任的前提是医院的医疗行为存在过错，且该过错的医疗行为与患者的损害后果之间存在因果关系。而非以死亡诊断与尸解结论的差异为承担民事赔偿责任的依据。而以上责任的认定，往往是需要通过医疗事故鉴定才能完成。在本案中，市医疗事故技术鉴定委员会的医疗事件鉴定书已明确，处理符合常规，病员死亡系病程演变所致，认定医务人员过失直接造成病员死亡的依据不足。后经法院质证，在原告无其他举证材料推翻此鉴定结论的前提下，法院采信了鉴定委员会的最后鉴定结论。因此，原告对自己的主张无证据证明，法院不支持原告要求追究被告赔偿责任的请求是正确的。

从医学上分析，根据《死亡医学证明书》的填写要求，应记入《死亡医学证明书》的死亡原因是指所有直接引起或间接促进死亡的那些疾病或损伤、中毒，以及造成损伤、中毒的外部原因，即根本死亡原因。它不同于主要死因即最后导致死亡的最重要、最严重的那个疾病或情况。对于每一个死亡病例来说，主要死因常常不等于根本死因，最终导致死亡的那个疾病不一定是病人临死时影响最大的那个疾病。因此，患者家属是不能依据《死亡医学证明书》上的死亡原因与尸解死亡原因有差异而认为医院有对病因判断错误之嫌，并要求医院承担损害赔偿责任。

综上所述，在本案中，患者的家属不能以“死亡诊断与尸解结论”的差异，要求医院承担赔偿责任。最后法院依法判决驳回原告的诉讼请求是正确的。

医院术前常规检查未发现手术禁忌症致患者死亡案

案情简介：

患者吴小兵因出现进食哽咽感，并进行性加重伴消瘦，于2002年6月到被告北京市第一人民医院接受治疗。北京市第一人民医院为其进行了胃镜检查，发现贲门部有新生物。2002年11月，患者吴小兵在北京市第一人民医院再次做胃镜检查，显示：贲门狭窄，贲门癌可能性大，并建议手术治疗。

2003 年 1 月，患者吴小兵住院准备接受手术，手术前经主治医生医嘱，在手术前要进行 CT 检查，但被告北京市第一人民医院未执行。在手术中经探查发现，贲门癌已在腹腔、腹膜广泛转移，回盲部有一肿块与腹壁粘连固定，质硬，故未能切除腹腔肿块，术后病理检查显示为低分化腺癌。出院后，患者吴小兵进行了化疗和中医治疗，最终因贲门癌晚期而去世。

患者吴小兵的家属与北京市第一人民医院发生纠纷，向当地人民法院提起诉讼，称被告北京市第一人民医院主治医生在患者吴小兵的手术前做出的医嘱要求进行 CT 检查，但未执行。被告北京市第一人民医院在未进行腹部 CT 检查、未确定是否有肿瘤转移的情况下即进行手术，显然违反了手术常规，而贲门癌腹腔转移恰恰是手术的禁忌症范围。因此，被告北京市第一人民医院手术不当，不仅促使肿瘤细胞进一步扩散，使患者病情不断加重，更由于腹腔探查造成了肠梗阻，最终导致患者吴小兵死亡。可见，患者吴小兵的过早死亡与被告北京市第一人民医院的手术不当密切相关。综上所述，被告北京市第一人民医院的行为侵犯了患者的生命权，请求人民法院依法判决被告北京市第一人民医院赔偿因患者吴小兵死亡造成的各项物质和精神损失 20 万元。

被告北京市第一人民医院认为，患者吴小兵的疾病是贲门癌，该院在手术前为患者吴小兵进行了常规检查，有手术指征，未查及手术禁忌症。因此，患者吴小兵的死亡是其疾病的自然转归，北京市第一人民医院对此没有过错，不同意赔偿原告任何经济损失，请求人民法院依法驳回患者吴小兵家属的诉讼请求。

法院判决：

北京市丰台区人民法院经审理认为，被告北京市第一人民医院在手术前为患者吴小兵进行了常规检查，有手术指征，未查及手术禁忌症。患者吴小兵患的是贲门癌，该类病症术前必须进行的 X 线钡餐检查、纤维胃镜检查及腹部 B 超，被告北京市第一人民医院都已经完成。CT 检查并不是必须进行的常规检查，在可以选择的非必要检查项目中也没有腹部 CT 检查，所以，被告北京市第一人民医院未进行腹部 CT 检查不能说明其有过错。另外，在手术前，被告北京市第一人民医院已经将手术的危险告知患者吴小兵的家属，并在取得患者吴小兵家属的同意后进行手术。在手术中因发现肿瘤已经广泛转移，故未能切除肿块。患者吴小兵家属所说的肠梗阻是肿瘤增大的自然结果，与手术没有关系，而且手术的并发症之一就是肠梗阻，其不能证明患者死亡的原因就是肠梗阻。因此，患者吴小兵的死亡是其疾病的自然转归，被告北京市第一人民医院对此没有过错，对患者吴小兵家属的诉讼请求本院不予支持。最后法院根据《医疗事故处理条例》第三十三条之规定，依法判决驳回原告的诉讼请求。

本案评析：

判断医疗机构及其医务人员在医疗技术上是否具有过错，应当以一般的医疗水准为依据。所谓医疗水准，是指当时临床医学实践中医疗的一般水平与标准，是现实中医学界已普遍化的医疗实践技术。决定医疗水准的因素包括学术界的不断尝试、实践经验的积累、医疗技术设施改善等。虽然一般的医疗水准是判断医院在医疗技术上是否具有过错时遵循的基本原则，但并非完全依赖于此，对于超出一般水准之上的技术，医院经过权衡之后有权选择是否对患者进行使用，但由此产生了相关的说明义务，要求医生对超出一般医疗水准之上的技术向患者履行不带任何倾向性的说明义务，即对患者说明此项技术的存在，对患者是否使用不作引导，是否选择完全由患者决定，从而产生的后果也由患者承担。这样既满足患者利益的最大化，又没有加重医院的责任。在以一般的医疗水准判断医院在医疗技术上是否具有过错的同时，还要考虑医生所处的具体环境与拥有的条件，即医疗的地域性因素，表现为医院的大小差别、地区的经济发展程度的差别。综合性的大医院具有设备精良、人才丰富的特点，通常在一个国家的医学领域处于领先的地位。与这些条件相适应，患者期待合理范围内更好的医疗效果和更完善的服务是法律所允许的。而偏远地区的医疗水平相对比较落后，在认定过失时应当结合实际情况，但是对于明显超出自己能力范围的，医院应当履行转院义务，除非患者明确表示不同意，否则医院应当及时转院。

因此，在本案中，判定被告北京市第一人民医院是否承担赔偿责任的前提是其在为患者吴小兵进行的医疗活动中是否具有过错和该过错与患者吴小兵的死亡之间是否具有因果关系。而被告北京市第一人民医院在医疗技术上是否具有过错是由其诊疗活动是否达到了一般的医疗水准决定的。

首先，根据国际统计分类，贲门与食管连接处的恶性肿瘤属于胃恶性肿瘤的范围，所以对患者吴小兵贲门癌病症的诊治应当遵循胃癌的治疗原则。而在相关的医疗规定及医学文献中，对胃癌的术前常规检查为胃镜、X 线钡餐检查、腹部 B 超，并没有必须进行 CT 检查的规定。胃癌的诊断主要依赖 X 线钡餐检查和胃镜加活检。虽然被告北京市第一人民医院未执行 CT 检查的医嘱，在诊治过程中不够严谨，但由于被告北京市第一人民医院已经进行了常规检查，并未发现手术禁忌症，治疗活动已经达到了一般的医疗水准，尽到了相当的注意义务。所以，被告北京市第一人民医院在对患者吴小兵实施的手术治疗中并无过错。

其次，患者吴小兵的家属认为被告北京市第一人民医院的手术探查造成了患者吴小兵在手术后的肠梗阻，而肠梗阻是造成患者吴小兵死亡的原因之一，但没有提供充分的证据。患者吴小兵家属所说的肠梗阻是肿瘤增大的自然结果，与手术没有关系，而且手术的并发症之一就是肠梗阻。因此，患者吴小兵的家属主张被告北京市第一人民医院手术造成肠梗阻并导致患者吴小兵死亡的理由不能成立。

综上所述，由于实施手术是目前唯一能够治愈胃癌的方法，所以被告北京市第一人民医院在术前检查没有发现手术禁忌症的情况下对患者吴小兵进行手术治疗是符合诊疗常规的，而且其治疗活动达到了一般的医疗水准，没有任何过错行为。而且被告北京市第一人民医院按一般医疗水准进行了术前检查，未进行 CT 检查并不违反医疗常规，且未进行 CT 检查的行为与患者吴小兵的死亡之间也没有任何因果关系，因此，患者吴小兵家属的诉讼请求是没有事实和法律依据的，不应当受到法律的支持。

退休医生医疗事故案

案情简介：

原告张某因患耳疾，于2004年8月27日在北京市民园卫生院接受治疗，为其看病的主治医生潘某对原告张某介绍说，有一名医专治耳疾，所需医疗费便宜而且医治的病例在社会上取得效果优良，劝原告张某前往名医处医治。在潘某的鼓吹下，原告张某为之心动，同意和潘某一起前往名医处医治。到达名医处时，原告张某发现名医处正是潘某家。潘某向原告张某解释，名医就是自己从中国某空军总医院退休的丈夫，因刚才在自己的工作单位不方便说，并让原告张某放心，其丈夫的医治水平在以前的医院中是出了名的，而且确诊后会带原告张某前往中国某空军总医院进行治疗。原告张某见潘某的丈夫李冰以前是名医院的医生，而且确诊后带其去中国某空军总医院就诊，于是就同意让李冰为其医治耳疾。

2004年8月28日，李冰为原告张某确诊后，带领原告张某前往中国某空军总医院接受治疗。在中国某空军总医院耳鼻喉科的诊室为原告治病时，因诊室的药品摆放位置发生了变化，而李冰仍按以前的习惯取药，结果错将硝酸银当作麻醉剂滴入原告右耳内，造成原告张某右耳外道鼓膜和面部灼伤，后出现右侧面瘫，继发性右侧中耳炎。经中国人民解放军总医院手术治疗，目前仍遗留不可恢复的右侧部分面肌瘫痪，右耳听力丧失。经司法部司法鉴定科学技术研究所法医鉴定，结论为“被鉴定人张某右耳道内被硝酸银烧灼后，目前遗留有右侧不完全面瘫，右耳极度听觉障碍，已达八级致残”。

原告张某向北京市丰台区人民法院起诉，诉称：2004年8月28日上午，被告李冰在中国某空军总医院的耳鼻喉科门诊室，为自己治疗耳疾时，本应使用麻醉剂，却错误地使用了腐蚀剂硝酸银溶液，致使自己的中耳、内耳化学烧伤并感染。后虽经手术治疗，至今仍遗留右面肌麻痹、右耳感音性耳聋等。给自己身体造成极大伤害，又造成了自己重大的经济损失，故请求人民法院判决被告李冰和被告中国某空军总医院赔偿自己经济及精神损失73850.

20 元。

被告李冰辩称，原告所述的事实基本属实，但双方不是正式的医患关系，本人原系中国某空军总医院的耳鼻喉科副主任医师，现已退休，未办理行医执照，此情况已经明确告诉了原告。另外，出事后原告未积极配合治疗，也应承担一定责任。因中国某空军总医院已明确规定禁止离退休人员自带病人回医院治疗，故此事后果应由个人承担，与中国某空军总医院无关。考虑原告目前的情况，同意给付 30000 元。

被告中国某空军总医院辩称，中国某空军总医院与原告之间没有任何法律关系，原告没有在本院门诊挂号，给原告治病是被告李冰个人的行为，与医院无关。中国某空军总医院制定了“未经允许离退休人员不准到医院行医的规定”，故中国某空军总医院不承担任何责任。

法院判决：

北京市丰台区人民法院对该案进行审理后认为，被告李冰系原中国某空军总医院的退休工作人员，退休后未办理行医证仍继续行医属于无证行医。被告李冰私自带患者前往医院为患者治病，其行为违反了医院的规定。而且在原工作医院私自为原告治病，造成原告身体致残，应对此承担主要责任。因此，被告李冰应当承担原告的治疗费、住院费等，还应承担原告今后的治疗费、残疾生活补助费和精神损失赔偿费。但原告的要求有些已超出了规定的范围，故不能全部予以支持。另外，原告患病未到国家批准开业的医院治疗，由此产生的后果也应承担一定的责任。被告李冰在为原告治疗时已经退休，并非职务行为，故被告中国某空军总医院不承担责任。根据以上事实和理由，依照《中华人民共和国民法通则》第一一九条、第一三一条、第一三四条第七项的规定，判决如下：

1．被告李冰给付原告住院费、治疗费、鉴定费、误工费、今后一次性治疗费、残疾补助费等共计 77445．94 元的 90% 计 69701．34 元，原告自行承担上述费用的 10% 计 7744．59 元；

2．被告李冰给付原告精神损失赔偿费 20000 元。

本案评析：

该案件在现在的医疗纠纷损害赔偿案件中具有一定的典型性和常见性。该案原告是患者，被告是退休医生李冰和中国某空军总医院，原告因为治疗耳疾导致人身损害要求被告赔偿。从表面看来，该案件属于医疗事故争议案件，原告也是按照医疗纠纷来起诉的。如果是医疗事故的话，对患者人身损害的民事赔偿责任就需要由医疗机构来承担，因为医疗机构的医务人员在履行工作职责时的医疗行为属于职务行为，职务行为造成的后果由行为人的所在单位承担责任。而在该案件中，被告之一的李冰是另一被告中国某空军总医院的退休医生，既然李冰已经退休，中国某空军总医院没有再聘任其继续在医院从事医生的工作，这样李冰为该案件中原告诊治耳疾的行为就不是职务行为。

另外，该案件的原告是自己在别人的介绍下直接找李冰为其看病，没有在中国某空军总医院挂号，中国某空军总医院也明确禁止离退休人员自带患者回医院治疗，所以该案件中，被告李冰为原告看病的行为是李冰的个人行为，与中国某空军总医院无关，其行为的后果应当由李冰自行承担责任，中国某空军总医院不应当承担赔偿责任，因此，法院对该案件判决被告中国某空军总医院不承担责任是正确的。该案原告是按照医疗纠纷起诉的，但是李冰退休后未办理个人行医执照，也没有被医院返聘，这样李冰虽然退休前曾经从事多年的医生工作，但在发生该案件时，李冰不具备国家规定的行医条件，也不具备医生资格。所以，该案件不应当属于医疗纠纷，原告的身体健康因为被告李冰的个人行为受到伤害，应当属于公民之间的民事伤害赔偿纠纷案件。

因此，在该案件中，作为被告的李冰因个人行为造成原告受伤并且导致残疾，毫无疑问其应当承担责任。但是作为原告的患者在该案件中也不是完全没有过错。原告明知被告李冰已经退休，却自愿到已经不具备行医条件的李冰的家里要李冰为其看病，并按照李冰的安排私下到中国某空军总医院让李冰为其治疗，虽然原告信任老医生的心理可以理解，但原告的行为破坏了医院的正常医疗秩序，也为李冰的致残行为创造了条件，因此，原告患病不到国家批准开业的正规医疗机构就诊，由此产生的后果原告个人也应当承担一定的责任。法院判决对于原告身体受到伤害导致残疾的后果，被告李冰承担90%的责任，原告自己亦承担10%的责任。法院对该案件的判决是合法并且是公正的。

诊断有误赔偿案

案情简介：

患者陈某因发现右乳房患有包块而到某医院接受治疗，入院时诊断为"右乳房包块待查，右乳房小叶增生"。该医院拟对患者陈某实施手术治疗。在手术前，某医院对患者陈某进行了穿刺细胞学检查和各项术前常规检查，未发现其有手术禁忌症。在该院医生进行术前讨论的过程中，因不能排除包块有恶变可能，故决定对患者陈某实施"右乳包块切除术＋快速冰冻切片检查"，如快速冰冻切片病理报告诊断包块为恶性肿瘤，则拟实施"右乳癌改良根治术"。某医院将该手术方案告知患者陈某家属，患者陈某家属表示同意并签字。某医院随后对患者陈某实施了手术。在手术过程中，医院先将患者陈某右乳包块及周围乳腺组织切除并送病理室做快速冰冻切片诊断，此间将切口逐层缝合。约2小时后，快速冰冻切片病理诊断患者陈某右乳包块为恶性肿瘤，医院当即将此结果告知患者陈某家属，并说明需对患者陈某实施"右乳癌改良根治术"，患者陈某家属对医院提出的手术方案表示同意，并再次签字。医院当即对患者陈某实施了根治术，将患者陈某的右乳及周围相关组织全部割除，并将割除组织的标本送该院病理科检验，整个手术过程顺利，患者陈某康复后出院。

术后，某医院病理科对患者陈某右乳改良根治标本又进行了免疫组化病理检验，结论为患者陈某的右乳包块为侵袭性颗粒肌母细胞瘤，根据免疫组化结果可排除乳腺癌。后医院结合快速冰冻切片病理诊断结果和免疫组化病理检验结果，出具了对患者陈某右乳包块的病理报告书，报告书认为：患者陈某右乳包块为侵袭性颗粒肌母细胞瘤，属低度恶性或境界恶性，手术切除后不必做其他治疗，但必须紧密随访。

患者陈某在得知了免疫组化的病理结论后，将其所获的病理切片送交多家医院检验，数家医院的病理报告均诊断患者陈某的右乳包块非恶性肿瘤。据此，患者陈某认为：某医院的快速冰冻切片病理诊断失误，导致其右乳组织被全部割除，医院的治疗行为存在重大过失。为此，患者陈某向当地卫生行政部门提出医疗事故处理申请。当地卫生行政部门委托当地医学会组织医疗事故鉴定。当地医学会经鉴定认为：本病例为右乳腺颗粒（肌母）细胞瘤。颗粒细胞瘤是一种比较少见的软组织肿瘤，在乳腺组织上发生极少见。此次又在快速冰冻切片病理诊断下，病理组织类似乳腺癌的改变，确定颗粒细胞瘤诊断是有较大难度的。但某医院快速冰冻切片病理报告明确为乳腺癌是不谨慎的。侵袭性颗粒肌母细胞瘤有恶性倾向，原则上可以做根治术，但术前应征得患者或患者家属同意。因行根治术前不能确定侵袭性颗粒细胞瘤，未能如实征求患者及其家属意见，实施右乳房改良根治术，客观上违反了病人意愿，导致手术扩大化，对病人造成了一定程度的损害。鉴定结论为：本例不属于医疗事故范围。

患者陈某不服上述鉴定结论，向卫生行政部门提出再次鉴定申请，卫生行政部门委托省医学会进行再次鉴定。省医学会经鉴定后认为：本病例为右乳腺颗粒（肌母）细胞瘤。这是一种极为罕见的病例，目前在国内外学术领域对其生物学行为均未能完全界定，现在的病理诊断学认知水平难以对此病例予以精确认定，就世界上目前对此病变的研究发展情况，当地的医疗水平以及快速冰冻切片检查的局限性等因素综合考虑，本病例虽有手术范围扩大的后果，但当事病理医师无过失行为。本例不属于医疗事故。

患者陈某无奈之下向当地人民法院提起诉讼，称因某医院的病理医师误诊自己的右乳包块是乳腺癌，而导致其整个右乳被割除，现要求某医院承担过错责任，并对自己由此而产生的物质和精神损失共计 30 万元进行赔偿。

某医院认为，患者陈某所患的是侵袭性颗粒肌母细胞瘤，即为低度恶性肿瘤。某医院根据对该肿瘤的治疗需要，对患者陈某实施了右乳癌改良根治术，其行为没有任何过错，且通过对患者陈雪梅的手术治疗，排除了患者陈某今后再遭受右乳肿瘤恶变损害的可能，是为了患者陈某更长远的健康利益着想。患者陈某仅从自己的形体美观角度出发，一味指责某医院，患者陈某的要求是没有法律依据的，请求人民法院依法驳回患者陈某的诉讼请求。

法院判决：

人民法院经审理认为，根据《医疗事故处理条例》第三十三条规定："有下列情形之一的，不属于医疗事故：1. 在紧急情况下为抢救垂危患者生命而采取紧急医学措施造成不良后果的；2. 在医疗活动中由于患者病情异常或者患者体质特殊而发生医疗意外的；3. 在现有医学科学技术条件下，发生无法预料或者不能防范的不良后果的；4. 无过错输血感染造成不良后果的；5. 因患方原因延误诊疗导致不良后果的；6. 因不可抗力造成不良后果的。"在本案中，颗粒细胞瘤是一种比较少见的软组织肿瘤，在乳腺组织上发生极少见。目前在国内外学术领域对其生物学行为均未能完全界定，现在的病理诊断学认知水平难以对此病例予以精确认定。此次又在快速冰冻切片情况下，病理组织类似乳腺癌的改变，确定颗粒细胞瘤诊断是有较大难度的。就世界上目前对此病变的研究发展情况，当地的医疗水平以及快速冰冻切片检查的局限性等因素综合考虑，本病例虽有手术范围扩大的后果，但当事病理医师无过失行为。所以，本病例应当属于"在现有医学科学技术条件下，发生无法预料或者不能防范的不良后果的"情况。基于此，两级医学会的鉴定结论均认为本病例不属于医疗事故。按照《医疗事故处理条例》第四十九条第二款的规定："不属于医疗事故的，医疗机构不承担赔偿责任。"因此，某医院不承担医疗事故赔偿责任。但考虑到该院病理诊断与手术均有欠完美之处，手术范围扩大。某医院的行为虽然在主观上无过错，但患者陈某手术后承受的经济损失和精神痛苦除与自身的认识因素有关外，与某医院的治疗行为存在的缺陷也有客观上的因果关系，可由某医院给予其一定的经济和精神补偿，但不属于医疗事故侵权赔偿。据此，人民法院根据《医疗事故处理条例》第三十三条、《中华人民共和国民事诉讼法》第一二八条之规定，判决由被告赔偿原告经济损失和精神损失 1 万元。

本案评析：

在本案中，患者陈某与某医院之间是医患关系。在此关系中，院方作为具有专门知识和技能的专家而赢得患者的信赖，因此，院方在进行执业活动的过程中负有高度注意、救死扶伤及努力完成受委托工作的义务。这些义务有些是医疗服务合同所约定的，有些是执业法律、规范、职业道德的要求。如果在执业过程中违反上述义务，给患者造成了损害，医院应当承担专家责任。所谓专家责任，是指具有特别知识和技能的专业人员在履行专业职能的过程中给他人造成损害所应承担的民事责任。作为承受该责任的主体，应当具备以下条件：1. 受过某一专门职业教育和训练；2. 具有从事某专业活动的资格；3. 以其具有的专业知识或资格向社会或他人提供智力性的专门服务并从中获益；4. 与其服务对象之间存在特别的信赖关系。由此可见，在本案中，某医院是个适格的专家责任主体。专家责任是一种过错责任，必须符合侵权行为的构成要件，即要具备行为违法、患者有损害后果存在、违法行为与损害后果有因果关系、主观上有过错等要件。但在具体认定行为的违法及主观上的过错时，必须将医疗行业的习惯和惯例、现有医疗科学技术的实际发展状况作为重要的考虑情节，以一个合格的医护工作者所应有的专业知识和技术水平来判断。

因此，结合本案的具体情况，分析某医院的行为，可以看出：1. 因患者陈某所患肿瘤罕见及特殊，某医院在手术前不能排除肿瘤恶变可能，因此，按行业习惯及惯例采用术中快速冰冻切片诊断，对此方案，某医院在手术前进行了慎重讨论，尽到了注意义务，并向患者家属给予了必要的告知，也尽到了告知义务。另外，某医院在对患者陈某实施手术前进行了常规及必要的检查，手术过程中的操作及术后的护理也按规程要求履行，无异常现象。据此，可以认定某医院对患者陈某实施的治疗行为在操作程序上符合规范和行业习惯；2. 因我国目前对该肿瘤的研究和技术水平尚不能对其良恶性有较明确的判断标准，且该肿瘤恶性表现形式复杂，因此，快速冰冻切片诊断难以达到精确程度。某医院的病理报告在形式上更具科学性。医学科学是极为复杂的学科，对同一病例，医师因学识、经验、认识差异而可能得出不同的印象和判断，尤其对于一些罕见的病例，则判断差异更为显著。因此，对本案的特殊罕见肿瘤的认定应以倾向性的诊断意见和该研究领域的权威意见相结合作为判断标准。本案涉及的这两类意见均共同认为该肿瘤细胞有符合恶性标准的形态存在，权威意见则更为明确，认为该肿瘤为恶性肿瘤，因此，综合各方面的意见，在审查有关证据的基础上，可以得出结论：患者陈某右乳包块中的肿瘤至少应是具有恶变倾向的颗粒肌母细胞瘤，据此可以认定某医院出具的快速切片病理报告没有达到精确诊断的要求，但不能视为误诊或错诊，在此诊断基础上实施根治术也符合行业惯例。某医院的行为不存在违法性，主观上也没有过错，而且手术后，某医院又对患者陈某进行了进一步的病理检测，并如实出具了详细报告，此体现了某医院对该病例诊疗的科学态度，尽到了其应尽的合同义务和法定义务。

由此可见，在本案中，某医院不符合侵权行为的构成要件，不应当承担专家责任，即侵权的过错责任。换言之，两级医学会的鉴定结论是正确的，本病例不属于医疗事故，某医院不应当承担医疗事故的侵权赔偿责任。

但是，本案涉及的整个治疗行为的不完美之处是客观存在的，具体在于因术中未能精确地诊断为侵袭性颗粒肌母细胞瘤，因此，未能征求患者最客观的意愿，手术方案的选择也不是在最真实的条件下进行，未能充分考虑患者是一未婚女性而实施最恰当的手术，使患者及其亲属在术后得知有关情况与术中了解的情况不完全相符后，即对手术后的现实有无法接受的焦虑和痛苦，并为弄清真相而奔波，经济上也承受了一定的损失。此治疗行为中的不完美之处不是某医院主观上有过错或行为违法造成的，而是目前医学科学对该肿瘤的诊疗水平及技术局限造成的，如果要求由某医院承担此局限性的后果，势必不利于医学科学的发展，从社会公平的角度考虑也显不妥。对患者陈某而言，客观上其身体权受到侵害，但在目前医疗水平不能同时对患者的生命健康权及身体权并重予以完美保护的情况下，医者的职责及患者的根本利益均要求对生命健康权的保护是首要的、根本的，对患者身体权的保护须以不丧失生命健康权为成就条件，因此，患者陈某虽然右乳缺失，但此并不能视为损害后果，患者陈某因此治疗而承受的不利影响应是一种因病情诊断差异而产生的对术后现实不能接受的痛苦。但本案不构成医疗事故，某医院不承担医疗事故的侵权赔偿责任，并不意味着其不应承担任何法律责任。虽然某医院的主观上无过错，但患者陈某承受的此不利影响除与其自身的认识因素有关外，与某医院的治疗行为存在的缺陷也有客观上的因果关系，因此，可由某医院给予患者陈某一定的经济和精神补偿。

输血造成患者感染肝炎之诉

案情简介：

2004 年 4 月 5 日，原告童某因胃出血到被告武昌区人民医院住院治疗。当月 11 日，该院对童某做胃切除手术时，输入血浆 1000 毫升。该血源系武昌区人民医院献血队队员管某所献。管某献此份血时，武昌区人民医院未按卫生部规定的献血操作规程对其进行肝功能等各项健康项目检查，仅凭其提供的一份 2004 年 3 月 7 日其原籍江苏省邢江县人民医院检查肝功能正常报告单，就采集了此份血。管某献血后回原籍，纠纷发生后及诉讼中去向不明。同年 4 月 25 日，原告童某病愈出院。出院不久，童某便感到身体不适，并出现呕吐等症，6 月 2 日，经湖北省医科大学附属第一医院检查，诊断为丙型肝炎。6 月 7 日，原告童某又到武昌区人民医院传染病科住院治疗，至同年 9 月 16 日经检查肝功能正常出院。此次住院治疗丙肝，童某欠武昌区人民医院医药费 8664 元未付。此期间及以后，原告童某还先后在湖北省中医院、同济医科大学附属同济医院、武汉市第七医院等医院进行过治疗，均诊断为术后输血感染丙肝病毒，共用去医疗费 32587 元，其中单位已报销 17696 元，童某自行承担 6226 元，欠武昌区人民医院 8664 元。治疗期间，童某的误工损失为 2805 元。

2005 年 3 月 23 日，童某向湖北省武昌区人民法院提起诉讼，称自己在被告武昌区人民医院动手术输血感染丙型肝炎。现为根治丙肝，需 15 万元医药费，请求法院判令被告支付此笔治疗费用，并同时承担精神损害赔偿费 10 万元。

被告武昌区人民医院认为，原告童某在我院住院及治疗情况属实。但其称感染丙肝系在我院输血所致，没有充足的理论依据和实际可能。经多次检查，童某血液中并无丙肝病毒存在，而只有丙肝抗体，因此，童某不是现症丙肝病人。对于献血者献血，上级医疗部门在2004年只要求检查血型和乙肝，未规定检查丙肝。请求法院驳回童某的诉讼请求。反诉请求法院判令童某付清2004年6月7日至9月16日在我院住院治疗期间所欠的医药费8664元。

法院判决：

武昌区人民法院受理案件后，武汉市中级人民法院、湖北某科技大学法医于2003年6月24日做出鉴定，结论为：童某手术前查肝功能三抗均未发现异常，无乙肝及严重的肝脏病变，童某丙型肝炎的临床诊断成立：其发病与输血的概率为80%左右；目前对丙肝的治疗还无特殊方法，仍以提高自身免疫能力为主；其后期治疗费用无法估计。

武昌区人民法院经审理认为，武昌区人民医院为原告童某做手术输血时，违反卫生部关于血液检查的项目包括丙型肝炎在内，医院在献血者献血前须做各项目的血液检查的规定，未对供血者进行健康项目检查，造成童某输血后感染丙型肝炎的严重后果，依法应承担民事赔偿责任。童某起诉有法律依据。但其请求赔偿15万元缺乏证据，本院不予支持，其后期治疗费用可另行处理。武昌区人民医院的辩称及反诉请求无理，本院不予支持。据此，本院为保护公民的生命健康权不受侵害，依照《中华人民共和国民法通则》第一一九条之规定，于2003年8月31日判决如下：

1. 由武昌区人民医院赔偿童某医药费8664.73元（截至2003年7月10日止），此款用于折抵童某所欠武昌区人民医院的医药费8664.73元。

2. 驳回双方当事人的其他诉讼请求。

童某不服此判决，以自己还有一些医疗费用未给予认定为理由，向武汉市中级人民法院提起上诉。

武汉市中级人民法院经审理查明：童某先后在武昌区人民医院、湖北省中医院、同济医院、武汉市第七医院等医院治疗，共用去医疗费32587元，其中单位已报销17696元，自行承担6226元，欠武昌区人民医院8664元。童某的误工损失为2805元。

二审经过审理，经法院主持调解，双方当事人于2003年11月自愿达成如下协议：

1. 童某所欠武昌区人民医院住院费8664元，由武昌区人民医院承担。

2. 由武昌区人民医院付给童某前期治疗费用6226元，营养费1260元，误工损失2000元，护理费540元，于本调解书生效后10日内付清。

3. 童某今后在县、市级以上医院治疗丙型肝炎的费用由武昌区人民医院负责。

本案评析：

因患者在医院手术后输血感染引起的赔偿纠纷，在审判实践中是比较少见的。对此类赔偿纠纷，是否应按医疗事故损害赔偿处理，采取什么归责原则，是值得深入研究的。

从一、二审法院的审理来看，本案未按医疗事故损害赔偿的处理原则和程序来处理，这是正确的。因为，患者术后输血感染有关病毒，并不属医务人员对患者进行诊疗护理过程中的过失所直接造成。医院所备血液，通常是通过采集程序事先采集的，血液是否合格，是采集人员的责任范围；即使是临时采集，也是采集人员应请求采集后供医务人员对患者使用。再者，血液采集后一般需要制成血液制品后供诊疗中使用，医务人员是通过用血申请程序向血库或有关管理者调用、领取，医务人员只负责审查领取的血液制品是否符合所需血型、规格等，并不对血液制品本身进行化验、检查。所以，因血液本身带有某种病毒，造成患者输血后感染该种病毒，是采集中的过失所造成，而不是医务人员对患者进行诊疗护理过程中的过失所直接造成，此不属《医疗事故处理条例》上所称之“医疗事故”，当然就不应适用该《条例》所规定的处理原则和程序进行处理。但本案所涉及的输血所用血液，是作为对原告进行诊疗的同一医院即被告武昌区人民医院所采集的，其应对所采集的血液符合输血标准负责，并且此份血液和损害后果之间存在有因果关系，故被告实际上是以采集者的名义对行为后果承担责任的，法院查明认定的事实也充分证明了此点。被告在采集此份血液时，未按卫生部的明文规定对献血者做必须进行的项目检查，而仅凭献血者提供的原籍医院的一份肝功能正常的报告单，就认定其符合献血条件并进行采血，此种行为是严重违反操作规程的违规行为，留下了危害患者身体健康的严重后果。现被告并不能证明此份血液不带有丙肝病毒，故被告应对所产生的后果承担民事责任。

上述事实同时决定了本案这种情况下应采取什么样的归责原则及举证责任如何承担。从表面上看，本案似乎应采取一般过错归责原则来确定被告有无责任。但按一般过错归责原则，原告需要举证证明的，不仅要证明被告的采集行为违规，而且还要证明该份血液确带有其所感染的丙肝病毒，这在实际上是根本不可能的。一方面，输血后并未马上引起不良后果，现场实物根本不可能予以暂时封存保留，以备检验；另一方面，输血后，从患者血液中根本就查不出所输血液，所输血液与患者本身的血液已经融合一起。所以，按一般过错归责原则要受害人承担举证责任，对原告即受害者是极不公平的，法律上不能将对受害者不公平的救济方法强加给受害者。根据《最高人民法院关于民事诉讼证据的若干规定》第四条规定："下列侵权诉讼，按照以下规定承担举证责任：因医疗行为引起的侵权诉讼，由医疗机构就医疗行为与损害结果之间不存在因果关系及不存在医疗过错承担举证责任。"此规定已明确规定，因医疗行为引起的侵权诉讼，由医疗机构进行举证。那么，是否可采取无过错原则呢？也不行。因为，按照无过错原则，只要患者输血后出现不良后果，医院一方就要承担责任，这对医院一方也是不公平的。患者输血后出现不良后果，有多种原因，有的属患者病情或体质特殊而发生的难以预料和防范的不良后果，有的属于患者事先感染病毒所致，也有的属患者事后不注意感染病毒所致。所以，在因果关系难具有唯一性情况下，是不能按无过错原则归责的，况且，法律上也无明文规定此种情况应采取无过错归责原则。

在排除了上述两种归责原则后，结合本案的具体情况，本案这种情况应采取推定过错归责原则。按此原则，被告只要不能证明损害后果是原告自身原因或他人原因造成的，即不能证明自己无过错，就推定其有过错，并承担相应民事责任。在本案这种情况下，血液是被告采集的，被告当然应当对所采集的血液质量负责，其证明不了血液合格，又证明不了原告在手术前就患有丙肝，还证明不了原告在手术后因其他原因感染丙肝，而自己的采血行为却恰恰不符合有关规定的要求，事后经法医鉴定证明输血与感染的概率达80%左右（本案已经不可能对原输血实物进行检验），在又无法找到献血者的情况下，被告即应对自己的严重过失和出现的后果承担法律责任。只有这样，才能有效地、合理地保护受害者的生命健康权。

从一、二审的处理结果来看，二审调解的结果较合理。特别是对原告将来的治疗费用的负担，二审确定了由被告负责的原则，这既符合被告所承担的责任，也有利于原告的治疗。

附　录

医疗事故处理条例

第一章　总　则

第一条　为了正确处理医疗事故，保护患者和医疗机构及其医务人员的合法权益，维护医疗秩序，保障医疗安全，促进医学科学的发展，制定本条例。

第二条　本条例所称医疗事故，是指医疗机构及其医务人员在医疗活动中，违反医疗卫生管理法律、行政法规、部门规章和诊疗护理规范、常规，过失造成患者人身损害的事故。

第三条　处理医疗事故，应当遵循公开、公平、公正、及时、便民的原则，坚持实事求是的科学态度，做到事实清楚、定性准确、责任明确、处理恰当。

第四条　根据对患者人身造成的损害程度，医疗事故分为四级；

一级医疗事故：造成患者死亡、重度残疾的；

二级医疗事故：造成患者中度残疾、器官组织损伤导致严重功能障碍的；

三级医疗事故：造成患者轻度残疾、器官组织损伤导致一般功能障碍的；

四级医疗事故：造成患者明显人身损害的其他后果的。

具体分级标准由国务院卫生行政部门制定。

第二章　医疗事故的预防与处置

第五条　医疗机构及其医务人员在医疗活动中，必须严格遵守医疗卫生管理法律、行政法规、部门规章和诊疗护理规范、常规，恪守医疗服务职业道德。

第六条 医疗机构应当对其医务人员进行医疗卫生管理法律、行政法规、部门规章和诊疗护理规范、常规的培训和医疗服务职业道德教育。

第七条 医疗机构应当设置医疗服务质量监控部门或者配备专（兼）职人员，具体负责监督本医疗机构的医务人员的医疗服务工作，检查医务人员执业情况，接受患者对医疗服务的投诉，向其提供咨询服务。

第八条 医疗机构应当按照国务院卫生行政部门规定的要求，书写并妥善保管病历资料。

因抢救急危患者，未能及时书写病历的，有关医务人员应当在抢救结束后6小时内据实补记，并加以注明。

第九条 严禁涂改、伪造、隐匿、销毁或者抢夺病历资料。

第十条 患者有权复印或者复制其门诊病历、住院志、体温单、医嘱单、化验单（检验报告）、医学影像检查资料、特殊检查同意书、手术同意书、手术及麻醉记录单、病理资料、护理记录以及国务院卫生行政部门规定的其他病历资料。

患者依照前款规定要求复印或者复制病历资料的，医疗机构应当提供复印或者复制服务并在复印或者复制的病历资料上加盖证明印记。复印或者复制病历资料时，应当有患者在场。

医疗机构应患者的要求，为其复印或者复制病历资料，可以按照规定收取工本费。具体收费标准由省、自治区、直辖市人民政府价格主管部门会同同级卫生行政部门规定。

第十一条 在医疗活动中，医疗机构及其医务人员应当将患者的病情、医疗措施、医疗风险等如实告知患者，及时解答其咨询；但是，应当避免对患者产生不利后果。

第十二条 医疗机构应当制定防范、处理医疗事故的预案，预防医疗事故的发生，减轻医疗事故的损害。

第十三条 医务人员在医疗活动中发生或者发现医疗事故、可能引起医疗事故的医疗过失行为或者发生医疗事故争议的，应当立即向所在科室负责人报告，科室负责人应当及时向本医疗机构负责医疗服务质量监控的部门或者专（兼）职人员报告；负责医疗服务质量监控的部门或者专（兼）职人员接到报告后，应当立即进行调查、核实，将有关情况如实向本医疗机构的负责人报告，并向患者通报、解释。

第十四条　发生医疗事故的，医疗机构应当按照规定向所在地卫生行政部门报告。

发生下列重大医疗过失行为的，医疗机构应当在12小时内向所在地卫生行政部门报告：

（一）导致患者死亡或者可能为二级以上的医疗事故；

（二）导致3人以上人身损害后果；

（三）国务院卫生行政部门和省、自治区、直辖市人民政府卫生行政部门规定的其他情形。

第十五条　发生或者发现医疗过失行为，医疗机构及其医务人员应当立即采取有效措施，避免或者减轻对患者身体健康的损害，防止损害扩大。

第十六条　发生医疗事故争议时，死亡病例讨论记录、疑难病例讨论记录、上级医师查房记录、会诊意见、病程记录应当在医患双方在场的情况下封存和启封。封存的病历资料可以是复印件，由医疗机构保管。

第十七条　疑似输液、输血、注射、药物等引起不良后果的，医患双方应当共同对现场实物进行封存和启封，封存的现场实物由医疗机构保管；需要检验的，应当由双方共同指定的、依法具有检验资格的检验机构进行检验；双方无法共同指定时，由卫生行政部门指定。

疑似输血引起不良后果，需要对血液进行封存保留的，医疗机构应当通知提供该血液的采供血机构派员到场。

第十八条　患者死亡，医患双方当事人不能确定死因或者对死因有异议的，应当在患者死亡后48小时内进行尸检；具备尸体冻存条件的，可以延长至7日。尸检应当经死者近亲属同意并签字。

尸检应当由按照国家有关规定取得相应资格的机构和病理解剖专业技术人员进行。承担尸检任务的机构和病理解剖专业技术人员有进行尸检的义务。

医疗事故争议双方当事人可以请法医病理学人员参加尸检，也可以委派代表观察尸检过程。拒绝或者拖延尸检，超过规定时间，影响对死因判定的，由拒绝或者拖延的一方承担责任。

第十九条 患者在医疗机构内死亡的，尸体应当立即移放太平间。死者尸体存放时间一般不得超过 2 周。逾期不处理的尸体，经医疗机构所在地卫生行政部门批准，并报经同级公安部门备案后，由医疗机构按照规定进行处理。

第三章 医疗事故的技术鉴定

第二十条 卫生行政部门接到医疗机构关于重大医疗过失行为的报告或者医疗事故争议当事人要求处理医疗事故争议的申请后，对需要进行医疗事故技术鉴定的，应当交由负责医疗事故技术鉴定工作的医学会组织鉴定；医患双方协商解决医疗事故争议，需要进行医疗事故技术鉴定的，由双方当事人共同委托负责医疗事故技术鉴定工作的医学会组织鉴定。

第二十一条 设区的市级地方医学会和省、自治区、直辖市直接管辖的县（市）地方医学会负责组织首次医疗事故技术鉴定工作。省、自治区、直辖市地方医学会负责组织再次鉴定工作。

必要时，中华医学会可以组织疑难、复杂并在全国有重大影响的医疗事故争议的技术鉴定工作。

第二十二条 当事人对首次医疗事故技术鉴定结论不服的，可以自收到首次鉴定结论之日起 15 日内向医疗机构所在地卫生行政部门提出再次鉴定的申请。

第二十三条 负责组织医疗事故技术鉴定工作的医学会应当建立专家库。

专家库由具备下列条件的医疗卫生专业技术人员组成：

（一）有良好的业务素质和执业品德；

（二）受聘于医疗卫生机构或者医学教学、科研机构并担任相应专业高级技术职务 3 年以上。

符合前款第（一）项规定条件并具备高级技术任职资格的法医可以受聘进入专家库。

负责组织医疗事故技术鉴定工作的医学会依照本条例规定聘请医疗卫生

专业技术人员和法医进入专家库，可以不受行政区域的限制。

第二十四条 医疗事故技术鉴定，由负责组织医疗事故技术鉴定工作的医学会组织专家鉴定组进行。

参加医疗事故技术鉴定的相关专业的专家，由医患双方在医学会主持下从专家库中随机抽取。在特殊情况下，医学会根据医疗事故技术鉴定工作的需要，可以组织医患双方在其他医学会建立的专家库中随机抽取相关专业的专家参加鉴定或者函件咨询。

符合本条例第二十三条规定条件的医疗卫生专业技术人员和法医有义务受聘进入专家库，并承担医疗事故技术鉴定工作。

第二十五条 专家鉴定组进行医疗事故技术鉴定，实行合议制。专家鉴定组人数为单数，涉及的主要学科的专家一般不得少于鉴定组成员的二分之一；涉及死因、伤残等级鉴定的，并应当从专家库中随机抽取法医参加专家鉴定组。

第二十六条 专家鉴定组成员有下列情形之一的，应当回避，当事人也可以以口头或者书面的方式申请其回避：

（一）是医疗事故争议当事人或者当事人的近亲属的；

（二）与医疗事故争议有利害关系的；

（三）与医疗事故争议当事人有其他关系，可能影响公正鉴定的。

第二十七条 专家鉴定组依照医疗卫生管理法律、行政法规、部门规章和诊疗护理规范、常规，运用医学科学原理和专业知识，独立进行医疗事故技术鉴定，对医疗事故进行鉴别和判定，为处理医疗事故争议提供医学依据。

任何单位或者个人不得干扰医疗事故技术鉴定工作，不得威胁、利诱、辱骂、殴打专家鉴定组成员。

专家鉴定组成员不得接受双方当事人的财物或者其他利益。

第二十八条 负责组织医疗事故技术鉴定工作的医学会应当自受理医疗事故技术鉴定之日起5日内通知医疗事故争议双方当事人提交进行医疗事故技术鉴定所需的材料。

当事人应当自收到医学会的通知之日起10日内提交有关医疗事故技术鉴定的材料、书面陈述及答辩。医疗机构提交的有关医疗事故技术鉴定的材料应当包括下列内容：

（一）住院患者的病程记录、死亡病例讨论记录、疑难病例讨论记录、会诊意见、上级医师查房记录等病历资料原件；

（二）住院患者的住院志、体温单、医嘱单、化验单（检验报告）、医学影像检查资料、特殊检查同意书、手术同意书、手术及麻醉记录单、病理资料、护理记录等病历资料原件；

（三）抢救急危患者，在规定时间内补记的病历资料原件；

（四）封存保留的输液、注射用物品和血液、药物等实物，或者依法具有检验资格的检验机构对这些物品、实物作出的检验报告；

（五）与医疗事故技术鉴定有关的其他材料。

在医疗机构建有病历档案的门诊、急诊患者，其病历资料由医疗机构提供；没有在医疗机构建立病历档案的，由患者提供。

医患双方应当依照本条例的规定提交相关材料。医疗机构无正当理由未依照本条例的规定如实提供相关材料，导致医疗事故技术鉴定不能进行的，应当承担责任。

第二十九条 负责组织医疗事故技术鉴定工作的医学会应当自接到当事人提交的有关医疗事故技术鉴定的材料、书面陈述及答辩之日起45日内组织鉴定并出具医疗事故技术鉴定书。

负责组织医疗事故技术鉴定工作的医学会可以向双方当事人调查取证。

第三十条 专家鉴定组应当认真审查双方当事人提交的材料，听取双方当事人的陈述及答辩并进行核实。

双方当事人应当按照本条例的规定如实提交进行医疗事故技术鉴定所需要的材料，并积极配合调查。当事人任何一方不予配合，影响医疗事故技术鉴定的，由不予配合的一方承担责任。

第三十一条 专家鉴定组应当在事实清楚、证据确凿的基础上，综合分析患者的病情和个体差异，作出鉴定结论，并制作医疗事故技术鉴定书。鉴定结论以专家鉴定组成员的过半数通过。鉴定过程应当如实记载。

医疗事故技术鉴定书应当包括下列主要内容：

（一）双方当事人的基本情况及要求；

（二）当事人提交的材料和负责组织医疗事故技术鉴定工作的医学会的调查材料；

（三）对鉴定过程的说明；

（四）医疗行为是否违反医疗卫生管理法律、行政法规、部门规章和诊疗护理规范、常规；

（五）医疗过失行为与人身损害后果之间是否存在因果关系；

（六）医疗过失行为在医疗事故损害后果中的责任程度；

（七）医疗事故等级；

（八）对医疗事故患者的医疗护理医学建议。

第三十二条 医疗事故技术鉴定办法由国务院卫生行政部门制定。

第三十三条 有下列情形之一的，不属于医疗事故：

（一）在紧急情况下为抢救垂危患者生命而采取紧急医学措施造成不良后果的；

（二）在医疗活动中由于患者病情异常或者患者体质特殊而发生医疗意外的；

（三）在现有医学科学技术条件下，发生无法预料或者不能防范的不良后果的；

（四）无过错输血感染造成不良后果的；

（五）因患方原因延误诊疗导致不良后果的；

（六）因不可抗力造成不良后果的。

第三十四条 医疗事故技术鉴定，可以收取鉴定费用。经鉴定，属于医疗事故的，鉴定费用由医疗机构支付；不属于医疗事故的，鉴定费用由提出医疗事故处理申请的一方支付。鉴定费用标准由省、自治区、直辖市人民政府价格主管部门会同同级财政部门、卫生行政部门规定。

第四章 医疗事故的行政处理与监督

第三十五条 卫生行政部门应当依照本条例和有关法律、行政法规、部门规章的规定，对发生医疗事故的医疗机构和医务人员作出行政处理。

第三十六条 卫生行政部门接到医疗机构关于重大医疗过失行为的报告

后，除责令医疗机构及时采取必要的医疗救治措施，防止损害后果扩大外，应当组织调查，判定是否属于医疗事故；对不能判定是否属于医疗事故的，应当依照本条例的有关规定交由负责医疗事故技术鉴定工作的医学会组织鉴定。

第三十七条 发生医疗事故争议，当事人申请卫生行政部门处理的，应当提出书面申请。申请书应当载明申请人的基本情况、有关事实、具体请求及理由等。

当事人自知道或者应当知道其身体健康受到损害之日起 1 年内，可以向卫生行政部门提出医疗事故争议处理申请。

第三十八条 发生医疗事故争议，当事人申请卫生行政部门处理的，由医疗机构所在地的县级人民政府卫生行政部门受理。医疗机构所在地是直辖市的，由医疗机构所在地的区、县人民政府卫生行政部门受理。

有下列情形之一的，县级人民政府卫生行政部门应当自接到医疗机构的报告或者当事人提出医疗事故争议处理申请之日起 7 日内移送上一级人民政府卫生行政部门处理：

（一）患者死亡；

（二）可能为二级以上的医疗事故；

（三）国务院卫生行政部门和省、自治区、直辖市人民政府卫生行政部门规定的其他情形。

第三十九条 卫生行政部门应当自收到医疗事故争议处理申请之日起 10 日内进行审查，做出是否受理的决定。对符合本条例规定，予以受理，需要进行医疗事故技术鉴定的，应当自做出受理决定之日起 5 日内将有关材料交由负责医疗事故技术鉴定工作的医学会组织鉴定并书面通知申请人；对不符合本条例规定，不予受理的，应当书面通知申请人并说明理由。

当事人对首次医疗事故技术鉴定结论有异议，申请再次鉴定的，卫生行政部门应当自收到申请之日起 7 日内交由省、自治区、直辖市地方医学会组织再次鉴定。

第四十条 当事人既向卫生行政部门提出医疗事故争议处理申请，又向人民法院提起诉讼的，卫生行政部门不予受理；卫生行政部门已经受理的，应当终止处理。

第四十一条 卫生行政部门收到负责组织医疗事故技术鉴定工作的医学会出具的医疗事故技术鉴定书后，应当对参加鉴定的人员资格和专业类别、鉴定程序进行审核；必要时，可以组织调查，听取医疗事故争议双方当事人的意见。

第四十二条 卫生行政部门经审核，对符合本条例规定做出的医疗事故技术鉴定结论，应当作为对发生医疗事故的医疗机构和医务人员做出行政处理以及进行医疗事故赔偿调解的依据；经审核，发现医疗事故技术鉴定不符合本条例规定的，应当要求重新鉴定。

第四十三条 医疗事故争议由双方当事人自行协商解决的，医疗机构应当自协商解决之日起 7 日内向所在地卫生行政部门做出书面报告，并附具协议书。

第四十四条 医疗事故争议经人民法院调解或者判决解决的，医疗机构应当自收到生效的人民法院的调解书或者判决书之日起 7 日内向所在地卫生行政部门做出书面报告，并附具调解书或者判决书。

第四十五条 县级以上地方人民政府卫生行政部门应当按照规定逐级将当地发生的医疗事故以及依法对发生医疗事故的医疗机构和医务人员做出行政处理的情况，上报国务院卫生行政部门。

第五章　医疗事故的赔偿

第四十六条 发生医疗事故的赔偿等民事责任争议，医患双方可以协商解决；不愿意协商或者协商不成的，当事人可以向卫生行政部门提出调解申请，也可以直接向人民法院提起民事诉讼。

第四十七条 双方当事人协商解决医疗事故的赔偿等民事责任争议的，应当制作协议书。协议书应当载明双方当事人的基本情况和医疗事故的原因、双方当事人共同认定的医疗事故等级以及协商确定的赔偿数额等，并由双方当事人在协议书上签名。

第四十八条 已确定为医疗事故的，卫生行政部门应医疗事故争议双方当事人请求，可以进行医疗事故赔偿调解。调解时，应当遵循当事人双方自愿原则，并应当依据本条例的规定计算赔偿数额。

经调解，双方当事人就赔偿数额达成协议的，制作调解书，双方当事人应当履行；调解不成或者经调解达成协议后一方反悔的，卫生行政部门不再调解。

第四十九条 医疗事故赔偿，应当考虑下列因素，确定具体赔偿数额：

（一）医疗事故等级；

（二）医疗过失行为在医疗事故损害后果中的责任程度；

（三）医疗事故损害后果与患者原有疾病状况之间的关系。

不属于医疗事故的，医疗机构不承担赔偿责任。

第五十条 医疗事故赔偿，按照下列项目和标准计算：

（一）医疗费：按照医疗事故对患者造成的人身损害进行治疗所发生的医疗费用计算，凭据支付，但不包括原发病医疗费用。结案后确实需要继续治疗的，按照基本医疗费用支付。

（二）误工费：患者有固定收入的，按照本人因误工减少的固定收入计算，对收入高于医疗事故发生地上一年度职工年平均工资 3 倍以上的，按照 3 倍计算；无固定收入的，按照医疗事故发生地上一年度职工年平均工资计算。

（三）住院伙食补助费：按照医疗事故发生地国家机关一般工作人员的出差伙食补助标准计算。

（四）陪护费：患者住院期间需要专人陪护的，按照医疗事故发生地上一年度职工年平均工资计算。

（五）残疾生活补助费：根据伤残等级，按照医疗事故发生地居民年平均生活费计算，自定残之月起最长赔偿 30 年；但是，60 周岁以上的，不超过 15 年；70 周岁以上的，不超过 5 年。

（六）残疾用具费：因残疾需要配置补偿功能器具的，凭医疗机构证明，按照普及型器具的费用计算。

（七）丧葬费：按照医疗事故发生地规定的丧葬费补助标准计算。

（八）被抚养人生活费：以死者生前或者残疾者丧失劳动能力前实际抚养且没有劳动能力的人为限，按照其户籍所在地或者居所地居民最低生活保障标准计算。对不满 16 周岁的，抚养到 16 周岁。对年满 16 周岁但无劳动能力的，抚养20年；但是，60周岁以上的，不超过15年；70周岁以上的，不超过5年。

（九）交通费：按照患者实际必需的交通费用计算，凭据支付。

（十）住宿费：按照医疗事故发生地国家机关一般工作人员的出差住宿补助标准计算，凭据支付。

（十一）精神损害抚慰金：按照医疗事故发生地居民年平均生活费计算。造成患者死亡的，赔偿年限最长不超过6年；造成患者残疾的，赔偿年限最长不超过3年。

第五十一条 参加医疗事故处理的患者近亲属所需交通费、误工费、住宿费，参照本条例第五十条的有关规定计算，计算费用的人数不超过2人。

医疗事故造成患者死亡的，参加丧葬活动的患者的配偶和直系亲属所需交通费、误工费、住宿费，参照本条例第五十条的有关规定计算，计算费用的人数不超过2人。

第五十二条 医疗事故赔偿费用，实行一次性结算，由承担医疗事故责任的医疗机构支付。

第六章 罚 则

第五十三条 卫生行政部门的工作人员在处理医疗事故过程中违反本条例的规定，利用职务上的便利收受他人财物或者其他利益，滥用职权，玩忽职守，或者发现违法行为不予查处，造成严重后果的，依照刑法关于受贿罪、滥用职权罪、玩忽职守罪或者其他有关罪的规定，依法追究刑事责任；尚不够刑事处罚的，依法给予降级或者撤职的行政处分。

第五十四条 卫生行政部门违反本条例的规定，有下列情形之一的，由上级卫生行政部门给予警告并责令限期改正；情节严重的，对负有责任的主管人员和其他直接责任人员依法给予行政处分：

（一）接到医疗机构关于重大医疗过失行为的报告后，未及时组织调查的；

（二）接到医疗事故争议处理申请后，未在规定时间内审查或者移送上一级人民政府卫生行政部门处理的；

（三）未将应当进行医疗事故技术鉴定的重大医疗过失行为或者医疗事故争议移交医学会组织鉴定的；

（四）未按照规定逐级将当地发生的医疗事故以及依法对发生医疗事故的医疗机构和医务人员的行政处理情况上报的；

（五）未依照本条例规定审核医疗事故技术鉴定书的。

第五十五条 医疗机构发生医疗事故的，由卫生行政部门根据医疗事故等级和情节，给予警告；情节严重的，责令限期停业整顿直至由原发证部门吊销执业许可证，对负有责任的医务人员依照刑法关于医疗事故罪的规定，依法追究刑事责任；尚不够刑事处罚的，依法给予行政处分或者纪律处分。

对发生医疗事故的有关医务人员，除依照前款处罚外，卫生行政部门并可以责令暂停6个月以上1年以下执业活动；情节严重的，吊销其执业证书。

第五十六条 医疗机构违反本条例的规定，有下列情形之一的，由卫生行政部门责令改正；情节严重的，对负有责任的主管人员和其他直接责任人员依法给予行政处分或者纪律处分：

（一）未如实告知患者病情、医疗措施和医疗风险的；

（二）没有正当理由，拒绝为患者提供复印或者复制病历资料服务的；

（三）未按照国务院卫生行政部门规定的要求书写和妥善保管病历资料的；

（四）未在规定时间内补记抢救工作病历内容的；

（五）未按照本条例的规定封存、保管和启封病历资料和实物的；

（六）未设置医疗服务质量监控部门或者配备专（兼）职人员的；

（七）未制定有关医疗事故防范和处理预案的；

（八）未在规定时间内向卫生行政部门报告重大医疗过失行为的；

（九）未按照本条例的规定向卫生行政部门报告医疗事故的；

（十）未按照规定进行尸检和保存、处理尸体的。

第五十七条 参加医疗事故技术鉴定工作的人员违反本条例的规定，接受申请鉴定双方或者一方当事人的财物或者其他利益，出具虚假医疗事故技术鉴定书，造成严重后果的，依照刑法关于受贿罪的规定，依法追究刑事责任；尚不够刑事处罚的，由原发证部门吊销其执业证书或者资格证书。

第五十八条 医疗机构或者其他有关机构违反本条例的规定，有下列情形之一的，由卫生行政部门责令改正，给予警告；对负有责任的主管人员和其他直接责任人员依法给予行政处分或者纪律处分；情节严重的，由原发证部门吊销其执业证书或者资格证书：

（一）承担尸检任务的机构没有正当理由，拒绝进行尸检的；

（二）涂改、伪造、隐匿、销毁病历资料的。

第五十九条 以医疗事故为由，寻衅滋事、抢夺病历资料，扰乱医疗机构正常医疗秩序和医疗事故技术鉴定工作，依照刑法关于扰乱社会秩序罪的规定，依法追究刑事责任；尚不够刑事处罚的，依法给予治安管理处罚。

第七章 附 则

第六十条 本条例所称医疗机构，是指依照《医疗机构管理条例》的规定取得《医疗机构执业许可证》的机构。

县级以上城市从事计划生育技术服务的机构依照《计划生育技术服务管理条例》的规定开展与计划生育有关的临床医疗服务，发生的计划生育技术服务事故，依照本条例的有关规定处理；但是，其中不属于医疗机构的县级以上城市从事计划生育技术服务的机构发生的计划生育技术服务事故，由计划生育行政部门行使依照本条例有关规定由卫生行政部门承担的受理、交由负责医疗事故技术鉴定工作的医学会组织鉴定和赔偿调解的职能；对发生计划生育技术服务事故的该机构及其有关责任人员，依法进行处理。

第六十一条 非法行医，造成患者人身损害，不属于医疗事故，触犯刑律的，依法追究刑事责任；有关赔偿，由受害人直接向人民法院提起诉讼。

第六十二条 军队医疗机构的医疗事故处理办法，由中国人民解放军卫生主管部门会同国务院卫生行政部门依据本条例制定。

第六十三条 本条例自2002年9月1日起施行。1987年6月29日国务院发布的《医疗事故处理办法》同时废止。本条例施行前已经处理结案的医疗事故争议，不再重新处理。

中华人民共和国药品管理法实施条例

第一章　总　则

第一条　根据《中华人民共和国药品管理法》（以下简称《药品管理法》），制定本条例。

第二条　国务院药品监督管理部门设置国家药品检验机构。省、自治区、直辖市人民政府药品监督管理部门可以在本行政区域内设置药品检验机构。地方药品检验机构的设置规划由省、自治区、直辖市人民政府药品监督管理部门提出，报省、自治区、直辖市人民政府批准。

国务院和省、自治区、直辖市人民政府的药品监督管理部门可以根据需要，确定符合药品检验条件的检验机构承担药品检验工作。

第二章　药品生产企业管理

第三条　开办药品生产企业，应当按照下列规定办理《药品生产许可证》：

（一）申办人应当向拟办企业所在地省、自治区、直辖市人民政府药品监督管理部门提出申请。省、自治区、直辖市人民政府药品监督管理部门应当自收到申请之日起 30 个工作日内，按照国家发布的药品行业发展规划和产业政策进行审查，并做出是否同意筹建的决定。

（二）申办人完成拟办企业筹建后，应当向原审批部门申请验收。原审批部门应当自收到申请之日起 30 个工作日内，依据《药品管理法》第八条规定的开办条件组织验收；验收合格的，发给《药品生产许可证》。申办人凭《药品生产许可证》到工商行政管理部门依法办理登记注册。

第四条　药品生产企业变更《药品生产许可证》许可事项的，应当在许可事项发生变更 30 日前，向原发证机关申请《药品生产许可证》变更登记；未经批准，不得变更许可事项。原发证机关应当自收到申请之日起 15 个工作日内做出决定。申请人凭变更后的《药品生产许可证》到工商行政管理部门依法办理变更登记手续。

第五条 省级以上人民政府药品监督管理部门应当按照《药品生产质量管理规范》和国务院药品监督管理部门规定的实施办法和实施步骤，组织对药品生产企业的认证工作；符合《药品生产质量管理规范》的，发给认证证书。其中，生产注射剂、放射性药品和国务院药品监督管理部门规定的生物制品的药品生产企业的认证工作，由国务院药品监督管理部门负责。

《药品生产质量管理规范》认证证书的格式由国务院药品监督管理部门统一规定。

第六条 新开办药品生产企业、药品生产企业新建药品生产车间或者新增生产剂型的，应当自取得药品生产证明文件或者经批准正式生产之日起 30 日内，按照规定向药品监督管理部门申请《药品生产质量管理规范》认证。受理申请的药品监督管理部门应当自收到企业申请之日起 6 个月内，组织对申请企业是否符合《药品生产质量管理规范》进行认证；认证合格的，发给认证证书。

第七条 国务院药品监督管理部门应当设立《药品生产质量管理规范》认证检查员库。《药品生产质量管理规范》认证检查员必须符合国务院药品监督管理部门规定的条件。进行《药品生产质量管理规范》认证，必须按照国务院药品监督管理部门的规定，从《药品生产质量管理规范》认证检查员库中随机抽取认证检查员组成认证检查组进行认证检查。

第八条 《药品生产许可证》有效期为 5 年。有效期届满，需要继续生产药品的，持证企业应当在许可证有效期届满前 6 个月，按照国务院药品监督管理部门的规定申请换发《药品生产许可证》。

药品生产企业终止生产药品或者关闭的，《药品生产许可证》由原发证部门缴销。

第九条 药品生产企业生产药品所使用的原料药，必须具有国务院药品监督管理部门核发的药品批准文号或者进口药品注册证书、医药产品注册证书；但是，未实施批准文号管理的中药材、中药饮片除外。

第十条 依据《药品管理法》第十三条规定，接受委托生产药品的，受托方必须是持有与其受托生产的药品相适应的《药品生产质量管理规范》认证证书的药品生产企业。疫苗、血液制品和国务院药品监督管理部门规定的其他药品，不得委托生产。

第三章 药品经营企业管理

第十一条 开办药品批发企业，申办人应当向拟办企业所在地省、自治区、直辖市人民政府药品监督管理部门提出申请。省、自治区、直辖市人民政府药品监督管理部门应当自收到申请之日起 30 个工作日内，依据国务院药品监督管理部门规定的设置标准做出是否同意筹建的决定。申办人完成拟办企业筹建后，应当向原审批部门申请验收。原审批部门应当自收到申请之日起 30 个工作日内，依据《药品管理法》第十五条规定的开办条件组织验收；符合条件的，发给《药品经营许可证》。申办人凭《药品经营许可证》到工商行政管理部门依法办理登记注册。

第十二条 开办药品零售企业，申办人应当向拟办企业所在地设区的市级药品监督管理机构或者省、自治区、直辖市人民政府药品监督管理部门直接设置的县级药品监督管理机构提出申请。受理申请的药品监督管理机构应当自收到申请之日起 30 个工作日内，依据国务院药品监督管理部门的规定，结合当地常住人口数量、地域、交通状况和实际需要进行审查，做出是否同意筹建的决定。申办人完成拟办企业筹建后，应当向原审批机构申请验收。原审批机构应当自收到申请之日起 15 个工作日内，依据《药品管理法》第十五条规定的开办条件组织验收；符合条件的，发给《药品经营许可证》。申办人凭《药品经营许可证》到工商行政管理部门依法办理登记注册。

第十三条 省、自治区、直辖市人民政府药品监督管理部门负责组织药品经营企业的认证工作。药品经营企业应当按照国务院药品监督管理部门规定的实施办法和实施步骤，通过省、自治区、直辖市人民政府药品监督管理部门组织的《药品经营质量管理规范》的认证，取得认证证书。《药品经营质量管理规范》认证证书的格式由国务院药品监督管理部门统一规定。

新开办药品批发企业和药品零售企业，应当自取得《药品经营许可证》之日起30 日内，向发给其《药品经营许可证》的药品监督管理部门或者药品监督管理机构申请《药品经营质量管理规范》认证。受理药品零售企业认证申请的药品监督管理机构应当自收到申请之日起 7 个工作日内，将申请移送负责组织药品经营企业认证工作的省、自治区、直辖市人民政府药品监督管理部门。省、自治区、直辖市人民政府药品监督管理部门应当自收到认证申请之日起 3 个月内，按照国务院药品监督管理部门的规定，组织对申请认证的药品批发企业或者药品零售企业是否符合《药品经营质量管理规范》进行认证；认证合格的，发给认证证书。

第十四条　省、自治区、直辖市人民政府药品监督管理部门应当设立《药品经营质量管理规范》认证检查员库。《药品经营质量管理规范》认证检查员必须符合国务院药品监督管理部门规定的条件。进行《药品经营质量管理规范》认证，必须按照国务院药品监督管理部门的规定，从《药品经营质量管理规范》认证检查员库中随机抽取认证检查员组成认证检查组进行认证检查。

第十五条　国家实行处方药和非处方药分类管理制度。国家根据非处方药品的安全性，将非处方药分为甲类非处方药和乙类非处方药。

经营处方药、甲类非处方药的药品零售企业，应当配备执业药师或者其他依法经资格认定的药学技术人员。经营乙类非处方药的药品零售企业，应当配备经设区的市级药品监督管理机构或者省、自治区、直辖市人民政府药品监督管理部门直接设置的县级药品监督管理机构组织考核合格的业务人员。

第十六条　药品经营企业变更《药品经营许可证》许可事项的，应当在许可事项发生变更 30 日前，向原发证机关申请《药品经营许可证》变更登记；未经批准，不得变更许可事项。原发证机关应当自收到企业申请之日起 15 个工作日内做出决定。申请人凭变更后的《药品经营许可证》到工商行政管理部门依法办理变更登记手续。

第十七条　《药品经营许可证》有效期为 5 年。有效期届满，需要继续经营药品的，持证企业应当在许可证有效期届满前 6 个月，按照国务院药品监督管理部门的规定申请换发《药品经营许可证》。

药品经营企业终止经营药品或者关闭的，《药品经营许可证》由原发证机关缴销。

第十八条 交通不便的边远地区城乡集市贸易市场没有药品零售企业的，当地药品零售企业经所在地县（市）药品监督管理机构批准并到工商行政管理部门办理登记注册后，可以在该城乡集市贸易市场内设点并在批准经营的药品范围内销售非处方药品。

第十九条 通过互联网进行药品交易的药品生产企业、药品经营企业、医疗机构及其交易的药品，必须符合《药品管理法》和本条例的规定。互联网药品交易服务的管理办法，由国务院药品监督管理部门会同国务院有关部门制定。

第四章 医疗机构的药剂管理

第二十条 医疗机构设立制剂室，应当向所在地省、自治区、直辖市人民政府卫生行政部门提出申请，经审核同意后，报同级人民政府药品监督管理部门审批；省、自治区、直辖市人民政府药品监督管理部门验收合格的，予以批准，发给《医疗机构制剂许可证》。

省、自治区、直辖市人民政府卫生行政部门和药品监督管理部门应当在各自收到申请之日起30个工作日内，做出是否同意或者批准的决定。

第二十一条 医疗机构变更《医疗机构制剂许可证》许可事项的，应当在许可事项发生变更30日前，依照本条例第二十条的规定向原审核、批准机关申请《医疗机构制剂许可证》变更登记；未经批准，不得变更许可事项。原审核、批准机关应当在各自收到申请之日起15个工作日内做出决定。

医疗机构新增配制剂型或者改变配制场所的，应当经所在地省、自治区、直辖市人民政府药品监督管理部门验收合格后，依照前款规定办理《医疗机构制剂许可证》变更登记。

第二十二条 《医疗机构制剂许可证》有效期为5年。有效期届满，需要继续配制制剂的，医疗机构应当在许可证有效期届满前6个月，按照国务院药品监督管理部门的规定申请换发《医疗机构制剂许可证》。医疗机构终止配制制剂或者关闭的，《医疗机构制剂许可证》由原发证机关缴销。

第二十三条 医疗机构配制制剂，必须按照国务院药品监督管理部门的规定报送有关资料和样品，经所在地省、自治区、直辖市人民政府药品监督管理部门批准，并发给制剂批准文号后，方可配制。

第二十四条 医疗机构配制的制剂不得在市场上销售或者变相销售，不得发布医疗机构制剂广告。

发生灾情、疫情、突发事件或者临床急需而市场没有供应时，经国务院或者省、自治区、直辖市人民政府的药品监督管理部门批准，在规定期限内，医疗机构配制的制剂可以在指定的医疗机构之间调剂使用。

国务院药品监督管理部门规定的特殊制剂的调剂使用以及省、自治区、直辖市之间医疗机构制剂的调剂使用，必须经国务院药品监督管理部门批准。

第二十五条 医疗机构审核和调配处方的药剂人员必须是依法经资格认定的药学技术人员。

第二十六条 医疗机构购进药品，必须有真实、完整的药品购进记录。药品购进记录必须注明药品的通用名称、剂型、规格、批号、有效期、生产厂商、供货单位、购货数量、购进价格、购货日期以及国务院药品监督管理部门规定的其他内容。

第二十七条 医疗机构向患者提供的药品应当与诊疗范围相适应，并凭执业医师或者执业助理医师的处方调配。计划生育技术服务机构采购和向患者提供药品，其范围应当与经批准的服务范围相一致，并凭执业医师或者执业助理医师的处方调配。

个人设置的门诊部、诊所等医疗机构不得配备常用药品和急救药品以外的其他药品。常用药品和急救药品的范围和品种，由所在地的省、自治区、直辖市人民政府卫生行政部门会同同级人民政府药品监督管理部门规定。

第五章　药品管理

第二十八条 药物非临床安全性评价研究机构必须执行《药物非临床研究质量管理规范》，药物临床试验机构必须执行《药物临床试验质量管理规范》。《药物非临床研究质量管理规范》《药物临床试验质量管理规范》由国务院药品监督管理部门分别商国务院科学技术行政部门和国务院卫生行政部门制定。

第二十九条 药物临床试验、生产药品和进口药品，应当符合《药品管理法》及本条例的规定，经国务院药品监督管理部门审查批准；国务院药品监督管理部门可以委托省、自治区、直辖市人民政府药品监督管理部门对申报药物的研制情况及条件进行审查，对申报资料进行形式审查，并对试制的样品进行检验。具体办法由国务院药品监督管理部门制定。

第三十条 研制新药，需要进行临床试验的，应当依照《药品管理法》第二十九条的规定，经国务院药品监督管理部门批准。

药物临床试验申请经国务院药品监督管理部门批准后，申报人应当在经依法认定的具有药物临床试验资格的机构中选择承担药物临床试验的机构，并将该临床试验机构报国务院药品监督管理部门和国务院卫生行政部门备案。

药物临床试验机构进行药物临床试验，应当事先告知受试者或者其监护人真实情况，并取得其书面同意。

第三十一条 生产已有国家标准的药品，应当按照国务院药品监督管理部门的规定，向省、自治区、直辖市人民政府药品监督管理部门或者国务院药品监督管理部门提出申请，报送有关技术资料并提供相关证明文件。省、自治区、直辖市人民政府药品监督管理部门应当自受理申请之日起 30 个工作日内进行审查，提出意见后报送国务院药品监督管理部门审核，并同时将审查意见通知申报方。国务院药品监督管理部门经审核符合规定的，发给药品批准文号。

第三十二条 生产有试行期标准的药品，应当按照国务院药品监督管理部门的规定，在试行期满前 3 个月，提出转正申请；国务院药品监督管理部门应当自试行期满之日起 12 个月内对该试行期标准进行审查，对符合国务院药品监督管理部门规定的转正要求的，转为正式标准；对试行标准期满未按照规定提出转正申请或者原试行标准不符合转正要求的，国务院药品监督管理部门应当撤销该试行标准和依据该试行标准生产药品的批准文号。

第三十三条 变更研制新药、生产药品和进口药品已获批准证明文件及其附件中载明事项的，应当向国务院药品监督管理部门提出补充申请；国务院药品监督管理部门经审核符合规定的，应当予以批准。

第三十四条 国务院药品监督管理部门根据保护公众健康的要求，可以对药品生产企业生产的新药品种设立不超过 5 年的监测期；在监测期内，不得批准其他企业生产和进口。

第三十五条 国家对获得生产或者销售含有新型化学成分药品许可的生产者或者销售者提交的自行取得且未披露的试验数据和其他数据实施保护，任何人不得对该未披露的试验数据和其他数据进行不正当的商业利用。

自药品生产者或者销售者获得生产、销售新型化学成分药品的许可证明文件之日起6年内，对其他申请人未经已获得许可的申请人同意，使用前款数据申请生产、销售新型化学成分药品许可的，药品监督管理部门不予许可；但是，其他申请人提交自行取得数据的除外。

除下列情形外，药品监督管理部门不得披露本条第一款规定的数据：

（一）公共利益需要；

（二）已采取措施确保该类数据不会被不正当地进行商业利用。

第三十六条 申请进口的药品，应当是在生产国家或者地区获得上市许可的药品；未在生产国家或者地区获得上市许可的，经国务院药品监督管理部门确认该药品品种安全、有效而且临床需要的，可以依照《药品管理法》及本条例的规定批准进口。

进口药品，应当按照国务院药品监督管理部门的规定申请注册。国外企业生产的药品取得《进口药品注册证》，中国香港、澳门和台湾地区企业生产的药品取得《医药产品注册证》后，方可进口。

第三十七条 医疗机构因临床急需进口少量药品的，应当持《医疗机构执业许可证》向国务院药品监督管理部门提出申请；经批准后，方可进口。进口的药品应当在指定医疗机构内用于特定医疗目的。

第三十八条 进口药品到岸后，进口单位应当持《进口药品注册证》或者《医药产品注册证》以及产地证明原件、购货合同副本、装箱单、运单、货运发票、出厂检验报告书、说明书等材料，向口岸所在地药品监督管理部门备案。口岸所在地药品监督管理部门经审查，提交的材料符合要求的，发给《进口药品通关单》。进口单位凭《进口药品通关单》向海关办理报关验放手续。

口岸所在地药品监督管理部门应当通知药品检验机构对进口药品逐批进行抽查检验；但是，有《药品管理法》第四十一条规定情形的除外。

第三十九条 疫苗类制品、血液制品、用于血源筛查的体外诊断试剂以及国务院药品监督管理部门规定的其他生物制品在销售前或者进口时，应当按照国务院药品监督管理部门的规定进行检验或者审核批准；检验不合格或者未获批准的，不得销售或者进口。

第四十条 国家鼓励培育中药材。对集中规模化栽培养殖、质量可以控制并符合国务院药品监督管理部门规定条件的中药材品种，实行批准文号管理。

第四十一条 国务院药品监督管理部门对已批准生产、销售的药品进行再评价，根据药品再评价结果，可以采取责令修改药品说明书，暂停生产、销售和使用的措施；对不良反应大或者其他原因危害人体健康的药品，应当撤销该药品批准证明文件。

第四十二条 国务院药品监督管理部门核发的药品批准文号、《进口药品注册证》《医药产品注册证》的有效期为5年。有效期届满，需要继续生产或者进口的，应当在有效期届满前6个月申请再注册。药品再注册时，应当按照国务院药品监督管理部门的规定报送相关资料。有效期届满，未申请再注册或者经审查不符合国务院药品监督管理部门关于再注册的规定的，注销其药品批准文号、《进口药品注册证》或者《医药产品注册证》。

第四十三条 非药品不得在其包装、标签、说明书及有关宣传资料上进行含有预防、治疗、诊断人体疾病等有关内容的宣传；但是，法律、行政法规另有规定的除外。

第六章 药品包装的管理

第四十四条 药品生产企业使用的直接接触药品的包装材料和容器，必须符合药用要求和保障人体健康、安全的标准，并经国务院药品监督管理部门批准注册。

直接接触药品的包装材料和容器的管理办法、产品目录和药用要求与标准，由国务院药品监督管理部门组织制定并公布。

第四十五条 生产中药饮片，应当选用与药品性质相适应的包装材料和容器；包装不符合规定的中药饮片，不得销售。中药饮片包装必须印有或者贴有标签。

中药饮片的标签必须注明品名、规格、产地、生产企业、产品批号、生产日期，实施批准文号管理的中药饮片还必须注明药品批准文号。

第四十六条 药品包装、标签、说明书必须依照《药品管理法》第五十四条和国务院药品监督管理部门的规定印制。药品商品名称应当符合国务院药品监督管理部门的规定。

第四十七条 医疗机构配制制剂所使用的直接接触药品的包装材料和容器、制剂的标签和说明书应当符合《药品管理法》第六章和本条例的有关规定，并经省、自治区、直辖市人民政府药品监督管理部门批准。

第七章 药品价格和广告的管理

第四十八条 国家对药品价格实行政府定价、政府指导价或者市场调节价。

列入国家基本医疗保险药品目录的药品以及国家基本医疗保险药品目录以外具有垄断性生产、经营的药品，实行政府定价或者政府指导价；对其他药品，实行市场调节价。

第四十九条 依法实行政府定价、政府指导价的药品，由政府价格主管部门依照《药品管理法》第五十五条规定的原则，制定和调整价格；其中，制定和调整药品销售价格时，应当体现对药品社会平均销售费用率、销售利润率和流通差率的控制。具体定价办法由国务院价格主管部门依照《中华人民共和国价格法》（以下简称《价格法》）的有关规定制定。

第五十条 依法实行政府定价和政府指导价的药品价格制定后，由政府价格主管部门依照《价格法》第二十四条的规定，在指定的刊物上公布并明确该价格施行的日期。

第五十一条 实行政府定价和政府指导价的药品价格，政府价格主管部门制定和调整药品价格时，应当组织药学、医学、经济学等方面专家进行评审和论证；必要时，应当听取药品生产企业、药品经营企业、医疗机构、公民以及其他有关单位及人员的意见。

第五十二条 政府价格主管部门依照《价格法》第二十八条的规定实行药品价格监测时，为掌握、分析药品价格变动和趋势，可以指定部分药品生产企业、药品经营企业和医疗机构作为价格监测定点单位；定点单位应当给予配合、支持，如实提供有关信息资料。

第五十三条 发布药品广告，应当向药品生产企业所在地省、自治区、直辖市人民政府药品监督管理部门报送有关材料。省、自治区、直辖市人民政府药品监督管理部门应当自收到有关材料之日起10个工作日内做出是否核发药品广告批准文号的决定；核发药品广告批准文号的，应当同时报国务院药品监督管理部门备案。具体办法由国务院药品监督管理部门制定。

发布进口药品广告，应当依照前款规定向进口药品代理机构所在地省、自治区、直辖市人民政府药品监督管理部门申请药品广告批准文号。

在药品生产企业所在地和进口药品代理机构所在地以外的省、自治区、直辖市发布药品广告的，发布广告的企业应当在发布前向发布地省、自治区、直辖市人民政府药品监督管理部门备案。接受备案的省、自治区、直辖市人民政府药品监督管理部门发现药品广告批准内容不符合药品广告管理规定的，应当交由原核发部门处理。

第五十四条 经国务院或者省、自治区、直辖市人民政府的药品监督管理部门决定，责令暂停生产、销售和使用的药品，在暂停期间不得发布该品种药品广告；已经发布广告的，必须立即停止。

第五十五条 未经省、自治区、直辖市人民政府药品监督管理部门批准的药品广告，使用伪造、冒用、失效的药品广告批准文号的广告，或者因其他广告违法活动被撤销药品广告批准文号的广告，发布广告的企业、广告经营者、广告发布者必须立即停止该药品广告的发布。

对违法发布药品广告，情节严重的，省、自治区、直辖市人民政府药品监督管理部门可以予以公告。

第八章 药品监督

第五十六条 药品监督管理部门（含省级人民政府药品监督管理部门依法设立的药品监督管理机构，下同）依法对药品的研制、生产、经营、使用实施监督检查。

第五十七条 药品抽样必须由两名以上药品监督检查人员实施，并按照国务院药品监督管理部门的规定进行抽样；被抽检方应当提供抽检样品，不得拒绝。

药品被抽检单位没有正当理由，拒绝抽查检验的，国务院药品监督管理部门和被抽检单位所在地省、自治区、直辖市人民政府药品监督管理部门可以宣布停止该单位拒绝抽检的药品上市销售和使用。

第五十八条　对有掺杂、掺假嫌疑的药品，在国家药品标准规定的检验方法和检验项目不能检验时，药品检验机构可以补充检验方法和检验项目进行药品检验；经国务院药品监督管理部门批准后，使用补充检验方法和检验项目所得出的检验结果，可以作为药品监督管理部门认定药品质量的依据。

第五十九条　国务院和省、自治区、直辖市人民政府的药品监督管理部门应当根据药品质量抽查检验结果，定期发布药品质量公告。药品质量公告应当包括抽验药品的品名、检品来源、生产企业、生产批号、药品规格、检验机构、检验依据、检验结果、不合格项目等内容。药品质量公告不当的，发布部门应当自确认公告不当之日起5日内，在原公告范围内予以更正。

当事人对药品检验机构的检验结果有异议，申请复验的，应当向负责复验的药品检验机构提交书面申请、原药品检验报告书。复验的样品从原药品检验机构留样中抽取。

第六十条　药品监督管理部门依法对有证据证明可能危害人体健康的药品及其有关证据材料采取查封、扣押的行政强制措施的，应当自采取行政强制措施之日起7日内做出是否立案的决定；需要检验的，应当自检验报告书发出之日起15日内做出是否立案的决定；不符合立案条件的，应当解除行政强制措施；需要暂停销售和使用的，应当由国务院或者省、自治区、直辖市人民政府的药品监督管理部门做出决定。

第六十一条　药品抽查检验，不得收取任何费用。

当事人对药品检验结果有异议，申请复验的，应当按照国务院有关部门或者省、自治区、直辖市人民政府有关部门的规定，向复验机构预先支付药品检验费用。复验结论与原检验结论不一致的，复验检验费用由原药品检验机构承担。

第六十二条　依据《药品管理法》和本条例的规定核发证书、进行药品注册、药品认证和实施药品审批检验及其强制性检验，可以收取费用。具体收费标准由国务院财政部门、国务院价格主管部门制定。

第九章　法律责任

第六十三条　药品生产企业、药品经营企业有下列情形之一的，由药品监督管理部门依照《药品管理法》第七十九条的规定给予处罚：

（一）开办药品生产企业、药品生产企业新建药品生产车间、新增生产剂型，在国务院药品监督管理部门规定的时间内未通过《药品生产质量管理规范》认证，仍进行药品生产的；

（二）开办药品经营企业，在国务院药品监督管理部门规定的时间内未通过《药品经营质量管理规范》认证，仍进行药品经营的。

第六十四条　违反《药品管理法》第十三条的规定，擅自委托或者接受委托生产药品的，对委托方和受托方均依照《药品管理法》第七十四条的规定给予处罚。

第六十五条　未经批准，擅自在城乡集市贸易市场设点销售药品或者在城乡集市贸易市场设点销售的药品超出批准经营的药品范围的，依照《药品管理法》第七十三条的规定给予处罚。

第六十六条　未经批准，医疗机构擅自使用其他医疗机构配制的制剂的，依照《药品管理法》第八十条的规定给予处罚。

第六十七条　个人设置的门诊部、诊所等医疗机构向患者提供的药品超出规定的范围和品种的，依照《药品管理法》第七十三条的规定给予处罚。

第六十八条　医疗机构使用假药、劣药的，依照《药品管理法》第七十四条、第七十五条的规定给予处罚。

第六十九条　违反《药品管理法》第二十九条的规定，擅自进行临床试验的，对承担药物临床试验的机构，依照《药品管理法》第七十九条的规定给予处罚。

第七十条　药品申报者在申报临床试验时，报送虚假研制方法、质量标准、药理及毒理试验结果等有关资料和样品的，国务院药品监督管理部门对该申报药品的临床试验不予批准，对药品申报者给予警告；情节严重的，3 年内不受理该药品申报者申报该品种的临床试验申请。

第七十一条 生产没有国家药品标准的中药饮片，不符合省、自治区、直辖市人民政府药品监督管理部门制定的炮制规范的；医疗机构不按照省、自治区、直辖市人民政府药品监督管理部门批准的标准配制制剂的，依照《药品管理法》第七十五条的规定给予处罚。

第七十二条 药品监督管理部门及其工作人员违反规定，泄露生产者、销售者为获得生产、销售含有新型化学成分药品许可而提交的未披露试验数据或者其他数据，造成申请人损失的，由药品监督管理部门依法承担赔偿责任；药品监督管理部门赔偿损失后，应当责令故意或者有重大过失的工作人员承担部分或者全部赔偿费用，并对直接责任人员依法给予行政处分。

第七十三条 药品生产企业、药品经营企业生产、经营的药品及医疗机构配制的制剂，其包装、标签、说明书违反《药品管理法》及本条例规定的，依照《药品管理法》第八十六条的规定给予处罚。

第七十四条 药品生产企业、药品经营企业和医疗机构变更药品生产经营许可事项，应当办理变更登记手续而未办理的，由原发证部门给予警告，责令限期补办变更登记手续；逾期不补办的，宣布其《药品生产许可证》《药品经营许可证》和《医疗机构制剂许可证》无效；仍从事药品生产经营活动的，依照《药品管理法》第七十三条的规定给予处罚。

第七十五条 违反本条例第四十八条、第四十九条、第五十条、第五十一条、第五十二条关于药品价格管理的规定的，依照《价格法》的有关规定给予处罚。

第七十六条 篡改经批准的药品广告内容的，由药品监督管理部门责令广告主立即停止该药品广告的发布，并由原审批的药品监督管理部门依照《药品管理法》第九十二条的规定给予处罚。

药品监督管理部门撤销药品广告批准文号后，应当自做出行政处理决定之日起 5 个工作日内通知广告监督管理机关。广告监督管理机关应当自收到药品监督管理部门通知之日起 15 个工作日内，依照《中华人民共和国广告法》的有关规定做出行政处理决定。

第七十七条 发布药品广告的企业在药品生产企业所在地或者进口药品

代理机构所在地以外的省、自治区、直辖市发布药品广告，未按照规定向发布地省、自治区、直辖市人民政府药品监督管理部门备案的，由发布地的药品监督管理部门责令限期改正；逾期不改正的，停止该药品品种在发布地的广告发布活动。

第七十八条 未经省、自治区、直辖市人民政府药品监督管理部门批准，擅自发布药品广告的，药品监督管理部门发现后，应当通知广告监督管理部门依法查处。

第七十九条 违反《药品管理法》和本条例的规定，有下列行为之一的，由药品监督管理部门在《药品管理法》和本条例规定的处罚幅度内从重处罚：

（一）以麻醉药品、精神药品、医疗用毒性药品、放射性药品冒充其他药品，或者以其他药品冒充上述药品的；

（二）生产、销售以孕产妇、婴幼儿及儿童为主要使用对象的假药、劣药的；

（三）生产、销售的生物制品、血液制品属于假药、劣药的；

（四）生产、销售、使用假药、劣药，造成人员伤害后果的；

（五）生产、销售、使用假药、劣药，经处理后重犯的；

（六）拒绝、逃避监督检查，或者伪造、销毁、隐匿有关证据材料的，或者擅自动用查封、扣押物品的。

第八十条 药品监督管理部门设置的派出机构，有权做出《药品管理法》和本条例规定的警告、罚款、没收违法生产、销售的药品和违法所得的行政处罚。

第八十一条 药品经营企业、医疗机构未违反《药品管理法》和本条例的有关规定，并有充分证据证明其不知道所销售或者使用的药品是假药、劣药的，应当没收其销售或者使用的假药、劣药和违法所得；但是，可以免除其他行政处罚。

第八十二条 依照《药品管理法》和本条例的规定没收的物品，由药品监督管理部门按照规定监督处理。

第十章 附 则

第八十三条 本条例下列用语的含义：

药品合格证明和其他标识，是指药品生产批准证明文件、药品检验报告书、药品的包装、标签和说明书。

新药，是指未曾在中国境内上市销售的药品。

处方药，是指凭执业医师和执业助理医师处方方可购买、调配和使用的药品。

非处方药，是指由国务院药品监督管理部门公布的，不需要凭执业医师和执业助理医师处方，消费者可以自行判断、购买和使用的药品。

医疗机构制剂，是指医疗机构根据本单位临床需要经批准而配制、自用的固定处方制剂。

药品认证，是指药品监督管理部门对药品研制、生产、经营、使用单位实施相应质量管理规范进行检查、评价并决定是否发给相应认证证书的过程。

药品经营方式，是指药品批发和药品零售。药品经营范围，是指经药品监督管理部门核准经营药品的品种类别。

药品批发企业，是指将购进的药品销售给药品生产企业、药品经营企业、医疗机构的药品经营企业。

药品零售企业，是指将购进的药品直接销售给消费者的药品经营企业。

第八十四条 《药品管理法》第四十一条中“首次在中国销售的药品”，是指国内或者国外药品生产企业第一次在中国销售的药品，包括不同药品生产企业生产的相同品种。

第八十五条 《药品管理法》第五十九条第二款“禁止药品的生产企业、经营企业或者其代理人以任何名义给予使用其药品的医疗机构的负责人、药品采购人员、医师等有关人员以财物或者其他利益”中的“财物或者其他利益”，是指药品的生产企业、经营企业或者其代理人向医疗机构的负责人、药品采购人员、医师等有关人员提供的目的在于影响其药品采购或者药品处方行为的不正当利益。

第八十六条 本条例自 2002 年 9 月 15 日起施行。

产前诊断技术管理办法

第一章　总　则

第一条　为保障母婴健康，提高出生人口素质，保证产前诊断技术的安全、有效，规范产前诊断技术的监督管理，依据《中华人民共和国母婴保健法》以及《中华人民共和国母婴保健法实施办法》，制定本管理办法。

第二条　本管理办法中所称的产前诊断，是指对胎儿进行先天性缺陷和遗传性疾病的诊断，包括相应筛查。产前诊断技术项目包括遗传咨询、医学影像、生化免疫、细胞遗传和分子遗传等。

第三条　本管理办法适用于各类开展产前诊断技术的医疗保健机构。

第四条　产前诊断技术的应用应当以医疗为目的，符合国家有关法律规定和伦理原则，由经资格认定的医务人员在经许可的医疗保健机构中进行。

医疗保健机构和医务人员不得实施任何非医疗目的的产前诊断技术。

第五条　卫生部负责全国产前诊断技术应用的监督管理工作。

第二章　管理与审批

第六条　卫生部根据医疗需求、技术发展状况、组织与管理的需要等实际情况，制定产前诊断技术应用规划。

第七条　产前诊断技术应用实行分级管理。

卫生部制定开展产前诊断技术医疗保健机构的基本条件和人员条件；颁布有关产前诊断的技术规范；指定国家级开展产前诊断技术的医疗保健机构；对全国产前诊断技术应用进行质量管理和信息管理；对全国产前诊断专业技术人员的培训进行规划。

省、自治区、直辖市人民政府卫生行政部门（以下简称省级卫生行政部门）根据当地实际，因地制宜地规划、审批或组建本行政区域内开展产前诊断技术的医疗保健机构；对从事产前诊断技术的专业人员进行系统培训和资格认定；对产前诊断技术应用进行质量管理和信息管理。

县级以上人民政府卫生行政部门负责本行政区域内产前诊断技术应用的日常监督管理。

第八条 从事产前诊断的卫生专业技术人员应符合以下所有条件：

（一）从事临床工作的，应取得执业医师资格；

（二）从事医技和辅助工作的，应取得相应卫生专业技术职称；

（三）符合《从事产前诊断卫生专业技术人员的基本条件》；

（四）经省级卫生行政部门批准，取得从事产前诊断的《母婴保健技术考核合格证书》。

第九条 申请开展产前诊断技术的医疗保健机构应符合下列所有条件：

（一）设有妇产科诊疗科目；

（二）具有与所开展技术相适应的卫生专业技术人员；

（三）具有与所开展技术相适应的技术条件和设备；

（四）设有医学伦理委员会；

（五）符合《开展产前诊断技术医疗保健机构的基本条件》及相关技术规范。

第十条 申请开展产前诊断技术的医疗保健机构应当向所在地省级卫生行政部门提交下列文件：

（一）医疗机构执业许可证副本；

（二）开展产前诊断技术的母婴保健技术服务执业许可申请文件；

（三）可行性报告；

（四）拟开展产前诊断技术的人员配备、设备和技术条件情况；

（五）开展产前诊断技术的规章制度；

（六）省级以上卫生行政部门规定提交的其他材料。

申请开展产前诊断技术的医疗保健机构，必须明确提出拟开展的产前诊断具体技术项目。

第十一条 申请开展产前诊断技术的医疗保健机构，由所属省、自治区、直辖市人民政府卫生行政部门审查批准。省、自治区、直辖市人民政府卫生行政部门收到本办法第十条规定的材料后，组织有关专家进行论证，并在收到专家论证报告后30个工作日内进行审核。经审核同意的，发给开展产前诊断技术的母婴保健技术服务执业许可证，注明开展产前诊断以及具体技术服务项目；经审核不同意的，书面通知申请单位。

第十二条 卫生部根据全国产前诊断技术发展需要，在经审批合格的开展产前诊断技术服务的医疗保健机构中，指定国家级开展产前诊断技术的医疗保健机构。

第十三条 开展产前诊断技术的《母婴保健技术服务执业许可证》每三年校验一次，校验由原审批机关办理。经校验合格的，可继续开展产前诊断技术；经校验不合格的，撤销其许可证书。

第十四条 省、自治区、直辖市人民政府卫生行政部门指定的医疗保健机构，协助卫生行政部门负责对本行政区域内产前诊断的组织管理工作。

第十五条 从事产前诊断的人员不得在未许可开展产前诊断技术的医疗保健机构中从事相关工作。

第三章 实 施

第十六条 对一般孕妇实施产前筛查以及应用产前诊断技术坚持知情选择。开展产前筛查的医疗保健机构要与经许可开展产前诊断技术的医疗保健机构建立工作联系，保证筛查病例能落实后续诊断。

第十七条 孕妇有下列情形之一的，经治医师应当建议其进行产前诊断：

（一）羊水过多或者过少的；

（二）胎儿发育异常或者胎儿有可疑畸形的；

（三）孕早期时接触过可能导致胎儿先天缺陷的物质的；

（四）有遗传病家族史或者曾经分娩过先天性严重缺陷婴儿的；

（五）年龄超过35周岁的。

第十八条 既往生育过严重遗传性疾病或者严重缺陷患儿的，再次妊娠前，夫妻双方应当到医疗保健机构进行遗传咨询。医务人员应当对当事人介绍有关知识，给予咨询和指导。

经治医师根据咨询的结果，对当事人提出医学建议。

第十九条 确定产前诊断重点疾病，应当符合下列条件：

（一）疾病发生率较高；

（二）疾病危害严重，社会、家庭和个人疾病负担大；

（三）疾病缺乏有效的临床治疗方法；

（四）诊断技术成熟、可靠、安全和有效。

第二十条 开展产前检查、助产技术的医疗保健机构在为孕妇进行早孕检查或产前检查时，遇到本办法第十七条所列情形的孕妇，应当进行有关知识的普及，提供咨询服务，并以书面形式如实告知孕妇或其家属，建议孕妇进行产前诊断。

第二十一条 孕妇自行提出进行产前诊断的，经治医师可根据其情况提供医学咨询，由孕妇决定是否实施产前诊断技术。

第二十二条 开展产前诊断技术的医疗保健机构出具的产前诊断报告，应当由2名以上经资格认定的执业医师签发。

第二十三条 对于产前诊断技术及诊断结果，经治医师应本着科学、负责的态度，向孕妇或家属告知技术的安全性、有效性和风险性，使孕妇或家属理解技术可能存在的风险和结果的不确定性。

第二十四条 在发现胎儿异常的情况下，经治医师必须将继续妊娠和终止妊娠可能出现的结果以及进一步处理意见，以书面形式明确告知孕妇，由孕妇夫妻双方自行选择处理方案，并签署知情同意书。若孕妇缺乏认知能力，由其近亲属代为选择。涉及伦理问题的，应当交医学伦理委员会讨论。

第二十五条 开展产前诊断技术的医疗保健机构对经产前诊断后终止妊娠娩出的胎儿，在征得其家属同意后，进行尸体病理学解剖及相关的遗传学检查。

第二十六条 当事人对产前诊断结果有异议的，可以依据《中华人民共和国母婴保健法实施办法》第五章的有关规定，申请技术鉴定。

第二十七条 开展产前诊断技术的医疗保健机构不得擅自进行胎儿的性别鉴定。对怀疑胎儿可能为伴性遗传病，需要进行性别鉴定的，由省、自治区、直辖市人民政府卫生行政部门指定的医疗保健机构按照有关规定进行鉴定。

第二十八条 开展产前诊断技术的医疗保健机构应当建立健全技术档案

管理和追踪观察制度。

第四章 处 罚

第二十九条 违反本办法规定，未经批准擅自开展产前诊断技术的非医疗保健机构，按照《医疗机构管理条例》有关规定进行处罚。

第三十条 对违反本办法，医疗保健机构未取得产前诊断执业许可或超越许可范围，擅自从事产前诊断的，按照《中华人民共和国母婴保健法实施办法》有关规定处罚，由卫生行政部门给予警告，责令停止违法行为，没收违法所得；违法所得5000元以上的，并处违法所得3倍以上5倍以下的罚款；违法所得不足5000元的，并处5000元以上2万元以下的罚款。情节严重的，依据《医疗机构管理条例》依法吊销医疗机构执业许可证。

第三十一条 对未取得产前诊断类母婴保健技术考核合格证书的个人，擅自从事产前诊断或超越许可范围的，由县级以上人民政府卫生行政部门给予警告或者责令暂停六个月以上一年以下执业活动；情节严重的，按照《中华人民共和国执业医师法》吊销其医师执业证书。构成犯罪的，依法追究刑事责任。

第三十二条 违反本办法第二十七条规定，按照《中华人民共和国母婴保健法实施办法》第四十二条规定处罚。

第五章 附 则

第三十三条 各省、自治区、直辖市人民政府卫生行政部门可以根据本办法和本地实际情况制定实施细则。

第三十四条 本办法自2003年5月1日起施行。

医疗广告管理办法

第一条 为加强医疗广告管理，保障人民身体健康，根据《中华人民共和国广告法》（以下简称《广告法》）、《医疗机构管理条例》《中医药条例》等法律法规的规定，制定本办法。

第二条 本办法所称医疗广告，是指利用各种媒介或者形式直接或间接介绍医疗机构或医疗服务的广告。

第三条 医疗机构发布医疗广告，应当在发布前申请医疗广告审查。未取得《医疗广告审查证明》，不得发布医疗广告。

第四条 工商行政管理机关负责医疗广告的监督管理。

卫生行政部门、中医药管理部门负责医疗广告的审查，并对医疗机构进行监督管理。

第五条 非医疗机构不得发布医疗广告，医疗机构不得以内部科室名义发布医疗广告。

第六条 医疗广告的表现形式不得含有下列内容：

（一）表示功效、安全性的断言或者保证；

（二）说明治愈率或者有效率；

（三）与其他药品、医疗器械的功效和安全性或者其他医疗机构比较；

（四）利用广告代言人作推荐、证明；

（五）涉及医疗技术、诊疗方法、疾病名称、药物的；

（六）淫秽、迷信、荒诞的；

（七）使用解放军和武警部队名义的；

（八）利用患者、卫生技术人员、医学教育科研机构及人员以及其他社会社团、组织的名义、形象作证明的。

第七条 医疗机构发布医疗广告，应当向其所在地省级卫生行政部门申请，并提交以下材料：

（一）《医疗广告审查申请表》；

（二）《医疗机构执业许可证》副本原件和复印件，复印件应当加盖核发其《医疗机构执业许可证》的卫生行政部门公章；

（三）医疗广告成品样件。电视、广播广告可以先提交镜头脚本和广播文稿。

中医、中西医结合、民族医医疗机构发布医疗广告，应当向其所在地省级中医药管理部门申请。

第八条 省级卫生行政部门、中医药管理部门应当自受理之日起20日内对医疗广告成品样件内容进行审查。卫生行政部门、中医药管理部门需要请有关专家进行审查的，可延长10日。

对审查合格的医疗广告，省级卫生行政部门、中医药管理部门发给《医疗广告审查证明》，并将通过审查的医疗广告样件和核发的《医疗广告审查证明》向社会公布；对审查不合格的医疗广告，应当书面通知医疗机构并告知理由。

第九条 省级卫生行政部门、中医药管理部门应对已审查的医疗广告成品样件和审查意见予以备案保存，保存时间自《医疗广告审查证明》生效之日起至少两年。

第十条 《医疗广告审查申请表》《医疗广告审查证明》的格式由国家卫生与计划生育委员会、国家中医药管理局规定。

第十一条 省级卫生行政部门、中医药管理部门应在核发《医疗广告审查证明》之日起五个工作日内，将《医疗广告审查证明》抄送本地同级工商行政管理机关。

第十二条 《医疗广告审查证明》的有效期为一年。到期后仍需继续发布医疗广告的，应重新提出审查申请。

第十三条 发布医疗广告应当标注医疗机构第一名称和《医疗广告审查证明》文号。

第十四条 医疗机构在其法定控制地带标示仅含有医疗机构名称、标识、联系方式的自设性户外广告，无需申请医疗广告审查。

第十五条 禁止利用新闻报道形式、医疗资讯服务类专题节（栏）目或以介绍健康、养生知识等形式发布或变相发布医疗广告。

有关医疗机构的人物专访、专题报道等宣传内容，可以出现医疗机构名称，但不得出现有关医疗机构的地址、联系方式等医疗广告内容；不得在同一媒介的同一时间段或者版面发布该医疗机构的广告。

第十六条 医疗机构应当按照《医疗广告审查证明》核准的广告成品样件内容与媒体类别发布医疗广告。

医疗广告内容需要改动或者医疗机构的执业情况发生变化，与经审查的医疗广告成品样件内容不符的，医疗机构应当重新提出审查申请。

第十七条 广告经营者、广告发布者发布医疗广告，应当由其广告审查员查验《医疗广告审查证明》，核对广告内容。

第十八条 有下列情况之一的，省级卫生行政部门、中医药管理部门应当收回《医疗广告审查证明》，并告知有关医疗机构：

（一）医疗机构受到停业整顿、吊销《医疗机构执业许可证》的；

（二）医疗机构停业、歇业或被注销的；

（三）其他应当收回《医疗广告审查证明》的情形。

第十九条 医疗机构违反本办法规定发布医疗广告，县级以上地方卫生行政部门、中医药管理部门应责令其限期改正，给予警告；情节严重的，撤销广告审查批准文件、一年内不受理其广告审查申请，并可以责令其停业整顿、吊销有关诊疗科目，直至吊销《医疗机构执业许可证》。

未取得《医疗机构执业许可证》发布医疗广告的，按非法行医处罚。

第二十条 医疗机构篡改《医疗广告审查证明》内容发布医疗广告的，省级卫生行政部门、中医药管理部门应当撤销《医疗广告审查证明》，并在一年内不受理该医疗机构的广告审查申请。

省级卫生行政部门、中医药管理部门撤销《医疗广告审查证明》后，应当自作出行政处理决定之日起 5 个工作日内通知同级工商行政管理机关，工商行政管理机关应当依法予以查处。

第二十一条 违反本办法规定发布广告，《广告法》及其他法律法规有规定的，依法予以处罚；没有具体规定的，对负有责任的广告主、广告经营者、广告发布者，处以一万元以下罚款；有违法所得的，处以违法所得三倍以下但不超过三万元的罚款。

医疗广告内容涉嫌虚假的，工商行政管理机关可根据需要会同卫生行政部门、中医药管理部门作出认定。

第二十二条 本办法自 2015 年 9 月 1 日起施行。2006 年 11 月 10 日国家工商行政管理总局、卫生部令第 26 号发布的《医疗广告管理办法》同时废止。

药品不良反应报告和监测管理办法

第一章　总　则

第一条　为加强药品的上市后监管，规范药品不良反应报告和监测，及时、有效控制药品风险，保障公众用药安全，依据《中华人民共和国药品管理法》等有关法律法规，制定本办法。

第二条　在中华人民共和国境内开展药品不良反应报告、监测以及监督管理，适用本办法。

第三条　国家实行药品不良反应报告制度。药品生产企业（包括进口药品的境外制药厂商）、药品经营企业、医疗机构应当按照规定报告所发现的药品不良反应。

第四条　国家食品药品监督管理局主管全国药品不良反应报告和监测工作，地方各级药品监督管理部门主管本行政区域内的药品不良反应报告和监测工作。各级卫生行政部门负责本行政区域内医疗机构与实施药品不良反应报告制度有关的管理工作。

地方各级药品监督管理部门应当建立健全药品不良反应监测机构，负责本行政区域内药品不良反应报告和监测的技术工作。

第五条　国家鼓励公民、法人和其他组织报告药品不良反应。

第二章　职　责

第六条　国家食品药品监督管理局负责全国药品不良反应报告和监测的管理工作，并履行以下主要职责：

（一）与卫生部共同制定药品不良反应报告和监测的管理规定和政策，并监督实施；

（二）与卫生部联合组织开展全国范围内影响较大并造成严重后果的药品群体不良事件的调查和处理，并发布相关信息；

（三）对已确认发生严重药品不良反应或者药品群体不良事件的药品依法采取紧急控制措施，做出行政处理决定，并向社会公布；

（四）通报全国药品不良反应报告和监测情况；

（五）组织检查药品生产、经营企业的药品不良反应报告和监测工作的开展情况，并与卫生部联合组织检查医疗机构的药品不良反应报告和监测工作的开展情况。

第七条 省、自治区、直辖市药品监督管理部门负责本行政区域内药品不良反应报告和监测的管理工作，并履行以下主要职责：

（一）根据本办法与同级卫生行政部门共同制定本行政区域内药品不良反应报告和监测的管理规定，并监督实施；

（二）与同级卫生行政部门联合组织开展本行政区域内发生的影响较大的药品群体不良事件的调查和处理，并发布相关信息；

（三）对已确认发生严重药品不良反应或者药品群体不良事件的药品依法采取紧急控制措施，做出行政处理决定，并向社会公布；

（四）通报本行政区域内药品不良反应报告和监测情况；

（五）组织检查本行政区域内药品生产、经营企业的药品不良反应报告和监测工作的开展情况，并与同级卫生行政部门联合组织检查本行政区域内医疗机构的药品不良反应报告和监测工作的开展情况；

（六）组织开展本行政区域内药品不良反应报告和监测的宣传、培训工作。

第八条 设区的市级、县级药品监督管理部门负责本行政区域内药品不良反应报告和监测的管理工作；与同级卫生行政部门联合组织开展本行政区域内发生的药品群体不良事件的调查，并采取必要控制措施；组织开展本行政区域内药品不良反应报告和监测的宣传、培训工作。

第九条 县级以上卫生行政部门应当加强对医疗机构临床用药的监督管理，在职责范围内依法对已确认的严重药品不良反应或者药品群体不良事件采取相关的紧急控制措施。

第十条 国家药品不良反应监测中心负责全国药品不良反应报告和监测的技术工作，并履行以下主要职责：

（一）承担国家药品不良反应报告和监测资料的收集、评价、反馈和上报，以及全国药品不良反应监测信息网络的建设和维护；

（二）制定药品不良反应报告和监测的技术标准和规范，对地方各级药品不良反应监测机构进行技术指导；

（三）组织开展严重药品不良反应的调查和评价，协助有关部门开展药品群体不良事件的调查；

（四）发布药品不良反应警示信息；

（五）承担药品不良反应报告和监测的宣传、培训、研究和国际交流工作。

第十一条 省级药品不良反应监测机构负责本行政区域内的药品不良反应报告和监测的技术工作，并履行以下主要职责：

（一）承担本行政区域内药品不良反应报告和监测资料的收集、评价、反馈和上报，以及药品不良反应监测信息网络的维护和管理；

（二）对设区的市级、县级药品不良反应监测机构进行技术指导；

（三）组织开展本行政区域内严重药品不良反应的调查和评价，协助有关部门开展药品群体不良事件的调查；

（四）组织开展本行政区域内药品不良反应报告和监测的宣传、培训工作。

第十二条 设区的市级、县级药品不良反应监测机构负责本行政区域内药品不良反应报告和监测资料的收集、核实、评价、反馈和上报；开展本行政区域内严重药品不良反应的调查和评价；协助有关部门开展药品群体不良事件的调查；承担药品不良反应报告和监测的宣传、培训等工作。

第十三条 药品生产、经营企业和医疗机构应当建立药品不良反应报告和监测管理制度。药品生产企业应当设立专门机构并配备专职人员，药品经营企业和医疗机构应当设立或者指定机构并配备专（兼）职人员，承担本单位的药品不良反应报告和监测工作。

第十四条 从事药品不良反应报告和监测的工作人员应当具有医学、药学、流行病学或者统计学等相关专业知识，具备科学分析评价药品不良反应的能力。

第三章 报告与处置

第一节 基本要求

第十五条 药品生产、经营企业和医疗机构获知或者发现可能与用药有关的不良反应，应当通过国家药品不良反应监测信息网络报告；不具备在线报告条件的，应当通过纸质报表报所在地药品不良反应监测机构，由所在地药品不良反应监测机构代为在线报告。

报告内容应当真实、完整、准确。

第十六条 各级药品不良反应监测机构应当对本行政区域内的药品不良反应报告和监测资料进行评价和管理。

第十七条 药品生产、经营企业和医疗机构应当配合药品监督管理部门、卫生行政部门和药品不良反应监测机构对药品不良反应或者群体不良事件的调查，并提供调查所需的资料。

第十八条 药品生产、经营企业和医疗机构应当建立并保存药品不良反应报告和监测档案。

第二节 个例药品不良反应

第十九条 药品生产、经营企业和医疗机构应当主动收集药品不良反应，获知或者发现药品不良反应后应当详细记录、分析和处理，填写《药品不良反应/事件报告表》（见附表1）并报告。

第二十条 新药监测期内的国产药品应当报告该药品的所有不良反应；其他国产药品，报告新的和严重的不良反应。

进口药品自首次获准进口之日起5年内，报告该进口药品的所有不良反应；满5年的，报告新的和严重的不良反应。

第二十一条 药品生产、经营企业和医疗机构发现或者获知新的、严重的药品不良反应应当在15日内报告，其中死亡病例须立即报告；其他药品不良反应应当在30日内报告。有随访信息的，应当及时报告。

第二十二条 药品生产企业应当对获知的死亡病例进行调查，详细了解死亡病例的基本信息、药品使用情况、不良反应发生及诊治情况等，并在15日内完成调查报告，报药品生产企业所在地的省级药品不良反应监测机构。

第二十三条　个人发现新的或者严重的药品不良反应，可以向经治医师报告，也可以向药品生产、经营企业或者当地的药品不良反应监测机构报告，必要时提供相关的病历资料。

第二十四条　设区的市级、县级药品不良反应监测机构应当对收到的药品不良反应报告的真实性、完整性和准确性进行审核。严重药品不良反应报告的审核和评价应当自收到报告之日起 3 个工作日内完成，其他报告的审核和评价应当在 15 个工作日内完成。

设区的市级、县级药品不良反应监测机构应当对死亡病例进行调查，详细了解死亡病例的基本信息、药品使用情况、不良反应发生及诊治情况等，自收到报告之日起 15 个工作日内完成调查报告，报同级药品监督管理部门和卫生行政部门，以及上一级药品不良反应监测机构。

第二十五条　省级药品不良反应监测机构应当在收到下一级药品不良反应监测机构提交的严重药品不良反应评价意见之日起 7 个工作日内完成评价工作。

对死亡病例，事件发生地和药品生产企业所在地的省级药品不良反应监测机构均应当及时根据调查报告进行分析、评价，必要时进行现场调查，并将评价结果报省级药品监督管理部门和卫生行政部门，以及国家药品不良反应监测中心。

第二十六条　国家药品不良反应监测中心应当及时对死亡病例进行分析、评价，并将评价结果报国家食品药品监督管理局和卫生部。

第三节　药品群体不良事件

第二十七条　药品生产、经营企业和医疗机构获知或者发现药品群体不良事件后，应当立即通过电话或者传真等方式报所在地的县级药品监督管理部门、卫生行政部门和药品不良反应监测机构，必要时可以越级报告；同时填写《药品群体不良事件基本信息表》（见附表 2），对每一病例还应当及时填写《药品不良反应/事件报告表》，通过国家药品不良反应监测信息网络报告。

第二十八条　设区的市级、县级药品监督管理部门获知药品群体不良事件后，应当立即与同级卫生行政部门联合组织开展现场调查，并及时将调查结果逐级报至省级药品监督管理部门和卫生行政部门。

省级药品监督管理部门与同级卫生行政部门联合对设区的市级、县级的调查进行督促、指导，对药品群体不良事件进行分析、评价，对本行政区域内发生的影响较大的药品群体不良事件，还应当组织现场调查，评价和调查结果应当及时报国家食品药品监督管理局和卫生部。

对全国范围内影响较大并造成严重后果的药品群体不良事件，国家食品药品监督管理局应当与卫生部联合开展相关调查工作。

第二十九条 药品生产企业获知药品群体不良事件后应当立即开展调查，详细了解药品群体不良事件的发生、药品使用、患者诊治以及药品生产、储存、流通、既往类似不良事件等情况，在 7 日内完成调查报告，报所在地省级药品监督管理部门和药品不良反应监测机构；同时迅速开展自查，分析事件发生的原因，必要时应当暂停生产、销售、使用和召回相关药品，并报所在地省级药品监督管理部门。

第三十条 药品经营企业发现药品群体不良事件应当立即告知药品生产企业，同时迅速开展自查，必要时应当暂停药品的销售，并协助药品生产企业采取相关控制措施。

第三十一条 医疗机构发现药品群体不良事件后应当积极救治患者，迅速开展临床调查，分析事件发生的原因，必要时可采取暂停药品的使用等紧急措施。

第三十二条 药品监督管理部门可以采取暂停生产、销售、使用或者召回药品等控制措施。卫生行政部门应当采取措施积极组织救治患者。

第四节 境外发生的严重药品不良反应

第三十三条 进口药品和国产药品在境外发生的严重药品不良反应（包括自发报告系统收集的、上市后临床研究发现的、文献报道的），药品生产企业应当填写《境外发生的药品不良反应/事件报告表》（见附表 3），自获知之日起 30 日内报送国家药品不良反应监测中心。国家药品不良反应监测中心要求提供原始报表及相关信息的，药品生产企业应当在 5 日内提交。

第三十四条 国家药品不良反应监测中心应当对收到的药品不良反应报告进行分析、评价，每半年向国家食品药品监督管理局和卫生部报告，发现提示药品可能存在安全隐患的信息应当及时报告。

第三十五条 进口药品和国产药品在境外因药品不良反应被暂停销售、使用或者撤市的，药品生产企业应当在获知后24小时内书面报国家食品药品监督管理局和国家药品不良反应监测中心。

第五节 定期安全性更新报告

第三十六条 药品生产企业应当对本企业生产药品的不良反应报告和监测资料进行定期汇总分析，汇总国内外安全性信息，进行风险和效益评估，撰写定期安全性更新报告。定期安全性更新报告的撰写规范由国家药品不良反应监测中心负责制定。

第三十七条 设立新药监测期的国产药品，应当自取得批准证明文件之日起每满1年提交一次定期安全性更新报告，直至首次再注册，之后每5年报告一次；其他国产药品，每5年报告一次。

首次进口的药品，自取得进口药品批准证明文件之日起每满1年提交一次定期安全性更新报告，直至首次再注册，之后每5年报告一次。

定期安全性更新报告的汇总时间以取得药品批准证明文件的日期为起点计，上报日期应当在汇总数据截止日期后60日内。

第三十八条 国产药品的定期安全性更新报告向药品生产企业所在地省级药品不良反应监测机构提交。进口药品（包括进口分包装药品）的定期安全性更新报告向国家药品不良反应监测中心提交。

第三十九条 省级药品不良反应监测机构应当对收到的定期安全性更新报告进行汇总、分析和评价，于每年4月1日前将上一年度定期安全性更新报告统计情况和分析评价结果报省级药品监督管理部门和国家药品不良反应监测中心。

第四十条 国家药品不良反应监测中心应当对收到的定期安全性更新报告进行汇总、分析和评价，于每年7月1日前将上一年度国产药品和进口药品的定期安全性更新报告统计情况和分析评价结果报国家食品药品监督管理局和卫生部。

第四章 药品重点监测

第四十一条 药品生产企业应当经常考察本企业生产药品的安全性，对新药监测期内的药品和首次进口 5 年内的药品，应当开展重点监测，并按要求对监测数据进行汇总、分析、评价和报告；对本企业生产的其他药品，应当根据安全性情况主动开展重点监测。

第四十二条 省级以上药品监督管理部门根据药品临床使用和不良反应监测情况，可以要求药品生产企业对特定药品进行重点监测；必要时，也可以直接组织药品不良反应监测机构、医疗机构和科研单位开展药品重点监测。

第四十三条 省级以上药品不良反应监测机构负责对药品生产企业开展的重点监测进行监督、检查，并对监测报告进行技术评价。

第四十四条 省级以上药品监督管理部门可以联合同级卫生行政部门指定医疗机构作为监测点，承担药品重点监测工作。

第五章 评价与控制

第四十五条 药品生产企业应当对收集到的药品不良反应报告和监测资料进行分析、评价，并主动开展药品安全性研究。

药品生产企业对已确认发生严重不良反应的药品，应当通过各种有效途径将药品不良反应、合理用药信息及时告知医务人员、患者和公众；采取修改标签和说明书，暂停生产、销售、使用和召回等措施，减少和防止药品不良反应的重复发生。对不良反应大的药品，应当主动申请注销其批准证明文件。

药品生产企业应当将药品安全性信息及采取的措施报所在地省级药品监督管理部门和国家食品药品监督管理局。

第四十六条 药品经营企业和医疗机构应当对收集到的药品不良反应报告和监测资料进行分析和评价，并采取有效措施减少和防止药品不良反应的重复发生。

第四十七条 省级药品不良反应监测机构应当每季度对收到的药品不良反应报告进行综合分析，提取需要关注的安全性信息，并进行评价，提出风险管理建议，及时报省级药品监督管理部门、卫生行政部门和国家药品不良反应监测中心。

省级药品监督管理部门根据分析评价结果，可以采取暂停生产、销售、使用和召回药品等措施，并监督检查，同时将采取的措施通报同级卫生行政部门。

第四十八条 国家药品不良反应监测中心应当每季度对收到的严重药品不良反应报告进行综合分析，提取需要关注的安全性信息，并进行评价，提出风险管理建议，及时报国家食品药品监督管理局和卫生部。

第四十九条 国家食品药品监督管理局根据药品分析评价结果，可以要求企业开展药品安全性、有效性相关研究。必要时，应当采取责令修改药品说明书，暂停生产、销售、使用和召回药品等措施，对不良反应大的药品，应当撤销药品批准证明文件，并将有关措施及时通报卫生部。

第五十条 省级以上药品不良反应监测机构根据分析评价工作需要，可以要求药品生产、经营企业和医疗机构提供相关资料，相关单位应当积极配合。

第六章 信息管理

第五十一条 各级药品不良反应监测机构应当对收到的药品不良反应报告和监测资料进行统计和分析，并以适当形式反馈。

第五十二条 国家药品不良反应监测中心应当根据对药品不良反应报告和监测资料的综合分析和评价结果，及时发布药品不良反应警示信息。

第五十三条 省级以上药品监督管理部门应当定期发布药品不良反应报告和监测情况。

第五十四条 下列信息由国家食品药品监督管理局和卫生部统一发布：

（一）影响较大并造成严重后果的药品群体不良事件；

（二）其他重要的药品不良反应信息和认为需要统一发布的信息。

前款规定统一发布的信息，国家食品药品监督管理局和卫生部也可以授权省级药品监督管理部门和卫生行政部门发布。

第五十五条 在药品不良反应报告和监测过程中获取的商业秘密、个人隐私、患者和报告者信息应当予以保密。

第五十六条 鼓励医疗机构、药品生产企业、药品经营企业之间共享药品不良反应信息。

第五十七条 药品不良反应报告的内容和统计资料是加强药品监督管理、指导合理用药的依据。

第七章 法律责任

第五十八条 药品生产企业有下列情形之一的，由所在地药品监督管理部门给予警告，责令限期改正，可以并处5000元以上3万元以下的罚款：

（一）未按照规定建立药品不良反应报告和监测管理制度，或者无专门机构、专职人员负责本单位药品不良反应报告和监测工作的；

（二）未建立和保存药品不良反应监测档案的；

（三）未按照要求开展药品不良反应或者群体不良事件报告、调查、评价和处理的；

（四）未按照要求提交定期安全性更新报告的；

（五）未按照要求开展重点监测的；

（六）不配合严重药品不良反应或者群体不良事件相关调查工作的；

（七）其他违反本办法规定的。

药品生产企业有前款规定第（四）项、第（五）项情形之一的，按照《药品注册管理办法》的规定对相应药品不予再注册。

第五十九条 药品经营企业有下列情形之一的，由所在地药品监督管理部门给予警告，责令限期改正；逾期不改的，处3万元以下的罚款：

（一）无专职或者兼职人员负责本单位药品不良反应监测工作的；

（二）未按照要求开展药品不良反应或者群体不良事件报告、调查、评价和处理的；

（三）不配合严重药品不良反应或者群体不良事件相关调查工作的。

第六十条 医疗机构有下列情形之一的，由所在地卫生行政部门给予警告，责令限期改正；逾期不改的，处3万元以下的罚款。情节严重并造成严重后果的，由所在地卫生行政部门对相关责任人给予行政处分：

（一）无专职或者兼职人员负责本单位药品不良反应监测工作的；

（二）未按照要求开展药品不良反应或者群体不良事件报告、调查、评价和处理的；

（三）不配合严重药品不良反应和群体不良事件相关调查工作的。

药品监督管理部门发现医疗机构有前款规定行为之一的，应当移交同级卫生行政部门处理。

卫生行政部门对医疗机构作出行政处罚决定的，应当及时通报同级药品监督管理部门。

第六十一条　各级药品监督管理部门、卫生行政部门和药品不良反应监测机构及其有关工作人员在药品不良反应报告和监测管理工作中违反本办法，造成严重后果的，依照有关规定给予行政处分。

第六十二条　药品生产、经营企业和医疗机构违反相关规定，给药品使用者造成损害的，依法承担赔偿责任。

第八章　附　则

第六十三条　本办法下列用语的含义：

（一）药品不良反应，是指合格药品在正常用法用量下出现的与用药目的无关的有害反应。

（二）药品不良反应报告和监测，是指药品不良反应的发现、报告、评价和控制的过程。

（三）严重药品不良反应，是指因使用药品引起以下损害情形之一的反应：

1. 导致死亡；

2. 危及生命；

3. 致癌、致畸、致出生缺陷；

4. 导致显著的或者永久的人体伤残或者器官功能的损伤；

5. 导致住院或者住院时间延长；

6. 导致其他重要医学事件，如不进行治疗可能出现上述所列情况的。

（四）新的药品不良反应，是指药品说明书中未载明的不良反应。说明书中已有描述，但不良反应发生的性质、程度、后果或者频率与说明书描述不一致或者更严重的，按照新的药品不良反应处理。

（五）药品群体不良事件，是指同一药品在使用过程中，在相对集中的时间、区域内，对一定数量人群的身体健康或者生命安全造成损害或者威胁，需要予以紧急处置的事件。

同一药品：指同一生产企业生产的同一药品名称、同一剂型、同一规格的药品。

（六）药品重点监测，是指为进一步了解药品的临床使用和不良反应发生情况，研究不良反应的发生特征、严重程度、发生率等，开展的药品安全性监测活动。

第六十四条 进口药品的境外制药厂商可以委托其驻中国境内的办事机构或者中国境内代理机构，按照本办法对药品生产企业的规定，履行药品不良反应报告和监测义务。

第六十五条 卫生部和国家食品药品监督管理局对疫苗不良反应报告和监测另有规定的，从其规定。

第六十六条 医疗机构制剂的不良反应报告和监测管理办法由各省、自治区、直辖市药品监督管理部门会同同级卫生行政部门制定。

第六十七条 本办法自 2011 年 7 月 1 日起施行。国家食品药品监督管理局和卫生部于 2004 年 3 月 4 日公布的《药品不良反应报告和监测管理办法》（国家食品药品监督管理局令第 7 号）同时废止。

附表：

1. 药品不良反应/事件报告表（略，详情请登录卫生部网站）
2. 药品群体不良事件基本信息表（略，详情请登录卫生部网站）
3. 境外发生的药品不良反应/事件报告表（略，详情请登录卫生部网站）

医疗事故技术鉴定暂行办法

第一章　总　则

第一条　为规范医疗事故技术鉴定工作，确保医疗事故技术鉴定工作有序进行，依据《医疗事故处理条例》的有关规定制定本办法。

第二条　医疗事故技术鉴定工作应当按照程序进行，坚持实事求是的科学态度，做到事实清楚、定性准确、责任明确。

第三条　医疗事故技术鉴定分为首次鉴定和再次鉴定。

设区的市级和省、自治区、直辖市直接管辖的县（市）级地方医学会负责组织专家鉴定组进行首次医疗事故技术鉴定。

省、自治区、直辖市地方医学会负责组织医疗事故争议的再次鉴定工作。

负责组织医疗事故技术鉴定工作的医学会（以下简称医学会）可以设立医疗事故技术鉴定工作办公室，具体负责有关医疗事故技术鉴定的组织和日常工作。

第四条　医学会组织专家鉴定组，依照医疗卫生管理法律、行政法规、部门规章和诊疗护理技术操作规范、常规，运用医学科学原理和专业知识，独立进行医疗事故技术鉴定。

第二章　专家库的建立

第五条　医学会应当建立专家库。专家库应当依据学科专业组名录设置学科专业组。

医学会可以根据本地区医疗工作和医疗事故技术鉴定实际，对本专家库学科专业组设立予以适当增减和调整。

第六条　具备下列条件的医疗卫生专业技术人员可以成为专家库候选人：

（一）有良好的业务素质和执业品德；

（二）受聘于医疗卫生机构或者医学教学、科研机构并担任相应专业高级技术职务3年以上；

（三）健康状况能够胜任医疗事故技术鉴定工作。

符合前款（一）、（三）项规定条件并具备高级技术职务任职资格的法医可以受聘进入专家库。

负责首次医疗事故技术鉴定工作的医学会原则上聘请本行政区域内的专家建立专家库；当本行政区域内的专家不能满足建立专家库需要时，可以聘请本省、自治区、直辖市范围内的专家进入本专家库。

负责再次医疗事故技术鉴定工作的医学会原则上聘请本省、自治区、直辖市范围内的专家建立专家库；当本省、自治区、直辖市范围内的专家不能满足建立专家库需要时，可以聘请其他省、自治区、直辖市的专家进入本专家库。

第七条 医疗卫生机构或医学教学、科研机构、同级的医药卫生专业学会应当按照医学会要求，推荐专家库成员候选人；符合条件的个人经所在单位同意后也可以直接向组建专家库的医学会申请。

医学会对专家库成员候选人进行审核。审核合格的，予以聘任，并发给中华医学会统一格式的聘书。

符合条件的医疗卫生专业技术人员和法医，有义务受聘进入专家库。

第八条 专家库成员聘用期为4年。在聘用期间出现下列情形之一的，应当由专家库成员所在单位及时报告医学会，医学会应根据实际情况及时进行调整。

（一）因健康原因不能胜任医疗事故技术鉴定的；

（二）变更受聘单位或被解聘的；

（三）不具备完全民事行为能力的；

（四）受刑事处罚的；

（五）省级以上卫生行政部门规定的其他情形。

聘用期满需继续聘用的，由医学会重新审核、聘用。

第三章　鉴定的提起

第九条 双方当事人协商解决医疗事故争议，需进行医疗事故技术鉴定的，应共同书面委托医疗机构所在地负责首次医疗事故技术鉴定工作的医学会进行医疗事故技术鉴定。

第十条　县级以上地方卫生行政部门接到医疗机构关于重大医疗过失行为的报告或者医疗事故争议当事人要求处理医疗事故争议的申请后，对需要进行医疗事故技术鉴定的，应当书面移交负责首次医疗事故技术鉴定工作的医学会组织鉴定。

第十一条　协商解决医疗事故争议涉及多个医疗机构的，应当由涉及的所有医疗机构与患者共同委托其中任何一所医疗机构所在地负责组织首次医疗事故技术鉴定工作的医学会进行医疗事故技术鉴定。

医疗事故争议涉及多个医疗机构，当事人申请卫生行政部门处理的，只可以向其中一所医疗机构所在地卫生行政部门提出处理申请。

第四章　鉴定的受理

第十二条　医学会应当自受理医疗事故技术鉴定之日起5日内，通知医疗事故争议双方当事人按照《医疗事故处理条例》第二十八条规定提交医疗事故技术鉴定所需的材料。

当事人应当自收到医学会的通知之日起10日内提交有关医疗事故技术鉴定的材料、书面陈述及答辩。

对不符合受理条件的，医学会不予受理。不予受理的，医学会应说明理由。

第十三条　有下列情形之一的，医学会不予受理医疗事故技术鉴定：

（一）当事人一方直接向医学会提出鉴定申请的；

（二）医疗事故争议涉及多个医疗机构，其中一所医疗机构所在地的医学会已经受理的；

（三）医疗事故争议已经人民法院调解达成协议或判决的；

（四）当事人已向人民法院提起民事诉讼的（司法机关委托的除外）；

（五）非法行医造成患者身体健康损害的；

（六）卫生部规定的其他情形。

第十四条　委托医学会进行医疗事故技术鉴定，应当按规定缴纳鉴定费。

第十五条 双方当事人共同委托医疗事故技术鉴定的，由双方当事人协商预先缴纳鉴定费。

卫生行政部门移交进行医疗事故技术鉴定的，由提出医疗事故争议处理的当事人预先缴纳鉴定费。经鉴定属于医疗事故的，鉴定费由医疗机构支付；经鉴定不属于医疗事故的，鉴定费由提出医疗事故争议处理申请的当事人支付。

县级以上地方卫生行政部门接到医疗机构关于重大医疗过失行为的报告后，对需要移交医学会进行医疗事故技术鉴定的，鉴定费由医疗机构支付。

第十六条 有下列情形之一的，医学会中止组织医疗事故技术鉴定：

（一）当事人未按规定提交有关医疗事故技术鉴定材料的；

（二）提供的材料不真实的；

（三）拒绝缴纳鉴定费的；

（四）卫生部规定的其他情形。

第五章　专家鉴定组的组成

第十七条 医学会应当根据医疗事故争议所涉及的学科专业，确定专家鉴定组的构成和人数。

专家鉴定组组成人数应为 3 人以上单数。

医疗事故争议涉及多学科专业的，其中主要学科专业的专家不得少于专家鉴定组成员的二分之一。

第十八条 医学会应当提前通知双方当事人，在指定时间、指定地点，从专家库相关学科专业组中随机抽取专家鉴定组成员。

第十九条 医学会主持双方当事人抽取专家鉴定组成员前，应当将专家库相关学科专业组中专家姓名、专业、技术职务、工作单位告知双方当事人。

第二十条 当事人要求专家库成员回避的，应当说明理由。符合下列情形之一的，医学会应当将回避的专家名单撤出，并经当事人签字确认后记录在案：

（一）医疗事故争议当事人或者当事人的近亲属的；

（二）与医疗事故争议有利害关系的；

（三）与医疗事故争议当事人有其他关系，可能影响公正鉴定的。

第二十一条 医学会对当事人准备抽取的专家进行随机编号，并主持双方当事人随机抽取相同数量的专家编号，最后一个专家由医学会随机抽取。

双方当事人还应当按照上款规定的方法各自随机抽取一个专家作为候补。

涉及死因、伤残等级鉴定的，应当按照前款规定由双方当事人各自随机抽取一名法医参加鉴定组。

第二十二条 随机抽取结束后，医学会当场向双方当事人公布所抽取的专家鉴定组成员和候补成员的编号并记录在案。

第二十三条 现有专家库成员不能满足鉴定工作需要时，医学会应当向双方当事人说明，并经双方当事人同意，可以从本省、自治区、直辖市其他医学会专家库中抽取相关学科专业组的专家参加专家鉴定组；本省、自治区、直辖市医学会专家库成员不能满足鉴定工作需要时，可以从其他省、自治区、直辖市医学会专家库中抽取相关学科专业组的专家参加专家鉴定组。

第二十四条 从其他医学会建立的专家库中抽取的专家无法到场参加医疗事故技术鉴定，可以以函件的方式提出鉴定意见。

第二十五条 专家鉴定组成员确定后，在双方当事人共同在场的情况下，由医学会对封存的病历资料启封。

第二十六条 专家鉴定组应当认真审查双方当事人提交的材料，妥善保管鉴定材料，保护患者的隐私，保守有关秘密。

第六章 医疗事故技术鉴定

第二十七条 医学会应当自接到双方当事人提交的有关医疗事故技术鉴定的材料、书面陈述及答辩之日起 45 日内组织鉴定并出具医疗事故技术鉴定书。

第二十八条 医学会可以向双方当事人和其他相关组织、个人进行调查取证，进行调查取证时不得少于 2 人。调查取证结束后，调查人员和调查对象应当在有关文书上签字。如调查对象拒绝签字的，应当记录在案。

第二十九条 医学会应当在医疗事故技术鉴定 7 日前，将鉴定的时间、地点、要求等书面通知双方当事人。双方当事人应当按照通知的时间、地点、要求参加鉴定。

参加医疗事故技术鉴定的双方当事人每一方人数不超过 3 人。

任何一方当事人无故缺席、自行退席或拒绝参加鉴定的，不影响鉴定的进行。

第三十条 医学会应当在医疗事故技术鉴定 7 日前书面通知专家鉴定组成员。专家鉴定组成员接到医学会通知后认为自己应当回避的，应当于接到通知时及时提出书面回避申请，并说明理由；因其他原因无法参加医疗事故技术鉴定的，应当于接到通知时及时书面告知医学会。

第三十一条 专家鉴定组成员因回避或因其他原因无法参加医疗事故技术鉴定时，医学会应当通知相关学科专业组候补成员参加医疗事故技术鉴定。

专家鉴定组成员因不可抗力因素未能及时告知医学会不能参加鉴定或虽告知但医学会无法按规定组成专家鉴定组的，医疗事故技术鉴定可以延期进行。

第三十二条 专家鉴定组组长由专家鉴定组成员推选产生，也可以由医疗事故争议所涉及的主要学科专家中具有最高专业技术职务任职资格的专家担任。

第三十三条 鉴定由专家鉴定组组长主持，并按照以下程序进行：

（一）双方当事人在规定的时间内分别陈述意见和理由。陈述顺序先患方，后医疗机构；

（二）专家鉴定组成员根据需要可以提问，当事人应当如实回答。必要时，可以对患者进行现场医学检查；

（三）双方当事人退场；

（四）专家鉴定组对双方当事人提供的书面材料、陈述及答辩等进行讨论；

（五）经合议，根据半数以上专家鉴定组成员的一致意见形成鉴定结论。专家鉴定组成员在鉴定结论上签名。专家鉴定组成员对鉴定结论的不同意见，应当予以注明。

第三十四条 医疗事故技术鉴定书应当根据鉴定结论做出，其文稿由专家鉴定组组长签发。

医疗事故技术鉴定书盖医学会医疗事故技术鉴定专用印章。

医学会应当及时将医疗事故技术鉴定书送达移交鉴定的卫生行政部门，经卫生行政部门审核，对符合规定做出的医疗事故技术鉴定结论，应当及时送达双方当事人；由双方当事人共同委托的，直接送达双方当事人。

第三十五条 医疗事故技术鉴定书应当包括下列主要内容：

（一）双方当事人的基本情况及要求；

（二）当事人提交的材料和医学会的调查材料；

（三）对鉴定过程的说明；

（四）医疗行为是否违反医疗卫生管理法律、行政法规、部门规章和诊疗护理规范、常规；

（五）医疗过失行为与人身损害后果之间是否存在因果关系；

（六）医疗过失行为在医疗事故损害后果中的责任程度；

（七）医疗事故等级；

（八）对医疗事故患者的医疗护理医学建议。

经鉴定为医疗事故的，鉴定结论应当包括上款（四）至（八）项内容；经鉴定不属于医疗事故的，应当在鉴定结论中说明理由。

医疗事故技术鉴定书格式由中华医学会统一制定。

第三十六条 专家鉴定组应当综合分析医疗过失行为在导致医疗事故损害后果中的作用、患者原有疾病状况等因素，判定医疗过失行为的责任程度。医疗事故中医疗过失行为责任程度分为：

（一）完全责任，指医疗事故损害后果完全由医疗过失行为造成。

（二）主要责任，指医疗事故损害后果主要由医疗过失行为造成，其他因素起次要作用。

（三）次要责任，指医疗事故损害后果主要由其他因素造成，医疗过失行为起次要作用。

（四）轻微责任，指医疗事故损害后果绝大部分由其他因素造成，医疗过失行为起轻微作用。

第三十七条 医学会参加医疗事故技术鉴定会的工作人员，应如实记录鉴定会过程和专家的意见。

第三十八条 当事人拒绝配合，无法进行医疗事故技术鉴定的，应当终止本次鉴定，由医学会告知移交鉴定的卫生行政部门或共同委托鉴定的双方当事人，说明不能鉴定的原因。

第三十九条 医学会对经卫生行政部门审核认为参加鉴定的人员资格和专业类别或者鉴定程序不符合规定，需要重新鉴定的，应当重新组织鉴定。重新鉴定时不得收取鉴定费。

如参加鉴定的人员资格和专业类别不符合规定的，应当重新抽取专家组织专家鉴定组进行重新鉴定。

如鉴定的程序不符合规定而参加鉴定的人员资格和专业类别符合规定的，可以由原专家鉴定组进行重新鉴定。

第四十条 任何一方当事人对首次医疗事故技术鉴定结论不服的，可以自收到首次医疗事故技术鉴定书之日起 15 日内，向原受理医疗事故争议处理申请的卫生行政部门提出再次鉴定的申请，或由双方当事人共同委托省、自治区、直辖市医学会组织再次鉴定。

第四十一条 县级以上地方卫生行政部门对发生医疗事故的医疗机构和医务人员进行行政处理时，应当以最后的医疗事故技术鉴定结论作为处理依据。

第四十二条 当事人对鉴定结论无异议，负责组织医疗事故技术鉴定的医学会应当及时将收到的鉴定材料中的病历资料原件等退还当事人，并保留有关复印件。

当事人提出再次鉴定申请的，负责组织首次医疗事故技术鉴定的医学会应当及时将收到的鉴定材料移送负责组织再次医疗事故技术鉴定的医学会。

第四十三条 医学会应当将专家鉴定组成员签名的鉴定结论、由专家鉴定组组长签发的医疗事故技术鉴定书文稿和复印或者复制的有关病历资料等存档，保存期限不得少于 20 年。

第四十四条 在受理医患双方共同委托医疗事故技术鉴定后至专家鉴定组作出鉴定结论前，双方当事人或者一方当事人提出停止鉴定的，医疗事故技术鉴定终止。

第四十五条 医学会应当于每年 3 月 31 日前将上一年度医疗事故技术鉴

定情况报同级卫生行政部门。

第七章 附 则

第四十六条 必要时，对疑难、复杂并在全国有重大影响的医疗事故争议，省级卫生行政部门可以商请中华医学会组织医疗事故技术鉴定。

第四十七条 本办法由卫生部负责解释。

第四十八条 本办法自 2002 年 9 月 1 日起施行。

医疗美容服务管理办法

第一章　总　则

第一条　为规范医疗美容服务，促进医疗美容事业的健康发展，维护就医者的合法权益，依据《执业医师法》《医疗机构管理条例》和《护士管理办法》《制定本办法》。

第二条　本办法所称医疗美容，是指运用手术、药物、医疗器械以及其他具有创伤性或者侵入性的医学技术方法对人的容貌和人体各部位形态进行的修复与再塑。

本办法所称美容医疗机构，是指以开展医疗美容诊疗业务为主的医疗机构。

本办法所称主诊医师是指具备本办法第十一条规定条件，负责实施医疗美容项目的执业医师。

医疗美容科为一级诊疗科目，美容外科、美容牙科、美容皮肤科和美容中医科为二级诊疗科目。

医疗美容项目由卫生部委托中华医学会制定并发布。

第三条　凡开展医疗美容服务的机构和个人必须遵守本办法。

第四条　卫生部（含国家中医药管理局）主管全国医疗美容服务管理工作。县级以上地方人民政府卫生行政部门（含中医药行政管理部门，下同）负责本行政区域内医疗美容服务监督管理工作。

第二章　机构设置、登记

第五条　申请举办美容医疗机构或医疗机构设置医疗美容科室必须同时具备下列条件：

（一）具有承担民事责任的能力；

（二）有明确的医疗美容诊疗服务范围；

（三）符合《医疗机构基本标准（试行）》；

（四）省级以上人民政府卫生行政部门规定的其他条件。

第六条 申请举办美容医疗机构的单位或者个人，应按照本办法以及《医疗机构管理条例》和《医疗机构管理条例实施细则》的有关规定办理设置审批和登记注册手续。

卫生行政部门自收到合格申办材料之日起30日内做出批准或不予批准的决定，并书面答复申办者。

第七条 卫生行政部门应在核发美容医疗机构《设置医疗机构批准书》和《医疗机构执业许可证》的同时，向上一级卫生行政部门备案。

上级卫生行政部门对下级卫生行政部门违规做出的审批决定应自发现之日起30日内予以纠正或撤销。

第八条 美容医疗机构必须经卫生行政部门登记注册并获得《医疗机构执业许可证》后方可开展执业活动。

第九条 医疗机构增设医疗美容科目的，必须具备本办法规定的条件，按照《医疗机构管理条例》及其实施细则规定的程序，向登记注册机关申请变更登记。

第十条 美容医疗机构和医疗美容科室开展医疗美容项目应当由登记机关指定的专业学会核准，并向登记机关备案。

第三章 执业人员资格

第十一条 负责实施医疗美容项目的主诊医师必须同时具备下列条件：

（一）具有执业医师资格，经执业医师注册机关注册；

（二）具有从事相关临床学科工作经历。其中，负责实施美容外科项目的应具有6年以上从事美容外科或整形外科等相关专业临床工作经历；负责实施美容牙科项目的应具有5年以上从事美容牙科或口腔科专业临床工作经历；负责实施美容中医科和美容皮肤科项目的应分别具有3年以上从事中医专业和皮肤病专业临床工作经历；

（三）经过医疗美容专业培训或进修并合格，或已从事医疗美容临床工作1年以上；

（四）省级人民政府卫生行政部门规定的其他条件。

第十二条 未取得主诊医师资格的执业医师，可在主诊医师的指导下从事医疗美容临床技术服务工作。

第十三条 从事医疗美容护理工作的人员，应同时具备下列条件：

（一）具有护士资格，并经护士注册机关注册；

（二）具有2年以上护理工作经历；

（三）经过医疗美容护理专业培训或进修并非合格，或已从事医疗美容临床护理工作6个月以上。

第十四条 省级卫生行政部门可以委托中介组织对主诊医师资格进行认定。

第十五条 未经卫生行政部门核定并办理执业注册手续的人员不得从事医疗美容诊疗服务。

第四章 执业规则

第十六条 实施医疗美容项目必须在相应的美容医疗机构或开设医疗美容科室的医疗机构中进行。

第十七条 美容医疗机构和医疗美容科室应根据自身条件和能力在卫生行政部门核定的诊疗科目范围内开展医疗服务，未经批准不得擅自扩大诊疗范围。

美容医疗机构及开设医疗美容科室的医疗机构不得开展未向登记机关备案的医疗美容项目。

第十八条 美容医疗机构执业人员要严格执行有关法律、法规和规章，遵守医疗美容技术操作规程。

美容医疗机构使用的医用材料须经有关部门批准。

第十九条 医疗美容服务实行主诊医师负责制。医疗美容项目必须由主诊医师负责或在其指导下实施。

第二十条 执业医师对就医者实施治疗前，必须向就医者本人或亲属书面告知治疗的适应症、禁忌症、医疗风险和注意事项等，并取得就医者本人或监护人的签字同意。未经监护人同意，不得为无行为能力或者限制行为能力人实施医疗美容项目。

第二十一条 美容医疗机构和医疗美容科室的从业人员要尊重就医者的隐私权，未经就医者本人或监护人同意，不得向第三方披露就医者病情及病历资料。

第二十二条 美容医疗机构和医疗美容科室发生重大医疗过失，要按规定及时报告当地人民政府卫生行政部门。

第二十三条 美容医疗机构和医疗美容科室应加强医疗质量管理，不断提高服务水平。

第五章 监督管理

第二十四条 任何单位和个人，未取得《医疗机构执业许可证》并经登记机关核准开展医疗美容诊疗科目，不得开展医疗美容服务。

第二十五条 医疗美容新技术临床研究必须经省级以上人民政府卫生行政部门组织有关专家论证并批准后方可开展。

第二十六条 各级地方人民政府卫生行政部门要加强对医疗美容项目备案的审核。发现美容医疗机构及开设医疗美容科的医疗机构不具备开展某医疗美容项目的条件和能力，应及时通知该机构停止开展该医疗美容项目。

第二十七条 各相关专业学会和行业协会要积极协助卫生行政部门规范医疗美容服务行为，加强行业自律工作。

第二十八条 美容医疗机构和医疗美容科室发生医疗纠纷或医疗事故，按照国家有关规定处理。

第二十九条 发布医疗美容广告必须按照国家有关广告管理的法律、法规的规定办理。

第三十条 对违反本办法规定的，依据《执业医师法》《医疗机构管理条例》和《护士管理办法》有关规定予以处罚。

第六章 附 则

第三十一条 外科、口腔科、眼科、皮肤科、中医科等相关临床学科在疾病治疗过程中涉及的相关医疗美容活动不受本办法调整。

第三十二条 县级以上人民政府卫生行政部门应在本办法施行1后年内，按本办法规定对已开办的美容医疗机构和开设医疗美容科室的医疗机构进行审核并重核发《医疗机构执业许可证》。

第三十三条 本办法自2002年5月1日起施行。

医疗事故分级标准（试行）

为了科学划分医疗事故等级，正确处理医疗事故争议，保护患者和医疗机构及其医务人员的合法权益，根据《医疗事故处理条例》，制定本标准。

专家鉴定组在进行医疗事故技术鉴定、卫生行政部门在判定重大医疗过失行为是否为医疗事故或医疗事故争议双方当事人在协商解决医疗事故争议时，应当按照本标准确定的基本原则和实际情况具体判定医疗事故的等级。

本标准列举的情形是医疗事故中常见的造成患者人身损害的后果。

本标准中医疗事故一级乙等至三级戊等对应伤残等级一至十级。

一、一级医疗事故

系指造成患者死亡、重度残疾。

（一）一级甲等医疗事故：死亡。

（二）一级乙等医疗事故：重要器官缺失或功能完全丧失，其他器官不能代偿，存在特殊医疗依赖，生活完全不能自理。例如造成患者下列情形之一的：

1. 植物人状态；
2. 极重度智能障碍；
3. 临床判定不能恢复的昏迷；
4. 临床判定自主呼吸功能完全丧失，不能恢复，靠呼吸机维持；
5. 四肢瘫，肌力0级，临床判定不能恢复。

二、二级医疗事故

系指造成患者中度残疾、器官组织损伤导致严重功能障碍。

（一）二级甲等医疗事故：器官缺失或功能完全丧失，其他器官不能代偿，可能存在特殊医疗依赖，或生活大部分不能自理。例如造成患者下列情形之一的：

1. 双眼球摘除或双眼经客观检查证实无光感；
2. 小肠缺失90%以上，功能完全丧失；

3．双侧有功能肾脏缺失或孤立有功能肾缺失，用透析替代治疗；

4．四肢肌力Ⅱ级（二级）以下（含Ⅱ级），临床判定不能恢复；

5．上肢一侧腕上缺失或一侧手功能完全丧失，不能装配假肢，伴下肢双膝以上缺失。

（二）二级乙等医疗事故：存在器官缺失、严重缺损、严重畸形情形之一，有严重功能障碍，可能存在特殊医疗依赖，或生活大部分不能自理。例如造成患者下列情形之一的：

1．重度智能障碍；

2．单眼球摘除或经客观检查证实无光感，另眼球结构损伤，闪光视觉诱发电位（VEP）P100波潜时延长>160ms（毫秒），矫正视力<0.02，视野半径$<5°$；

3．双侧上颌骨或双侧下颌骨完全缺失；

4．一侧上颌骨及对侧下颌骨完全缺失，并伴有颜面部软组织缺损大于$30cm^2$；

5．一侧全肺缺失并需胸改术；

6．肺功能持续重度损害；

7．持续性心功能不全，心功能四级；

8．持续性心功能不全，心功能三级伴有不能控制的严重心律失常；

9．食管闭锁，摄食依赖造瘘；

10．肝缺损3/4，并有肝功能重度损害；

11．胆道损伤致肝功能重度损害；

12．全胰缺失；

13．小肠缺损大于3/4，普通膳食不能维持营养；

14．肾功能部分损害不全失代偿；

15．两侧睾丸、副睾丸缺损；

16．阴茎缺损或性功能严重障碍；

17．双侧卵巢缺失；

18．未育妇女子宫全部缺失或大部分缺损；

19．四肢瘫，肌力Ⅲ级（三级）或截瘫、偏瘫，肌力Ⅲ级以下，临床判定不能恢复；

20. 双上肢腕关节以上缺失、双侧前臂缺失或双手功能完全丧失，不能装配假肢；

21. 肩、肘、髋、膝关节中有四个以上（含四个）关节功能完全丧失；

22. 重型再生障碍性贫血（I型）。

（三）二级丙等医疗事故：存在器官缺失、严重缺损、明显畸形情形之一，有严重功能障碍，可能存在特殊医疗依赖，或生活部分不能自理。例如造成患者下列情形之一的：

1. 面部重度毁容；

2. 单眼球摘除或客观检查无光感，另眼球结构损伤，闪光视觉诱发电位（VEP）>155ms（毫秒），矫正视力<0.05，视野半径<10°；

3. 一侧上颌骨或下颌骨完全缺失，伴颜面部软组织缺损大于30cm²；

4. 同侧上下颌骨完全性缺失；

5. 双侧甲状腺或孤立甲状腺全缺失；

6. 双侧甲状旁腺全缺失；

7. 持续性心功能不全，心功能三级；

8. 持续性心功能不全，心功能二级伴有不能控制的严重心律失常；

9. 全胃缺失；

10. 肝缺损2/3，并肝功能重度损害；

11. 一侧有功能肾缺失或肾功能完全丧失，对侧肾功能不全代偿；

12. 永久性输尿管腹壁造瘘；

13. 膀胱全缺失；

14. 两侧输精管缺损不能修复；

15. 双上肢肌力Ⅳ级（四级），双下肢肌力0级，临床判定不能恢复；

16. 单肢两个大关节（肩、肘、腕、髋、膝、踝）功能完全丧失，不能行关节置换；

17. 一侧上肢肘上缺失或肘、腕、手功能完全丧失，不能手术重建功能或装配假肢；

18. 一手缺失或功能完全丧失，另一手功能丧失50%以上，不能手术重建功能或装配假肢；

19. 一手腕上缺失，另一手拇指缺失，不能手术重建功能或装配假肢；

20. 双手拇、食指均缺失或功能完全丧失无法矫正；

21. 双侧膝关节或者髋关节功能完全丧失，不能行关节置换；

22. 一下肢膝上缺失，无法装配假肢；

23. 重型再生障碍性贫血（Ⅱ型）。

（四）二级丁等医疗事故：存在器官缺失、大部分缺损、畸形情形之一，有严重功能障碍，可能存在一般医疗依赖，生活能自理。例如造成患者下列情形之一的：

1. 中度智能障碍；

2. 难治性癫痫；

3. 完全性失语，伴有神经系统客观检查阳性所见；

4. 双侧重度周围性面瘫；

5. 面部中度毁容或全身瘢痕面积大于70%；

6. 双眼球结构损伤，较好眼闪光视觉诱发电位（VEP）>155ms（毫秒），矫正视力<0.05，视野半径<10°；

7. 双耳经客观检查证实听力在原有基础上损失大于91dbHL（分贝）；

8. 舌缺损大于全舌2/3；

9. 一侧上颌骨缺损1/2，颜面部软组织缺损大于20cm^2；

10. 下颌骨缺损长6cm以上的区段，口腔、颜面部软组织缺损大于20cm^2；

11. 甲状旁腺功能重度损害；

12. 食管狭窄只能进流食；

13. 吞咽功能严重损伤，依赖鼻饲管进食；

14. 肝缺损2/3，功能中度损害；

15. 肝缺损1/2伴有胆道损伤致严重肝功能损害；

16. 胰缺损，胰岛素依赖；

17. 小肠缺损2/3，包括回盲部缺损；

18. 全结肠、直肠、肛门缺失，回肠造瘘；

19. 肾上腺功能明显减退；

20. 大、小便失禁，临床判定不能恢复；

21. 女性双侧乳腺缺失；

22. 单肢肌力Ⅱ级（二级），临床判定不能恢复；

23. 双前臂缺失；

24. 双下肢瘫；

25. 一手缺失或功能完全丧失，另一手功能正常，不能手术重建功能或装配假肢；

26. 双拇指完全缺失或无功能；

27. 双膝以下缺失或无功能，不能手术重建功能或装配假肢；

28. 一侧下肢膝上缺失，不能手术重建功能或装配假肢；

29. 一侧膝以下缺失，另一侧前足缺失，不能手术重建功能或装配假肢；

30. 双足全肌瘫，肌力Ⅱ级（二级），临床判定不能恢复。

三、三级医疗事故

系指造成患者轻度残疾、器官组织损伤导致一般功能障碍。

（一）三级甲等医疗事故：存在器官缺失、大部分缺损、畸形情形之一，有较重功能障碍，可能存在一般医疗依赖，生活能自理。例如造成患者下列情形之一的：

1. 不完全失语并伴有失用、失写、失读、失认之一者，同时有神经系统客观检查阳性所见；

2. 不能修补的脑脊液瘘；

3. 尿崩，有严重离子紊乱，需要长期依赖药物治疗；

4. 面部轻度毁容；

5. 面颊部洞穿性缺损大于 $20cm^2$；

6. 单侧眼球摘除或客观检查无光感，另眼球结构损伤，闪光视觉诱发电位（VEP）>150ms（毫秒），矫正视力0.05～0.1，视野半径<15°；

7. 双耳经客观检查证实听力在原有基础上损失大于81dbHL（分贝）；

8. 鼻缺损1/3以上；

9. 上唇或下唇缺损大于1/2；

10. 一侧上颌骨缺损1/4或下颌骨缺损长4cm以上区段，伴口腔、颜面软组织缺损大于$10cm^2$；

11. 肺功能中度持续损伤；

12. 胃缺损3/4；

13. 肝缺损1/2伴较重功能障碍；

14. 慢性中毒性肝病伴较重功能障碍；

15. 脾缺失；

16. 胰缺损2/3造成内、外分泌腺功能障碍；

17. 小肠缺损2/3，保留回盲部；

18. 尿道狭窄，需定期行尿道扩张术；

19. 直肠、肛门、结肠部分缺损，结肠造瘘；

20. 肛门损伤致排便障碍；

21. 一侧。肾缺失或输尿管狭窄，肾功能不全代偿；

22. 不能修复的尿道瘘；

23. 膀胱大部分缺损；

24. 双侧输卵管缺失；

25. 阴道闭锁丧失性功能；

26. 不能修复的Ⅲ度（三度）会阴裂伤；

27. 四肢瘫，肌力Ⅳ级（四级），临床判定不能恢复；

28. 单肢瘫，肌力Ⅲ级（三级），临床判定不能恢复；

29. 肩、肘、腕关节之一功能完全丧失；

30. 利手全肌瘫，肌力Ⅲ级（三级），临床判定不能恢复；

31. 一手拇指缺失，另一手拇指功能丧失50%以上；

32. 一手拇指缺失或无功能，另一手除拇指外三指缺失或无功能，不能手术重建功能；

33. 双下肢肌力Ⅲ级（三级）以下，临床判定不能恢复。大、小便失禁；

34. 下肢双膝以上缺失伴一侧腕上缺失或手功能部分丧失，能装配假肢；

35. 一髋或一膝关节功能完全丧失，不能手术重建功能；

36. 双足全肌瘫，肌力Ⅲ级（三级），临床判定不能恢复；

37. 双前足缺失；

38. 慢性再生障碍性贫血。

（二）三级乙等医疗事故：器官大部分缺损或畸形，有中度功能障碍，可能存在一般医疗依赖，生活能自理。例如造成患者下列情形之一的：

1. 轻度智能减退；

2. 癫痫中度；

3. 不完全性失语，伴有神经系统客观检查阳性所见；

4. 头皮、眉毛完全缺损；

5. 一侧完全性面瘫，对侧不完全性面瘫；

6. 面部重度异常色素沉着或全身瘢痕面积达60%～69%；

7. 面部软组织缺损大于$20cm^2$；

8. 双眼球结构损伤，较好眼闪光视觉诱发电位（VEP）＞150ms（毫秒），矫正视力0.05～0.1，视野半径＜15°；

9. 双耳经客观检查证实听力损失大于71dbHL（分贝）；

10. 双侧前庭功能丧失，睁眼行走困难，不能并足站立；

11. 甲状腺功能严重损害，依赖药物治疗；

12. 不能控制的严重器质性心律失常；

13. 胃缺损2/3伴轻度功能障碍；

14. 肝缺损1/3伴轻度功能障碍；

15. 胆道损伤伴轻度肝功能障碍；

16. 胰缺损1/2；

17. 小肠缺损1/2（包括回盲部）；

18. 腹壁缺损大于腹壁1/4；

19. 肾上腺皮质功能轻度减退；

20. 双侧睾丸萎缩，血清睾酮水平低于正常范围；

21. 非利手全肌瘫，肌力Ⅳ级（四级），临床判定不能恢复，不能手术重建功能；

22. 一拇指完全缺失；

23．双下肢肌力Ⅳ级（四级），临床判定不能恢复。大、小便失禁；

24．一髋或一膝关节功能不全；

25．一侧踝以下缺失或一侧踝关节畸形，功能完全丧失，不能手术重建功能；

26．双足部分肌瘫，肌力Ⅳ级（四级），临床判定不能恢复，不能手术重建功能；

27．单足全肌瘫，肌力Ⅳ级，临床判定不能恢复，不能手术重建功能。

（三）三级丙等医疗事故：器官大部分缺损或畸形，有轻度功能障碍，可能存在一般医疗依赖，生活能自理。例如造成患者下列情形之一的：

1．不完全性失用、失写、失读、失认之一者，伴有神经系统客观检查阳性所见；

2．全身瘢痕面积50%～59%；

3．双侧中度周围性面瘫，临床判定不能恢复；

4．双眼球结构损伤，较好眼闪光视觉诱发电位（VEP）＞140ms（毫秒），矫正视力0．01～0．3，视野半径＜20°；

5．双耳经客观检查证实听力损失大于56dbHL（分贝）；

6．喉保护功能丧失，饮食时呛咳并易发生误吸，临床判定不能恢复；

7．颈颏粘连，影响部分活动；

8．肺叶缺失伴轻度功能障碍；

9．持续性心功能不全，心功能二级；

10．胃缺损1/2伴轻度功能障碍；

11．肝缺损1/4伴轻度功能障碍；

12．慢性轻度中毒性肝病伴轻度功能障碍；

13．胆道损伤，需行胆肠吻合术；

14．胰缺损1/3伴轻度功能障碍；

15．小肠缺损1/2伴轻度功能障碍；

16．结肠大部分缺损；

17．永久性膀胱造瘘；

18．未育妇女单侧乳腺缺失；

19. 未育妇女单侧卵巢缺失；

20. 育龄已育妇女双侧输卵管缺失；

21. 育龄已育妇女子宫缺失或部分缺损；

22. 阴道狭窄不能通过二横指；

23. 颈部或腰部活动度丧失50%以上；

24. 腕、肘、肩、踝、膝、髋关节之一丧失功能50%以上；

25. 截瘫或偏瘫，肌力Ⅳ级（四级），临床判定不能恢复；

26. 单肢两个大关节（肩、肘、腕、髋、膝、踝）功能部分丧失，能行关节置换；

27. 一侧肘上缺失或肘、腕、手功能部分丧失，可以手术重建功能或装配假肢；

28. 一手缺失或功能部分丧失，另一手功能丧失50%以上，可以手术重建功能或装配假肢；

29. 一手腕上缺失，另一手拇指缺失，可以手术重建功能或装配假肢；

30. 利手全肌瘫，肌力Ⅳ级（四级），临床判定不能恢复；

31. 单手部分肌瘫，肌力Ⅲ级（三级），临床判定不能恢复；

32. 除拇指外3指缺失或功能完全丧失；

33. 双下肢长度相差4cm以上；

34. 双侧膝关节或者髋关节功能部分丧失，可以行关节置换；

35. 单侧下肢膝上缺失，可以装配假肢；

36. 双足部分肌瘫，肌力Ⅲ级（三级），临床判定不能恢复；

37. 单足全肌瘫，肌力Ⅲ级（三级），临床判定不能恢复。

（四）三级丁等医疗事故：器官部分缺损或畸形，有轻度功能障碍，无医疗依赖，生活能自理。例如造成患者下列情形之一的：

1. 边缘智能；

2. 发声及言语困难；

3. 双眼结构损伤，较好眼闪光视觉诱发电位（VEP）＞130ms（毫秒），矫正视力0.3～0.5，视野半径＜30°；

4. 双耳经客观检查证实听力损失大于41dbHL（分贝）或单耳大于

91dbHL（分贝）；

5. 耳郭缺损2/3以上；

6. 器械或异物误入呼吸道需行肺段切除术；

7. 甲状旁腺功能轻度损害；

8. 肺段缺损，轻度持续肺功能障碍；

9. 腹壁缺损小于1/4；

10. 一侧肾上腺缺失伴轻度功能障碍；

11. 一侧睾丸、附睾缺失伴轻度功能障碍；

12. 一侧输精管缺损，不能修复；

13. 一侧卵巢缺失，一侧输卵管缺失；

14. 一手缺失或功能完全丧失，另一手功能正常，可以手术重建功能及装配假肢；

15. 双大腿肌力近Ⅴ级（五级），双小腿肌力Ⅲ级（三级）以下，临床判定不能恢复。大、小便轻度失禁；

16. 双膝以下缺失或无功能，可以手术重建功能或装配假肢；

17. 单侧下肢膝上缺失，可以手术重建功能或装配假肢；

18. 一侧膝以下缺失，另一侧前足缺失，可以手术重建功能或装配假肢。

（五）三级戊等医疗事故：器官部分缺损或畸形，有轻微功能障碍，无医疗依赖，生活能自理。例如造成患者下列情形之一的：

1. 脑叶缺失后轻度智力障碍；

2. 发声或言语不畅；

3. 双眼结构损伤，较好眼闪光视觉诱发电位（VEP）>120ms（毫秒），矫正视力<0.6，视野半径<50°；

4. 泪器损伤，手术无法改进溢泪；

5. 双耳经客观检查证实听力在原有基础上损失大于31dbHL（分贝）或一耳听力在原有基础上损失大于71dbHL（分贝）；

6. 耳郭缺损大于1/3而小于2/3；

7. 甲状腺功能低下；

8. 支气管损伤需行手术治疗；

9. 器械或异物误入消化道，需开腹取出；

10. 一拇指指关节功能不全；

11. 双小腿肌力Ⅳ级（四级），临床判定不能恢复。大、小便轻度失禁；

12. 手术后当时引起脊柱侧弯30度以上；

13. 手术后当时引起脊柱后凸成角（胸段大于60度，胸腰段大于30度，腰段大于20度以上）；

14. 原有脊柱、躯干或肢体畸形又严重加重；

15. 损伤重要脏器，修补后功能有轻微障碍。

四、四级医疗事故

系指造成患者明显人身损害的其他后果的医疗事故。例如造成患者下列情形之一的：

1. 双侧轻度不完全性面瘫，无功能障碍；

2. 面部轻度色素沉着或脱失；

3. 一侧眼睑有明显缺损或外翻；

4. 拔除健康恒牙；

5. 器械或异物误入呼吸道或消化道，需全麻后内窥镜下取出；

6. 口周及颜面软组织轻度损伤；

7. 非解剖变异等因素，拔除上颌后牙时牙根或异物进入上颌窦需手术取出；

8. 组织、器官轻度损伤，行修补术后无功能障碍；

9. 一拇指末节1/2缺损；

10. 一手除拇指、食指外，有两指近侧指间关节无功能；

11. 一足拇趾末节缺失；

12. 软组织内异物滞留；

13. 体腔遗留异物已包裹，无须手术取出，无功能障碍；

14. 局部注射造成组织坏死，成人大于体表面积2%，儿童大于体表面积5%；

15. 剖宫产术引起胎儿损伤；

16. 产后胎盘残留引起大出血，无其他并发症。

医疗机构管理条例（节录）

第二条 本条例适用于从事疾病诊断、治疗活动的医院、卫生院、疗养院、门诊部、诊所、卫生所（室）以及急救站等医疗机构。

第六条 县级以上地方人民政府卫生行政部门应当根据本行政区域内的人口、医疗资源、医疗需求和现有医疗机构的分布状况，制定本行政区域医疗机构设置规划。

机关、企业和事业单位可以根据需要设置医疗机构，并纳入当地医疗机构的设置规划。

第七条 县级以上地方人民政府应当把医疗机构设置规划纳入当地的区域卫生发展规划和城乡建设发展总体规划。

第十条 申请设置医疗机构，应当提交下列文件：

（一）设置申请书；

（二）设置可行性研究报告；

（三）选址报告和建筑设计平面图。

第十一条 单位或者个人设置医疗机构，应当按照以下规定提出设置申请：

（一）不设床位或者床位不满100张的医疗机构，向所在地的县级人民政府卫生行政部门申请；

（二）床位在100张以上的医疗机构和专科医院按照省级人民政府卫生行政部门的规定申请。

第十二条 县级以上地方人民政府卫生行政部门应当自受理设置申请之日起30日内，做出批准或者不批准的书面答复；批准设置的，发给设置医疗机构批准书。

第十三条 国家统一规划的医疗机构的设置，由国务院卫生行政部门决定。

第十七条 医疗机构的执业登记，由批准其设置的人民政府卫生行政部门办理。

按照本条例第十三条规定设置的医疗机构的执业登记，由所在地的省、自治区、直辖市人民政府卫生行政部门办理。

机关、企业和事业单位设置的为内部职工服务的门诊部、诊所、卫生所（室）的执业登记，由所在地的县级人民政府卫生行政部门办理。

第十九条 县级以上地方人民政府卫生行政部门自受理执业登记申请之日起45日内，根据本条例和医疗机构基本标准进行审核。审核合格的，予以登记，发给《医疗机构执业许可证》；审核不合格的，将审核结果以书面形式通知申请人。

第二十条 医疗机构改变名称、场所、主要负责人、诊疗科目、床位，必须向原登记机关办理变更登记。

第二十一条 医疗机构歇业，必须向原登记机关办理注销登记。经登记机关核准后，收缴《医疗机构执业许可证》。

医疗机构非因改建、扩建、迁建原因停业超过1年的，视为歇业。

第二十四条 任何单位或者个人，未取得《医疗机构执业许可证》，不得开展诊疗活动。

第三十一条 医疗机构对危重病人应当立即抢救。对限于设备或者技术条件不能诊治的病人，应当及时转诊。

第三十二条 未经医师（士）亲自诊查病人，医疗机构不得出具疾病诊断书、健康证明书或者死亡证明书等证明文件；未经医师（士）、助产人员亲自接产，医疗机构不得出具出生证明书或者死产报告书。

第三十三条 医疗机构施行手术、特殊检查或者特殊治疗时，必须征得患者同意，并应当取得其家属或者关系人同意并签字；无法取得患者意见时，应当取得家属或者关系人同意并签字；无法取得患者意见又无家属或者关系人在场，或者遇到其他特殊情况时，经治医师应当提出医疗处置方案，在取得医疗机构负责人或者被授权负责人员的批准后实施。

第三十八条 医疗机构必须承担相应的预防保健工作，承担县级以上人民政府卫生行政部门委托的支援农村、指导基层医疗卫生工作等任务。

第三十九条 发生重大灾害、事故、疾病流行或者其他意外情况时，医疗机构及其卫生技术人员必须服从县级以上人民政府卫生行政部门的调遣。

第四十条 县级以上人民政府卫生行政部门行使下列监督管理职权：

（一）负责医疗机构的设置审批、执业登记和校验；

（二）对医疗机构的执业活动进行检查指导；

（三）负责组织对医疗机构的评审；

（四）对违反本条例的行为给予处罚。

第四十五条 违反本条例第二十二条规定，逾期不校验《医疗机构执业许可证》仍从事诊疗活动的，由县级以上人民政府卫生行政部门责令其限期补办校验手续；拒不校验的，吊销其《医疗机构执业许可证》。

第四十六条 违反本条例第二十三条规定，出卖、转让、出借《医疗机构执业许可证》的，由县级以上人民政府卫生行政部门没收非法所得，并可处以5000元以下的罚款；情节严重的，吊销其《医疗机构执业许可证》。

第四十七条 违反本条例第二十七条规定，诊疗活动超出登记范围的，由县级以上人民政府卫生行政部门予以警告、责令其改正，并可以根据情节处以3000元以下的罚款；情节严重的，吊销其《医疗机构执业许可证》。

第四十八条 违反本条例第二十八条规定，使用非卫生技术人员从事医疗卫生技术工作的，由县级以上人民政府卫生行政部门责令其限期改正，并可处以5000元以下的罚款；情节严重的，吊销其《医疗机构执业许可证》。

第五十一条 当事人对行政处罚决定不服的，可以依照国家法律、法规的规定申请行政复议或者提起行政诉讼。当事人对罚款及没收药品、器械的处罚决定未在法定期限内申请复议或者提起诉讼又不履行的，县级以上人民政府卫生行政部门可以申请人民法院强制执行。

第五十二条 本条例实施前已经执业的医疗机构，应当在条例实施后的6个月内，按照本条例第三章的规定，补办登记手续，领取《医疗机构执业许可证》。

第五十三条 外国人在中华人民共和国境内开设医疗机构及香港、澳门、台湾居民在内地开设医疗机构的管理办法，由国务院卫生行政部门另行制定。

医疗机构管理条例实施细则（节录）

第二条 条例及本细则所称医疗机构，是指依据条例和本细则的规定，经登记取得《医疗机构执业许可证》的机构。

第三条 医疗机构的类别：

（一）综合医院、中医医院、中西医结合医院、民族医医院、专科医院、康复医院；

（二）妇幼保健院；

（三）中心卫生院、乡（镇）卫生院、街道卫生院；

（四）疗养院；

（五）综合门诊部、专科门诊部、中医门诊部、中西医结合门诊部、民族医门诊部；

（六）诊所、中医诊所、民族医诊所、卫生所、医务室、卫生保健所、卫生站；

（七）村卫生室（所）；

（八）急救中心、急救站；

（九）临床检验中心；

（十）专科疾病防治院、专科疾病防治所、专科疾病防治站；

（十一）护理院、护理站；

（十二）其他诊疗机构。

第六条 医疗机构依法从事诊疗活动受法律保护。

第八条 各省、自治区、直辖市应当按照当地《医疗机构设置规划》合理配置和合理利用医疗资源。

《医疗机构设置规划》由县级以上地方卫生行政部门依据《医疗机构设置规划指导原则》制定，经上一级卫生行政部门审核，报同级人民政府批准，在本行政区域内发布实施。

《医疗机构设置规划指导原则》另行制定。

第九条 县级以上地方卫生行政部门按照《医疗机构设置规划指导原则》

规定的权限和程序组织实施本行政区域《医疗机构设置规划》，定期评价实施情况，并将评价结果按年度向上一级卫生行政部门和同级人民政府报告。

第十二条 有下列情形之一的，不得申请设置医疗机构：

（一）不能独立承担民事责任的单位；

（二）正在服刑或者不具有完全民事行为能力的个人；

（三）医疗机构在职、因病退职或者停薪留职的医务人员；

（四）发生二级以上医疗事故未满五年的医务人员；

（五）因违反有关法律、法规和规章，已被吊销执业证书的医务人员；

（六）被吊销《医疗机构执业许可证》的医疗机构法定代表人或者主要负责人；

（七）省、自治区、直辖市政府卫生行政部门规定的其他情形。

有前款第（二）、（三）、（四）、（五）、（六）项所列情形之一者，不得充任医疗机构的法定代表人或者主要负责人。

第十三条 在城市设置诊所的个人，必须同时具备下列条件：

（一）经医师执业技术考核合格，取得《医师执业证书》；

（二）取得《医师执业证书》或者医师职称后，从事五年以上同一专业的临床工作；

（三）省、自治区、直辖市卫生行政部门规定的其他条件。

医师执业技术标准另行制定。

在乡镇和村设置诊所的个人的条件，由省、自治区、直辖市卫生行政部门规定。

第十五条 条例第十条规定提交的设置可行性研究报告包括以下内容：

（一）申请单位名称、基本情况以及申请人姓名、年龄、专业履历、身份证号码；

（二）所在地区的人口、经济和社会发展等概况；

（三）所在地区人群健康状况和疾病流行以及有关疾病患病率；

（四）所在地区医疗资源分布情况以及医疗服务需求分析；

（五）拟设医疗机构的名称、选址、功能、任务、服务半径；

（六）拟设医疗机构的服务方式、时间、诊疗科目和床位编制；

（七）拟设医疗机构的组织结构、人员配备；

（八）拟设医疗机构的仪器、设备配备；

（九）拟设医疗机构与服务半径区域内其他医疗机构的关系和影响；

（十）拟设医疗机构的污水、污物、粪便处理方案；

（十一）拟设医疗机构的通讯、供电、上下水道、消防设施情况；

（十二）资金来源、投资方式、投资总额、注册资金（资本）；

（十三）拟设医疗机构的投资预算；

（十四）拟设医疗机构五年内的成本效益预测分析。

并附申请设置单位或者设置人的资信证明。

申请设置门诊部、诊所、卫生所、医务室、卫生保健所、卫生站、村卫生室（所）、护理站等医疗机构的，可以根据情况适当简化设置可行性研究报告内容。

第十六条　条例第十条规定提交的选址报告包括以下内容：

（一）选址的依据；

（二）选址所在地区的环境和公用设施情况；

（三）选址与周围托幼机构、中小学校、食品生产经营单位布局的关系；

（四）占地和建筑面积。

第二十条　县级以上地方卫生行政部门依据当地《医疗机构设置规划》及本细则审查和批准医疗机构的设置。

申请设置医疗机构有下列情形之一的，不予批准：

（一）不符合当地《医疗机构设置规划》；

（二）设置人不符合规定的条件；

（三）不能提供满足投资总额的资信证明；

（四）投资总额不能满足各项预算开支；

（五）医疗机构选址不合理；

（六）污水、污物、粪便处理方案不合理；

（七）省、自治区、直辖市卫生行政部门规定的其他情形。

第二十一条　卫生行政部门应当在核发《设置医疗机构批准书》的同时，向上一级卫生行政部门备案。

上级卫生行政部门有权在接到备案报告之日起三十日内纠正或者撤销下级卫生行政部门做出的不符合当地《医疗机构设置规划》的设置审批。

第二十五条 申请医疗机构执业登记必须填写《医疗机构申请执业登记注册书》，并向登记机关提交下列材料：

（一）《设置医疗机构批准书》或者《设置医疗机构备案回执》；

（二）医疗机构用房产权证明或者使用证明；

（三）医疗机构建筑设计平面图；

（四）验资证明、资产评估报告；

（五）医疗机构规章制度；

（六）医疗机构法定代表人或者主要负责人以及各科室负责人名录和有关资格证书、执业证书复印件；

（七）省、自治区、直辖市卫生行政部门规定提交的其他材料。

申请门诊部、诊所、卫生所、医务室、卫生保健所和卫生站登记的，还应当提交附设药房（柜）的药品种类清单、卫生技术人员名录及其有关资格证书、执业证书复印件以及省、自治区、直辖市卫生行政部门规定提交的其他材料。

第二十六条 登记机关在受理医疗机构执业登记申请后，应当按照条例第十六条规定的条件和条例第十九条规定的时限进行审查和实地考察、核实，并对有关执业人员进行消毒、隔离和无菌操作等基本知识和技能的现场抽查考核。经审核合格的，发给《医疗机构执业许可证》；审核不合格的，将审核结果和不予批准的理由以书面形式通知申请人。

《医疗机构执业许可证》及其副本由卫生部统一印制。

条例第十九条规定的执业登记申请的受理时间，自申请人提供条例和本细则规定的全部材料之日算起。

第二十七条 申请医疗机构执业登记有下列情形之一的，不予登记：

（一）不符合《设置医疗机构批准书》核准的事项；

（二）不符合《医疗机构基本标准》；

（三）投资不到位；

（四）医疗机构用房不能满足诊疗服务功能；

（五）通讯、供电、上下水道等公共设施不能满足医疗机构正常运转；

（六）医疗机构规章制度不符合要求；

（七）消毒、隔离和无菌操作等基本知识和技能的现场抽查考核不合格；

（八）省、自治区、直辖市卫生行政部门规定的其他情形。

第二十八条 医疗机构执业登记的事项：

（一）类别、名称、地址、法定代表人或者主要负责人；

（二）所有制形式；

（三）注册资金（资本）；

（四）服务方式；

（五）诊疗科目；

（六）房屋建筑面积、床位（牙椅）；

（七）服务对象；

（八）职工人数；

（九）执业许可证登记号（医疗机构代码）；

（十）省、自治区、直辖市卫生行政部门规定的其他登记事项。

门诊部、诊所、卫生所、医务室、卫生保健所、卫生站除登记前款所列事项外，还应当核准登记附设药房（柜）的药品种类。

《医疗机构诊疗科目名录》另行制定。

第二十九条 因分立或者合并而保留的医疗机构应当申请变更登记；因分立或者合并而新设置的医疗机构应当申请设置许可和执业登记；因合并而终止的医疗机构应当申请注销登记。

第三十条 医疗机构变更名称、地址、法定代表人或者主要负责人、所有制形式、服务对象、服务方式、注册资金（资本）、诊疗科目、床位（牙椅）的，必须向登记机关申请办理变更登记，并提交下列材料：

（一）医疗机构法定代表人或者主要负责人签署的《医疗机构申请变更登记注册书》；

（二）申请变更登记的原因和理由；

（三）登记机关规定提交的其他材料。

第三十二条 医疗机构在原登记机关管辖权限范围内变更登记事项的，

由原登记机关办理变更登记；因变更登记超出原登记机关管辖权限的，由有管辖权的卫生行政部门办理变更登记。

医疗机构在原登记机关管辖区域内迁移，由原登记机关办理变更登记；向原登记机关管辖区域外迁移的，应当在取得迁移目的地的卫生行政部门发给的《设置医疗机构批准书》，并经原登记机关核准办理注销登记后，再向迁移目的地的卫生行政部门申请办理执业登记。

第三十五条 床位在一百张以上的综合医院、中医医院、中西医结合医院、民族医医院以及专科医院、疗养院、康复医院、妇幼保健院、急救中心、临床检验中心和专科疾病防治机构的校验期为三年；其他医疗机构的校验期为一年。

医疗机构应当于校验期满前三个月向登记机关申请办理校验手续。

办理校验应当交验《医疗机构执业许可证》，并提交下列文件：

（一）《医疗机构校验申请书》；

（二）《医疗机构执业许可证》副本；

（三）省、自治区、直辖市卫生行政部门规定提交的其他材料。

第三十七条 医疗机构有下列情形之一的，登记机关可以根据情况，给予一至六个月的暂缓校验期：

（一）不符合《医疗机构基本标准》；

（二）限期改正期间；

（三）省、自治区、直辖市卫生行政部门规定的其他情形。

不设床位的医疗机构在暂缓校验期内不得执业。

暂缓校验期满仍不能通过校验的，由登记机关注销其《医疗机构执业许可证》。

第四十条 医疗机构的名称由识别名称和通用名称依次组成。

医疗机构的通用名称为：医院、中心卫生院、卫生院、疗养院、妇幼保健院、门诊部、诊所、卫生所、卫生站、卫生室、医务室、卫生保健所、急救中心、急救站、临床检验中心、防治院、防治所、防治站、护理院、护理站、护理中心以及卫生部规定或者认可的其他名称。

医疗机构可以下列名称作为识别名称：地名、单位名称、个人姓名、医学学科名称、医学专业和专科名称、诊疗科目名称和核准机关批准使用的名称。

第四十一条 医疗机构的命名必须符合以下原则：

（一）医疗机构的通用名称以前条第二款所列的名称为限；

（二）前条第三款所列的医疗机构的识别名称可以合并使用；

（三）名称必须名副其实；

（四）名称必须与医疗机构类别或者诊疗科目相适应；

（五）各级地方人民政府设置的医疗机构的识别名称中应当含有省、市、县、区、街道、乡、镇、村等行政区划名称，其他医疗机构的识别名称中不得含有行政区划名称；

（六）国家机关、企业和事业单位、社会团体或者个人设置的医疗机构的名称中应当含有设置单位名称或者个人的姓名。

第四十二条 医疗机构不得使用下列名称：

（一）有损于国家、社会或者公共利益的名称；

（二）侵犯他人利益的名称；

（三）以外文字母、汉语拼音组成的名称；

（四）以医疗仪器、药品、医用产品命名的名称；

（五）含有“疑难病”“专治”“专家”“名医”或者同类含义文字的名称以及其他宣传或者暗示诊疗效果的名称；

（六）超出登记的诊疗科目范围的名称；

（七）省级以上卫生行政部门规定不得使用的名称。

第四十三条 以下医疗机构名称由卫生部核准；属于中医、中西医结合和民族医医疗机构的，由国家中医药管理局核准：

（一）含有外国国家（地区）名称及其简称、国际组织名称的；

（二）含有“中国”“全国”“中华”“国家”等字样以及跨省地域名称的；

（三）各级地方人民政府设置的医疗机构的识别名称中不含有行政区划名称的。

第四十四条 以“中心”作为医疗机构通用名称的医疗机构名称，由省级以上卫生行政部门核准；在识别名称中含有“中心”字样的医疗机构名称的核准，由省、自治区、直辖市卫生行政部门规定。

含有“中心”字样的医疗机构名称必须同时含有行政区划名称或者地名。

第四十九条 两个以上申请人向同一核准机关申请相同的医疗机构名称，核准机关依照申请在先原则核定。属于同一天申请的，应当由申请人双方协商解决；协商不成的，由核准机关做出裁决。

两个以上医疗机构因已经核准登记的医疗机构名称相同发生争议时，核准机关依照登记在先原则处理。属于同一天登记的，应当由双方协商解决；协商不成的，由核准机关报上一级卫生行政部门做出裁决。

第五十一条 医疗机构的印章、银行账户、牌匾以及医疗文件中使用的名称应当与核准登记的医疗机构名称相同；使用两个以上名称的，应当与第一名称相同。

第五十二条 医疗机构应当严格执行无菌消毒、隔离制度，采取科学有效的措施处理污水和废弃物，预防和减少医院感染。

第五十七条 医疗机构应当经常对医务人员进行“基础理论、基本知识、基本技能”的训练与考核，把“严格要求、严密组织、严谨态度”落实到各项工作中。

第五十八条 医疗机构应当组织医务人员学习医德规范和有关教材，督促医务人员恪守职业道德。

第五十九条 医疗机构不得使用假劣药品、过期和失效药品以及违禁药品。

第六十条 医疗机构为死因不明者出具的《死亡医学证明书》，只作是否死亡的诊断，不作死亡原因的诊断。如有关方面要求进行死亡原因诊断的，医疗机构必须指派医生对尸体进行解剖和有关死因检查后方能做出死因诊断。

第六十一条 医疗机构在诊疗活动中，应当对患者实行保护性医疗措施，并取得患者家属和有关人员的配合。

第六十二条 医疗机构应当尊重患者对自己的病情、诊断、治疗的知情权利。在实施手术、特殊检查、特殊治疗时，应当向患者作必要的解释。因实施保护性医疗措施不宜向患者说明情况的，应当将有关情况通知患者家属。

第六十三条 门诊部、诊所、卫生所、医务室、卫生保健所和卫生站附设药房（柜）的药品种类由登记机关核定，具体办法由省、自治区、直辖市卫生行政部门规定。

第六十九条 各级医疗机构监督管理办公室的职责：

（一）拟订医疗机构监督管理工作计划；

（二）办理医疗机构监督员的审查、发证、换证；

（三）负责医疗机构登记、校验和有关监督管理工作的统计，并向同级卫生行政部门报告；

（四）负责接待、办理群众对医疗机构的投诉；

（五）完成卫生行政部门交给的其他监督管理工作。

第七十条 县级以上卫生行政部门设医疗机构监督员，履行规定的监督管理职责。

医疗机构监督员由同级卫生行政部门聘任。

医疗机构监督员应当严格执行国家有关法律、法规和规章，其主要职责是：

（一）对医疗机构执行有关法律、法规、规章和标准的情况进行监督、检查、指导；

（二）对医疗机构执业活动进行监督、检查、指导；

（三）对医疗机构违反条例和本细则的案件进行调查、取证；

（四）对经查证属实的案件向卫生行政部门提出处理或者处罚意见；

（五）实施职权范围内的处罚；

（六）完成卫生行政部门交付的其他监督管理工作。

第七十二条 各级卫生行政部门对医疗机构的执业活动检查、指导主要包括：

（一）执行国家有关法律、法规、规章和标准情况；

（二）执行医疗机构内部各项规章制度和各级各类人员岗位责任制情况；

（三）医德医风情况；

（四）服务质量和服务水平情况；

（五）执行医疗收费标准情况；

（六）组织管理情况；

（七）人员任用情况；

（八）省、自治区、直辖市卫生行政部门规定的其他检查、指导项目。

第七十七条 对未取得《医疗机构执业许可证》擅自执业的，责令其停止执业活动，没收非法所得和药品、器械，并处以三千元以下的罚款；有下列情形之一的，责令其停止执业活动，没收非法所得和药品、器械，处以三千元以上一万元以下的罚款：

（一）因擅自执业曾受过卫生行政部门处罚；

（二）擅自执业的人员为非卫生技术专业人员；

（三）擅自执业时间在三个月以上；

（四）给患者造成伤害；

（五）使用假药、劣药蒙骗患者；

（六）以行医为名骗取患者钱物；

（七）省、自治区、直辖市卫生行政部门规定的其他情形。

第七十八条 对不按期办理校验《医疗机构执业许可证》又不停止诊疗活动的，责令其限期补办校验手续；在限期内仍不办理校验的，吊销其《医疗机构执业许可证》。

第七十九条 转让、出借《医疗机构执业许可证》的，没收其非法所得，并处以三千元以下的罚款；有下列情形之一的，没收其非法所得，处以三千元以上五千元以下的罚款，并吊销《医疗机构执业许可证》：

（一）出卖《医疗机构执业许可证》；

（二）转让或者出借《医疗机构执业许可证》是以营利为目的；

（三）受让方或者承借方给患者造成伤害；

（四）转让、出借《医疗机构执业许可证》给非卫生技术专业人员；

（五）省、自治区、直辖市卫生行政部门规定的其他情形。

第八十条 除急诊和急救外，医疗机构诊疗活动超出登记的诊疗科目范围，情节轻微的，处以警告；有下列情形之一的，责令其限期改正，并可处以三千元以下罚款：

（一）超出登记的诊疗科目范围的诊疗活动累计收入在三千元以下；

（二）给患者造成伤害。

有下列情形之一的，处以三千元罚款，并吊销《医疗机构执业许可证》：

（一）超出登记的诊疗科目范围的诊疗活动累计收入在三千元以上；

（二）给患者造成伤害；

（三）省、自治区、直辖市卫生行政部门规定的其他情形。

第八十一条 任用非卫生技术人员从事医疗卫生技术工作的，责令其立即改正，并可处以三千元以下的罚款；有下列情形之一的，处以三千元以上五千元以下罚款，并可以吊销其《医疗机构执业许可证》：

（一）任用两名以上非卫生技术人员从事诊疗活动；

（二）任用的非卫生技术人员给患者造成伤害。

医疗机构使用卫生技术人员从事本专业以外的诊疗活动的，按使用非卫生技术人员处理。

第八十二条 出具虚假证明文件，情节轻微的，给予警告，并可处以五百元以下的罚款；有下列情形之一的，处以五百元以上一千元以下的罚款：

（一）出具虚假证明文件造成延误诊治的；

（二）出具虚假证明文件给患者精神造成伤害的；

（三）造成其他危害后果的。

对直接责任人员由所在单位或者上级机关给予行政处分。

第八十三条 医疗机构有下列情形之一的，登记机关可以责令其限期改正：

（一）发生重大医疗事故；

（二）连续发生同类医疗事故，不采取有效防范措施；

（三）连续发生原因不明的同类患者死亡事件，同时存在管理不善因素；

（四）管理混乱，有严重事故隐患，可能直接影响医疗安全；

（五）省、自治区、直辖市卫生行政部门规定的其他情形。

第八十四条 当事人对行政处罚决定不服的，可以在接到《行政处罚决定通知书》之日起十五日内向作出行政处罚决定的上一级卫生行政部门申请复议。上级卫生行政部门应当在接到申请书之日起三十日内做出书面答复。

当事人对行政处罚决定不服的，也可以在接到《行政处罚决定通知书》

之日起十五日内直接向人民法院提起行政诉讼。

逾期不申请复议、不起诉又不履行行政处罚决定的，由作出行政处罚决定的卫生行政部门填写《行政处罚强制执行申请书》，向人民法院申请强制执行。

第八十八条 条例及本细则中下列用语的含义：

诊疗活动：是指通过各种检查，使用药物、器械及手术等方法，对疾病作出判断和消除疾病、缓解病情、减轻痛苦、改善功能、延长生命、帮助患者恢复健康的活动。

医疗美容：是指使用药物以及手术、物理和其他损伤性或者侵入性手段进行的美容。

特殊检查、特殊治疗：是指具有下列情形之一的诊断、治疗活动：

（一）有一定危险性，可能产生不良后果的检查和治疗；

（二）由于患者体质特殊或者病情危重，可能对患者产生不良后果和危险的检查和治疗；

（三）临床试验性检查和治疗；

（四）收费可能对患者造成较大经济负担的检查和治疗。

卫生技术人员：是指按照国家有关法律、法规和规章的规定取得卫生技术人员资格或者职称的人员。

技术规范：是指由卫生部、国家中医药管理局制定或者认可的与诊疗活动有关的技术标准、操作规程等规范性文件。

军队的医疗机构：是指中国人民解放军和中国人民武装警察部队编制内的医疗机构。

医师外出会诊管理暂行规定

第一条 为规范医疗机构之间医师会诊行为，促进医学交流与发展，提高医疗水平，保证医疗质量和医疗安全，方便群众就医，保护患者、医师、医疗机构的合法权益，根据《执业医师法》《医疗机构管理条例》的规定，制定本规定。

第二条 本规定所称医师外出会诊是指医师经所在医疗机构批准，为其他医疗机构特定的患者开展执业范围内的诊疗活动。

医师未经所在医疗机构批准，不得擅自外出会诊。

第三条 各级卫生行政部门应当加强对医师外出会诊的监督管理。

第四条 医疗机构在诊疗过程中，根据患者的病情需要或者患者要求等原因，需要邀请其他医疗机构的医师会诊时，经治科室应当向患者说明会诊、费用等情况，征得患者同意后，报本单位医务管理部门批准；当患者不具备完全民事行为能力时，应征得其近亲属或者监护人同意。

第五条 邀请会诊的医疗机构（以下称邀请医疗机构）拟邀请其他医疗机构（以下称会诊医疗机构）的医师会诊，需向会诊医疗机构发出书面会诊邀请函。内容应当包括拟会诊患者病历摘要、拟邀请医师或者邀请医师的专业及技术职务任职资格、会诊的目的、理由、时间和费用等情况，并加盖邀请医疗机构公章。

用电话或者电子邮件等方式提出会诊邀请的，应当及时补办书面手续。

第六条 有下列情形之一的，医疗机构不得提出会诊邀请：

（一）会诊邀请超出本单位诊疗科目或者本单位不具备相应资质的；

（二）本单位的技术力量、设备、设施不能为会诊提供必要的医疗安全保障的；

（三）会诊邀请超出被邀请医师执业范围的；

（四）省级卫生行政部门规定的其他情形。

第七条 会诊医疗机构接到会诊邀请后，在不影响本单位正常业务工作和医疗安全的前提下，医务管理部门应当及时安排医师外出会诊。会诊影响本单位正常业务工作但存在特殊需要的情况下，应当经会诊医疗机构负责人批准。

第八条 有下列情形之一的，医疗机构不得派出医师外出会诊：

（一）会诊邀请超出本单位诊疗科目或者本单位不具备相应资质的；

（二）会诊邀请超出被邀请医师执业范围的；

（三）邀请医疗机构不具备相应医疗救治条件的；

（四）省级卫生行政部门规定的其他情形。

第九条 会诊医疗机构不能派出会诊医师时，应当及时告知邀请医疗机构。

第十条 医师接受会诊任务后，应当详细了解患者的病情，亲自诊查患者，完成相应的会诊工作，并按照规定书写医疗文书。

第十一条 医师在会诊过程中应当严格执行有关的卫生管理法律、法规、规章和诊疗规范、常规。

第十二条 医师在会诊过程中发现难以胜任会诊工作，应当及时、如实告知邀请医疗机构，并终止会诊。

医师在会诊过程中发现邀请医疗机构的技术力量、设备、设施条件不适宜收治该患者，或者难以保障会诊质量和安全的，应当建议将该患者转往其他具备收治条件的医疗机构诊治。

第十三条 会诊结束后，邀请医疗机构应当将会诊情况通报会诊医疗机构。医师应当在返回本单位 2 个工作日内将外出会诊的有关情况报告所在科室负责人和医务管理部门。

第十四条 医师在外出会诊过程中发生的医疗事故争议，由邀请医疗机构按照《医疗事故处理条例》的规定进行处理。必要时，会诊医疗机构应当协助处理。

第十五条 会诊中涉及的会诊费用按照邀请医疗机构所在地的规定执行。差旅费按照实际发生额结算，不得重复收费。属医疗机构根据诊疗需要邀请的，差旅费由医疗机构承担；属患者主动要求邀请的，差旅费由患者承担，收费方应向患者提供正式收费票据。会诊中涉及的治疗、手术等收费标准可在当地规定的基础上酌情加收，加收幅度由省级价格主管部门会同同级卫生行政部门确定。

邀请医疗机构支付会诊费用应当统一支付给会诊医疗机构，不得支付给会诊医师本人。会诊医疗机构由于会诊产生的收入，应纳入单位财务部门统一核算。

第十六条　会诊医疗机构应当按照有关规定给付会诊医师合理报酬。医师在国家法定节假日完成会诊任务的，会诊医疗机构应当按照国家有关规定提高会诊医师的报酬标准。

第十七条　医师在外出会诊时不得违反规定接受邀请医疗机构报酬，不得收受或者索要患者及其家属的钱物，不得牟取其他不正当利益。

第十八条　医疗机构应当加强对本单位医师外出会诊的管理，建立医师外出会诊管理档案，并将医师外出会诊情况与其年度考核相结合。

第十九条　医疗机构违反本规定第六条、第八条、第十五条的，由县级以上卫生行政部门责令改正，给予警告；诊疗活动超出登记范围的，按照《医疗机构管理条例》第四十七条处理。

第二十条　医师违反第二条、第七条规定擅自外出会诊或者在会诊中违反第十七条规定的，由所在医疗机构记入医师考核档案；经教育仍不改正的，依法给予行政处分或者纪律处分。

医师外出会诊违反《执业医师法》有关规定的，按照《执业医师法》第三十七条处理。

第二十一条　医疗机构疏于对本单位医师外出会诊管理的，县级以上卫生行政部门应当对医疗机构及其主要负责人和负有责任的主管人员进行通报批评。

第二十二条　医师受卫生行政部门调遣到其他医疗机构开展诊疗活动的，不适用本规定。

第二十三条　本规定自 2005 年 7 月 1 日起施行。

医疗机构病历管理规定

第一条 为了加强医疗机构病历管理，保证病历资料客观、真实、完整，根据《医疗机构管理条例》和《医疗事故处理条例》等法规，制定本规定。

第二条 病历是指医务人员在医疗活动过程中形成的文字、符号、图表、影像、切片等资料的总和，包括门（急）诊病历和住院病历。

第三条 医疗机构应当建立病历管理制度，设置专门部门或者配备专（兼）职人员，具体负责本机构病历和病案的保存与管理工作。

第四条 在医疗机构建有门（急）诊病历档案的，其门（急）诊病历由医疗机构负责保管；没有在医疗机构建立门（急）诊病历档案的，其门（急）诊病历由患者负责保管。

住院病历由医疗机构负责保管。

第五条 医疗机构应当严格病历管理，严禁任何人涂改、伪造、隐匿、销毁、抢夺、窃取病历。

第六条 除涉及对患者实施医疗活动的医务人员及医疗服务质量监控人员外，其他任何机构和个人不得擅自查阅该患者的病历。

因科研、教学需要查阅病历的，需经患者就诊的医疗机构有关部门同意后查阅。阅后应当立即归还。不得泄露患者隐私。

第七条 医疗机构应当建立门（急）诊病历和住院病历编号制度。

门（急）诊病历和住院病历应当标注页码。

第八条 在医疗机构建有门（急）诊病历档案患者的门（急）诊病历，应当由医疗机构指定专人送达患者就诊科室；患者同时在多科室就诊的，应当由医疗机构指定专人送达后续就诊科室。

在患者每次诊疗活动结束后 24 小时内，其门（急）诊病历应当收回。

第九条 医疗机构应当将门（急）诊患者的化验单（检验报告）、医学影像检查资料等在检查结果出具后 24 小时内归入门（急）诊病历档案。

第十条 在患者住院期间，其住院病历由所在病区负责集中、统一保管。

病区应当在收到住院患者的化验单（检验报告）、医学影像检查资料等检查结果后24小时内归入住院病历。

住院病历在患者出院后由设置的专门部门或者专（兼）职人员负责集中、统一保存与管理。

第十一条 住院病历因医疗活动或复印、复制等需要带离病区时，应当由病区指定专门人员负责携带和保管。

第十二条 医疗机构应当受理下列人员和机构复印或者复制病历资料的申请：

（一）患者本人或其代理人；

（二）死亡患者近亲属或其代理人；

（三）保险机构。

第十三条 医疗机构应当由负责医疗服务质量监控的部门或者专（兼）职人员负责受理复印或者复制病历资料的申请。受理申请时，应当要求申请人按照下列要求提供有关证明材料：

（一）申请人为患者本人的，应当提供其有效身份证明；

（二）申请人为患者代理人的，应当提供患者及其代理人的有效身份证明、申请人与患者代理关系的法定证明材料；

（三）申请人为死亡患者近亲属的，应当提供患者死亡证明及其近亲属的有效身份证明、申请人是死亡患者近亲属的法定证明材料；

（四）申请人为死亡患者近亲属代理人的，应当提供患者死亡证明、死亡患者近亲属及其代理人的有效身份证明，死亡患者与其近亲属关系的法定证明材料，申请人与死亡患者近亲属代理关系的法定证明材料；

（五）申请人为保险机构的，应当提供保险合同复印件，承办人员的有效身份证明，患者本人或者其代理人同意的法定证明材料；患者死亡的，应当提供保险合同复印件，承办人员的有效身份证明，死亡患者近亲属或者其代理人同意的法定证明材料。合同或者法律另有规定的除外。

第十四条 公安、司法机关因办理案件，需要查阅、复印或者复制病历资料的，医疗机构应当在公安、司法机关出具采集证据的法定证明及执行公务人员的有效身份证明后予以协助。

第十五条 医疗机构可以为申请人复印或者复制的病历资料包括：门

（急）诊病历和住院病历中的住院志（即入院记录）、体温单、医嘱单、化验单（检验报告）、医学影像检查资料、特殊检查（治疗）同意书、手术同意书、手术及麻醉记录单、病理报告、护理记录、出院记录。

第十六条 医疗机构受理复印或者复制病历资料申请后，应当在医务人员按规定时限完成病历后予以提供。

第十七条 医疗机构受理复印或者复制病历资料申请后，由负责医疗服务质量监控的部门或者专（兼）职人员通知负责保管门（急）诊病历档案的部门（人员）或者病区，将需要复印或者复制的病历资料在规定时间内送至指定地点，并在申请人在场的情况下复印或者复制。

复印或者复制的病历资料经申请人核对无误后，医疗机构应当加盖证明印记。

第十八条 医疗机构复印或者复制病历资料，可以按照规定收取工本费。

第十九条 发生医疗事故争议时，医疗机构负责医疗服务质量监控的部门或者专（兼）职人员应当在患者或者其代理人在场的情况下封存死亡病例讨论记录、疑难病例讨论记录、上级医师查房记录、会诊意见、病程记录等。

封存的病历由医疗机构负责医疗服务质量监控的部门或者专（兼）职人员保管。

封存的病历可以是复印件。

第二十条 门（急）诊病历档案的保存时间自患者最后一次就诊之日起不少于15年。

第二十一条 病案的查阅、复印或者复制参照本规定执行。

第二十二条 本规定由卫生部负责解释。

第二十三条 本规定自2002年9月1日起施行。